관계 훈련

존 오트버그의
관계 훈련

지은이 | 존 오트버그
옮긴이 | 정성묵
초판 발행 | 2018. 7. 18
11쇄 발행 | 2024. 5. 2
등록번호 | 제1988-000080호
등록된 곳 | 서울특별시 용산구 서빙고로65길 38
발행처 | 사단법인 두란노서원
영업부 | 02)2078-3333 FAX | 080-749-3705
출판부 | 02)2078-3330

책값은 뒤표지에 있습니다.
ISBN 978-89-531-3170-5 03230

독자의 의견을 기다립니다.
tpress@duranno.com   www.duranno.com

두란노서원은 바울 사도가 3차 전도 여행 때 에베소에서 성령 받은 제자들을 따로 세워 하나님의 말씀으로 양육하던 장소입니다. 사도행전 19장 8-20절의 정신에 따라 첫째 목회자를 돕는 사역과 평신도를 훈련시키는 사역, 둘째 세계선교™와 문서선교단행본·잡지 사역, 셋째 예수문화 및 경배와 찬양 사역, 그리고 가정·상담 사역 등을 감당하고 있습니다. 1980년 12월 22일에 창립된 두란노서원은 주님 오실 때까지 이 사역들을 계속할 것입니다.

존 오트버그의

관계
훈련

조금 다른 너와 내가 함께 살아가기

존 오트버그 지음
정성묵 옮김

두란노

산티아고 지미 멜라도, 낸시 비치,
더그 빈스트라, 프레드 보첵, 딕 앤더슨,
타의 추종을 불허하는 길버트 빌레지키안 박사에게
더없는 감사와 사랑으로 이 책을 바친다.

Contents

서문.

이렇게 다른 너와 나,
왜 한 테이블에 둘러앉히셨을까

▦ 10

Part 1.

아는 사람 많아도 외 롭 다
— '친밀한' 관계를 향한 갈망

Chapter 1   친밀한 관계
　　한 공간에 있다고 같이 있는 게 아니다 ▤ 24

Chapter 2   관계에 대한 오해
　　나의 친밀함 지수는? ▤ 43

Chapter 3   관계적 존재
　　사랑받고 사랑하기 위해 태어났다 ▤ 83

Chapter 4   친밀함으로의 초대
　　무수한 '초대의 신호'들이 당신을 기다리고 있다 ▤ 98

Part 2.

저 사람, 참 어렵다

— 한 발, 마음의 거리를 좁히는 연습

Chapter 5   자기 인식

'나'에 관한 진실부터 마주해야 한다 ▪ 110

Chapter 6   관계의 황금률

함께 즐거워하고 함께 울라 ▪ 127

Chapter 7   친밀함의 기초

'약속'을 하고, 믿고, 지키는 연습을 하라 ▪ 144

Chapter 8   친밀함의 장벽들

제일 허물기 힘든 담은 '마음의 담'이다 ▪ 168

Chapter 9   약함과 권위의 역설

'약함'과 '권위'가 건강하게 어우러질 때 관계가 깊어진다 ▪ 198

Part 3.

드디어 통하다!

- '서로 다름'의 행복

Chapter 10   고통과 친밀함

고난의 경험, 공감을 배우다 ▦ 226

Chapter 11   수용과 거부

'은혜' 안에서 '깊은 수치심'을 치료받다 ▦ 252

Chapter 12   친밀함의 회복

틀어진 관계도 회복될 수 있다 ▦ 272

Chapter 13   친밀함의 목적

진정한 친밀함은 울타리 너머로 흘러넘친다 ▦ 296

Chapter 14   친밀함의 연결 고리

예수 안에 너와 나, 마침내 진정한 하나가 되다 ▦ 319

주

▦ 337

이렇게 다른 너와 나,

왜 한 테이블에
둘러앉히셨을까

'사랑' 하면 '테이블'이 생각난다. 나는 미국 일리노이주 록퍼드에 사는 스웨덴 집안에서 스웨덴 사람들에 둘러싸여 어린 시절을 보냈다. 우리 집안 사람들은 생각이나 감정을 숨김없이 말로 풍부하게 표현하는 편이 아니었다.

밤늦게 귀가하면 아내는 기다렸다는 듯이 내게 말을 걸어 온다. 그러면 피곤에 지친 나는 "여보, 미안. 오늘 하루 동안 할 말을 이미 다 써 버렸어" 하고는 방으로 들어가 버리곤 한다. 아내는 그런 나를 절대 이해하지 못한다. 아내의 말은 절대 바닥이 나질 않기 때문이다. 아내는 그야말로 마르지 않는 '말의 샘'이다. 아니, '말의 나이아가라 폭포'라는 말이 더 어울리겠다.

스웨덴 사람들이 말하는 것이나 표현하는 데 강하지는 않지만 스웨덴의 어느 집에 가도 시간을 함께 보내는 테이블만큼은 꼭 있다. 어린 시절, 내 주변에 있던 사람들에게 한 테이블에 둘러앉는 것은 그 자체만으로도 사랑을 의미했다. 누군가가 다치거나 아프거나 결혼을 하거나 차를 사거나 집을 장만하거나 위기를 맞거나 아기를 낳거나 세상을 떠나면 여지없이 우리는 테이블에 둘러앉았다. 진한 커피향이 집 안 가득 진동하는 가운데 다 함께 테이블에 둘러앉아 마음을 나누고 웃음과 눈물과 위로를 나눈다.

생각해 보면 우리 삶의 중요한 여러 순간들이 테이블 위에서 이루어진다. 소중한 내 어릴 적 추억들도 우리 집 작은 주방에 있던 유리 상판의 식탁에서 쌓였다. 눈을 감으면 그 시절 그곳으로 다시 돌아간다. 테이블 저 끝에는 아버지, 내 오른편에는 남동생 바톤, 안경을 쓰고 치열 교정기를 단 나, 그리고 내 자리에서 대각선 끝에 어머니가 앉아 있다.

한번은 온 가족이 아침을 먹으려고 식탁에 둘러앉았다. 마침 어머니가 땅콩버터를 바른 구운 빵 한 조각을 들고 있었다. 따끈한 빵 위에 땅콩버터가 살짝 녹아 있는 최적의 타이밍이었다. 어머니가 빵을 막 입에 넣으려는 찰나 내가 잽싸게 손을 뻗어 빵에 묻은 땅콩버터를 어머니 얼굴에 묻혔다. 순식간에 식탁은 난장판으로 변했고, 모두가 서로의 얼굴에 땅콩버터 칠을 하며 눈물이 나도록 한참을 웃었다. 생각만 해도 그날의 즐거움이 생생하게 온몸을 휘감는 듯하다.

물론 테이블 주변에서의 시간들이 항상 즐거운 것만은 아니다. 몇 해 전 내 친구(스웨덴 사람)의 어머니가 돌아가셨다는 소식을 들었다. 그 친구에게 전화를 거니 가족 모두와 함께 테이블에 모여 앉아 있다고 했다. 그 가족을 잘 알았기에 마치 내가 그 자리에 함께 앉아 있는 것처럼 그들의 슬픔과 아픔이 전화선을 타고 그대로 전해졌다.

처가 식구들과 처음 한 테이블에 앉았던 순간도 기억난다. 다 함께 이야기꽃을 피우던 중 아내가 자동차 대리점에서 타이어 산 이야기를 하자 갑자기 누군가 흥분해서는 말했다. "세상에! 타이어를 자동차 대리점에서 사다니! 거긴 바가지가 엄청나. 그래서 나는 무조건 주유소에서 사."

말이 끝나기 무섭게 다른 가족이 목소리를 높였다. "주유소? 주유소에서 타이어를 산다고? 주유소 타이어는 최악이야. 공짜로 준다 해도 주유소 타이어는 싫어. 나는 무조건 타이어 할인점에서 사." 또 다른 가족이 끼어들었다. "타이어 할인점? 거긴 서비스가 엉망이야. 타이어 전문점에서 사면 6천 킬로미터마다 무료로 타이어 위치를 바꿔 줘. 정말 괜찮지 않아?"

이런 식의 공방이 계속 이어졌다. 결국 참다못한 내가 아내에게 귓속말로 물었다. "왜 이렇게 싸우는 거요?"

"싸움이라뇨?"

"저 타이어 싸움 말이에요."

아내가 정색을 했다. "싸움이 아니죠. 이건 서로 돕는 거예요."

그럴 일은 별로 없겠지만 혹시라도 내가 타이어를 샀다고 말하면 우리 어머니는 이런 식으로 말할 것이다. "그래, 타이어를 샀다고? 정말 잘했구나. 그건 그렇고, 이제는 우리가 이렇게 한 테이블에 앉기도 쉽지 않은데, 셀카라도 찍자. 이런 시간이 또 언제 올지 모르잖아." 이렇듯 테이블마다 스타일도 다르고 규칙도 다르다.

내 아내의 '테이블 토크'는 지극히 솔직담백하다. 힘들면 힘들다고, 싫으면 싫다고 있는 그대로 말한다. 돌려 말하거나 꾸며 말하는 법이 없다. 우리가 사는 지역의 한 식당에서 있었던 일이다. 아내와 한참 웃으며 담소를 나누는데 한 여성이 우리 테이블로 다가와 말을 걸었다. "저도 목사님 교회에 다녀요. 두 분 정말 다정해 보이세요. 서로 바라보며 이야기 나누시는 모습에서 사랑이 그대로 느껴져요. 정말 금슬이 좋으시네요." 그 여성의 말이 끝나기가 무섭게 아내는 즉시 받아쳤다. "가끔 그래요." (우리 아내는 언제나 '진실만을' 테이블에 꺼내 놓는다. 그래서 좋다.)

재밌는 사실은, 보통 테이블에 앉을 때 늘 같은 자리에 앉는다는 것이다. 적어도 우리 가족은 그렇다. 내 자리는 아내의 맞은편이고 우리 딸 로라의 대각선상이다. 자라서 부모 품을 떠난 뒤에도 아이들은 우리 집에 오면 꼭 자기 자리를 찾아간다. 로라가 사위 잭과 한쪽에 앉고 조니와 맬러리가 반대편에 앉는다. 누구도 자리를 정해 준 적이 없고, 자리를 놓고 제비뽑기를 한 적도, 좌석 배치도를 그린 적도 없다. 다만 각자 '여긴 내 자리야'라고 속으로 맡고 암묵적으로 다들 동의했을 뿐이다.

이처럼 인간의 영혼 깊은 곳에는 자신의 자리에 대한 욕구가 있다. 다른 사람은 몰라도 나는 분명 그렇다. 나는 내 의자를 원한다. 그리고 우리 가족들이 한 명도 빠짐없이 각자의 자리를 가졌으면 좋겠다. 그리고 이왕이면 그들의 자리가 다 찼으면 좋겠다. 테이블에 우리 자리가 있다는 것은 우리가 그곳에 소속되었다는 뜻이다. 우리는 누군가의 형제자매, 아들딸, 배우자, 부모다.

우리는 다들 어딘가에 속해 있다. 테이블은 '관계'가 인생에서 매우 중요하다는 사실을 기억나게 해 준다. 하나님은 우리를 다른 사람들과 감정을 나누며 살도록 지으셨다. 우리는 자신을 알아주고 사랑해 줄 사람을 원한다. 나를 받아 줄 사람을 원한다. 장점만이 아니라 단점까지 다 알고도 상관없이 함께해 줄 누군가가 절실하다. 즉 우리는 친밀함을 원한다.

내 사무실 작은 테이블 위에는 카드 한 장이 늘 자리를 지키고 있다. 거기에는 빅토르 위고가 쓴 소설 《레 미제라블》(Les Misérables)의 글귀 한 토막이 적혀 있다.

내 옷과 나는 함께 사이좋게 살아간다. 그는 내 모든 주름을 자신의 몸에 그대로 새겼다. 덕분에 나는 어느 곳도 불편하지 않다. 그는 흉한 내 몸에 자신을 맞추었다. 그래서 내 모든 움직임을 자연스럽게 따른다. 내 몸의 온기가 아니라면 그의 존재

를 아예 느낄 수조차 없을 정도다. 오래된 옷들은 옛 친구와도 같다.[1]

카드 뒷면에는 "당신은 내 옷!"이라는 손글씨가 적혀 있고, 그 아래 아내의 서명이 보인다. 바로 이것이 친밀함이다.

너무 갈망해서 더 두려운

대부분 친밀한 관계를 갈망하지만 그러면서도 막상 우리는 친밀해지는 걸 두려워한다. 내가 친밀함에 관한 책을 쓰겠다고 하니 몇몇 사람은 긴장한 빛이 역력했고 몇몇은 얼굴이 빨개졌다(아내는 깔깔 웃었다). 왜 다들 그렇게 과민하게 반응할까? 친밀함이라는 얘기만 나오면 왜 그렇게 부담스러워하는가?

무엇보다 상처받는 일이 겁나서 그럴 것이다. 친밀함이란, 배우자가 나를 아는 것처럼 누군가가 나를 깊이 '안다'는 뜻이다. 아내는 내 강점과 약점, 바람과 두려움까지 속속들이 안다. 그런 지식은 나와 더 긴밀히 연합하는 끈이 될 수도 있고, 창피나 상처를 주는 배신의 칼이 될 수도 있다.

또한 우리는 실망할까 봐 친밀해지는 것을 두려워한다. 딱히 가까워지고 싶지 않은 사람에게는 거부를 당해도 충격이 덜하다. 애초에 별로 기대하지 않았기 때문이다. 하지만 정말 친하게 지내고 싶은 사람에게 거부나 버림을 당하면 뼛속까지 아프다.

애정을 구걸하는 나약한 존재처럼 보일지 모른다는 것도 우리가 친밀해지기를 꺼려 하는 이유다. 상대에게 약해 보이는 것을 좋아하는 사람은 아무도 없다. 가까워지면 자칫 자신의 약점이 드러날 수 있으니 다른 사람과 적당히 거리를 두려고 하는 태도는 어찌 보면 자연스러운 일이다. 우리는 자신이 강하다고 생각하기를 좋아한다(아이러니하게도, 나약해 보이든 자신의 약점이 드러나든 상관없이 친밀함을 추구하려면 오히려 강함이 필요하다).

그런가 하면 많은 사람이 스스로 자격이 없다고 생각해서 친밀해지는 것을 두려워하기도 한다.

우리는 자신의 흠과 약점이 수면 위로 드러날까 두렵고, 친밀했던 사람과 소원해지면 애초에 친밀함이 없는 것보다 더 아프기 때문에 친밀함을 피하려고 한다. 마음의 문을 여는 순간, 상처를 받거나 거부당할 위험에 노출된다. 그래서 우리는 안전하게 사방에 담을 치고 사는 편을 선택한다.

물론 그러면서도 내면 깊은 곳에서는 여전히 친밀함을 갈구한다. 여전히 사랑받고 싶다. 누군가가 우리를 좋아해 주고 환영해 주기를 바란다. 있는 그대로의 나를 받아 줄 사람을 원한다. 평생을 함께하며 멋진 우정을 나누고 싶다. 위기가 닥쳤을 때 의지할 사람이 있었으면 좋겠다. 안심하고 속내를 털어놓을 수 있는 사람을 원한다.

우리는 친밀함을 원하는 정도가 아니라 근본적으로 친밀함을 위해 창조되었다. 남자든 여자든, 모임에 가서 사람 사귀는 것을 좋아하든 집에서 혼자 있기를 좋아하든, 이성적이든 감성적이든 상관없이 우리 모두는 관계를 위해 지음을 받았다.

친밀한 관계에 대한 갈망은 그 어떤 갈망보다도 강하다. 서로에게서 눈을 떼지 못하는 젊은 연인들을 보면 알 수 있다. 세월의 무게에 등이 굽어서도 어디든 손을 꼭 잡고 다니는 노부부를 보면 알 수 있다. 엄청난 비밀을 알았다며 쪼르르 달려와 부모 귀에다 대고 속삭이는 어린 자녀를 보면 알 수 있다. 무엇보다 성경에서 하나님이 아담에게 하신 말씀을 보면 알 수 있다. 하나님은 아담을 보며 "사람이 혼자 사는 것이 좋지 아니하니"(창 2:18)라고 말씀하신 뒤에 배필을 창조해 주셨다.

친밀함을 경험하면 인생이 던지는 도전들을 너끈히 감당할 수 있는 반면, 친밀함이 없으면 아무리 위대한 성과도 공허할 뿐이다. 아무리 좋은 것이 있어도 함께 나눌 사람이 없으면 무슨 재미인가.

친밀함을 추구하는 수고는 매우 위대하며 분명 가치가 있다. 그렇지만 친밀함을 얻기란 그리 녹록지 않다. 노력이 필요하다. 하지만 애쓸 만한 가치가 충분히 있고, 실제로 우리는 관계의 친밀함을 위해 애를 쓴다. 내면 깊은 곳에서 우리 모두는 다른 사람과 가까워지는 것이 무엇보다 중요하다는 것을 잘 알기 때문이다.

그런데 하나님과 가까워진다면? 갑자기 머리가 아프기 시작하는가? '하나님과의 친밀한 관계'라고 하면 부담부터 갖는 사람이 많다. 그렇지 않아도 벅찬 삶에 짐을 하나 더 얹는 것처럼 거부반응을 보인다. 눈앞에 보이는 사람을 상대하는 것도 힘든데, 눈에 보이지도 않는 하나님과 친밀한 관계? 그것이 가능이나 할까?

하나님은 친밀함을 위해 우리를 창조하셨을 뿐 아니라 처음부터 내내 우리와 친밀한 관계를 추구해 오셨다. 성경을 보면 하나님이 "사람이 혼자 사는 것이 좋지 아니하니"라고 말씀하신 구절에서 얼마 지나지 않아 아담과 하와를 '찾아' 동산을 거니시는 하나님을 발견할 수 있다. 하나님은 공들여 빚은 작품인 아담 부부와 함께하는 시간을 좋아하셨다. 그래서 애써 발걸음을 하셨지만 그들은 꽁꽁 숨어서 나타나지 않았다. 결국 하나님은 네가 "어디 있느냐"라며 그들을 부르셨다(창 3:8-9 참조).

안타깝게도 이미 하와는 뱀의 꾐에 넘어가 선악과를 따 먹은 상태였다. 거기서 그치지 않고 하와는 남편에게도 맛을 보게 했다. 그들과 하나님의 관계는 변했다. 친밀한 하나 됨이 깨졌다. 처음으로 그들은 자신들이 벌거벗었다는 사실을 깨닫고 부끄러워졌다. 처음으로 그들은 하나님이 자신들을 '보고 아는' 것에 두려움을 느꼈고, 그래서 숨었다.

여기서 흥미로운 사실 하나를 발견했다. 하나님은 그들이 숨게 '놔두셨다.' 친밀함은 강요할 수 없기 때문이다. 하나님은 자발적으로 이루어지는 관계를 원하신다. 그래서 친밀함은 거리를 존중한다. 하지만 거기서 멈추지 않는다. 에덴동산에서의 하나님처럼 친밀함은 "어디에 있나요?"라며 상대방을 부른다. 우리와의 친밀함을 원하시는 하나님은 그 옛날 에덴동산에서 시작해 지금까지 계속 그 물음을 우리에게 던지신다. "네가 어디 있느냐?"

하나님은 그분의 테이블에 당신과 내가 함께 둘러앉기를 바라신다. 예수님이 우리를 그 테이블로 부르신다. "볼지어다 내가 문 밖에 서서 두드리노니 누구든지 내 음성을 듣고 문을 열면 내가 그에게로 들어가 그와 더불어 먹고 그는 나와 더불어 먹으리라"(계 3:20). 예수님의 가장 좋은 친구였던 사도 요한은 생의 마지막 시절에 이 말씀을 기록했다. 그는 말씀을 기록하면서 예수님과 함께했던 수많은 식사를 떠올렸을 것이다. 그는 예수님과 한 테이블에 앉아 있는 이미지를 사용해 당신과 내가 경험할 모습을 묘사했다.

하나님과의 친밀한 관계는 어떻게 이루어지는가? 혹시 하나님이 내내 우리에게 말씀하고 계시고 우리는 그것이 그분의 음성인지 알아차리지 못한 채 듣고 있는 일이 있을 수 있을까? 우리 자신도 모르는 사이에 하나님과 더 가까워지는 일이 일어날 수 있을까? 나는 가능하다고 생각한다. '다른 사람들과의 관계'를 통해 하나님은 우리에게 '하나님을 사랑하는 법'을 가르치신다. 사람들과 맺는 관계에서 친밀함을 추구할수록 우리를 향한 하나님의 놀랍고도 대담한 사랑을 더 분명히 보고, 또 이해할 수 있다.

Part 1.

아는 사람 많아도
외 롭 다

'친밀한' 관계를 향한 갈망

I'd like you more
if you were more like me

CHAPTER 1

친밀한 관계

한 공간에 있다고
같이 있는 게 아니다

50년 넘게 한 이불을 덮고 잔 사이라 해도
누군가를 친밀하게 알고 그와 친밀하게 교감하는 것은
언제나 경계선을 넘는 위험한 일이다.
- 에이미 블룸

어린 시절 나는 커서 이 세상 최고의 남편이 될 것을 꿈꾸었고, 또 확신했다. 그리고 세월이 흘러 마침내 결혼을 했다. 지금 와서 돌아보면 당시의 나는 감정적으로 너무도 미성숙한 인간이었지만, 그때는 내가 친밀함에 관해서 모르는 것이 없다고 자부했다. 나는 친밀함을 단순한 감정이라고만 생각했다. 결혼반지를 끼는 순간 저절로 그 감정이 생기고 그때부터 영화와 같은 행복한 나날이 계속되리라 믿었다. 친밀함을 위해 얼마나 많은 '노력'이 필요한지 꿈에도 몰랐다.

지금도 마찬가지지만, 연애 시절 나는 아내가 하는 말이나 행동이 가끔 마음에 들지 않았다. 예를 들자면, 남들 앞에서 내 의견을 무시하고 자기주장을 너무 강하게 펼치는 모습이 좀 오만하고 고집스러워 보였다. 아이러니하게도 처음에는 그 모습이 매력적으로 다가왔다. 수다스러움은 활달한 성격으로, 강한 자기주장은 당차게 보여 좋았다. 아내는 어릴 때부터 그랬다고 한다. 그런데 처음에 그토록 끌렸던 활달하고 솔직한 성격이 어느 순간부터 자꾸만 눈에 거슬렸다. 그리고 안타깝게도 나는 그 문제를 잘 다루지 못했다.

뭔가가 마음에 들지 않을 때마다 나는 대놓고 말하지 않고 속으로만 삐쳤다. 게다가 그런 일이 자주 발생했다. 내가 한번 삐치면 웬만한 사람은 다 죄책감에 빠져 결국 자수를 하고 말 정도로 나는 삐치기 대마왕이었다. 삐치기는 친밀해지는 데 아주 치명적인 요소다.

결혼식 전날 밤 식사 자리에서 지금은 기억도 나지 않는 이유로 아내에게 화가 났다. 이번에도 역시 아내에게 솔직히 이야기하고 대화로 풀지 않고 조용히 삐치기 모드에 돌입했다. 물론 아내는 눈치를 챘고, 그로 인해 더없이 즐거워야 할 시간 내내 찬바람이 돌았다. 이튿날, 우리는 전날 밤의 앙금을 풀지 않은 채로 교회에 도착해 결혼식을 하고 신혼여행을 떠났다.

누구나 완벽한 신혼여행을 꿈꿀 것이다. 나는 완벽한 남편답게 완벽한 계획을 세웠다. 아내는 캘리포니아에서 나고 자란 순도 백 퍼센트 캘리포니아 사람이라서 바다와 따뜻한 해안 기후를 좋아한다. 그러나 나는 아내를 내륙 한복판에 있는 위스콘신주로 데려갔다. 그리고도 아내가 좋아할 거라고 생각했다. 당연히 신혼여행은 살얼음판이었다. 그 와중에도 아내가 뭔가 내 마음에 들지 않는 말이나 행동을 하면 나는 즉시 삐쳤다. 어느 날 오후(삐치기 딱 좋은 날씨였다) 나는 수영장에 앉아 내 신부를 멀리 하기 위한 방편으로 책을 읽었다. 평생을 기다려 온 신혼여행, 사춘기 이후로 늘 꿈꿔 왔던 신혼여행이었다. 그런데 아름다운 리조트에서 아내와 친밀함을 나누지는 않고 혼자 책이나 읽고 있다니! 나는 성을 즐겨도 되는 시간에 지그문트 프로이트의 성에 관한 책만 읽고 있었다.

참다못한 아내가 소리쳤다. "그 책 좀 내려놔요!" 이건 많이 순화시킨 표현이다. 실제로는 망치로 자기 손가락을 내려쳤을 때 순간적으로 나올 법한 거친 표현을 사용했다. 여기서 밝히긴 그렇고, 그냥 교회에서는 절대 사용할 수 없는 표현이라고만 해 두자. 어쨌든 갑자기 눈앞이 캄캄했다. '결혼한 지 얼마나 됐다고 벌써부터 저렇게 말을 함부로 하다니…….'

자, 나의 한심함이 보이는가? 아내가 왜 화가 났는지 헤아릴 생각은 하지 않고 그저 아내의 표현법만을 지적했다. 나는 핵심을 완전히 놓치고 있었다. 표현은 좀 서툴렀지만 아내는 책을 내려놓고 자신을 봐 달라는 말을 통해 나를 친밀함으로 '초대'했다. 그러나 나는 그 속내를 헤아리지 못했다. 나는 단순히 임상심리학과 목회를 배웠다는 이유만으로 내가 친밀함 전문가라고 생각했다. 완벽한 오산이었다. 나는 심각한 친밀함 장애인이었다.

-

친밀함은 '경험의 나눔'이다

언제부터인가 사람들은 '친밀함'(intimacy)이라는 단어를 '섹스'(sex)와 결부 짓기 시작했다. 하지만 두 단어는 연관성이 있다 해도 서로 혼용할 수 있는 단어는 아니다. 그리고 둘이 뗄 수 없는 관계도 아니다. 친밀하지 않은 사람과도 성관계를 맺을 수 있고, 어떤 사람과 성관계를 맺었다 해도 그 사람과 친밀하지 않을 수 있다. 사실, 친밀한 관계들의 대부분은 성과 전혀 상관이 없다. 친밀함은 자녀, 부모, 친구, 동료, 심지어 하나님과의 관계에도 적용할 수 있다.

친밀함은 단순히 감정이 아니다. 친밀함은 축복받은 소수만 누릴 수 있는 신비로운 경험이 아니다. 특정한 기질이나 기혼자에게만 국한된 경험이 아니다. 성격 검사에서 감정적이라고 나온 사람만 친밀함을 경험할 수 있는 것이 아니다. 그리고 마음만 먹으면 곧바로 생기는 것도 아니다.

내가 아는 친밀함에 관한 최고의 정의는 달라스 윌라드가 한 말이다. 그 정의가 바로 이 책의 핵심이라고 할 수 있다. 달라스 윌라드는 서던캘리포니아대학교 철학과 교수였다. 그는 내가 만난 그 어떤 사람보다도 성경에 정통했다. 한번은 그가 내게 이런 말을 했다. "끝없이 이어지는 경험 속에서 우리는 살아가네. 살아 있다는 건 현실을 경험할 능력이 있다는 거지."

단순한 말이지만 덕분에 내 영혼이 무엇을 갈망하는지 깨달을 수 있었다. 나는 마음을 새롭게 해 주고 삶을 훈훈하게 채워 주는 경험들을 좋아한다. 내 아이의 첫 울음을 듣던 순간이라든지, 코웰 비치(Cowell's Beach)에서 파도 타기, 사랑하는 사람과 모닥불 앞에서 밤새도록 이야기하기, 우리 아이들과 데크 위에 침낭을 펴고 누워 돈 맥클린이 부르는 〈빈센트: 별이 빛나는 밤에〉(Vincent: Starry, Starry Night) 노래를 들으며 별자리 구경하기……

달라스 윌라드는 "친밀함은 경험의 나눔(공유)이다"라고 역설했다. 생각해 보라. 우리 삶이 수많은 경험들로 이루어졌다면, 우리 삶의 질은 어떤 경험을 얼마큼 했는지에 따라 결정된다. 경험은 인생관과 세계관을 형성하는 데 결정적인 역할을 한다. 우리가 지금의 모습이 되기까지의 과정을 찬찬히 돌아보면 경험의 역할이 얼마나 컸는지를 똑똑히 볼 수 있다.

우리가 즐기는 순간들을 사진에 담는 것은 즐거운 시간들을 오래오래 간직하고 싶기 때문이다. 우리는 좋은 경험을 즐길 뿐 아니라 그 경험을 나누려는 깊은 욕구를 갖고 있다. 좋은 경험이든 나쁜 경험이든 일상적인 경험이든 그것을 나누는 것은 곧 삶을 나누는 것이다. 그렇게 할 때 둘 사이의 연결이 강해지는데, 이 연결은 친밀함의 필수 요소다.

신혼여행 때 아내는 나와 연결되기를 원했다. 아내는 내가 아내에게 집중하지 않았기 때문에 화가 났다. 내가 아내에게 감정을

28

열지 않았기 때문에, 또 내가 아내 마음에도 없는 위스콘신주로 끌고 갔기 때문에도 화가 났지만 무엇보다도 아내는 내가 신혼여행이라는 경험을 자신과 나누지 않았기 때문에 화가 났다. 관계의 중요한 시점에 나는 '경험을 나누는 것'이 친밀함의 처음이자 끝이라는 사실을 전혀 몰랐던 것이다.

경험을 공유하면서 서로 연결될 때마다 친밀함이 점점 쌓여간다. 계획을 꼼꼼히 세우거나 감정이 풍부한 편이 아니라면 친밀함을 지레 포기할 수 있다. 그러나 친밀함은 거창하고 화려한 말이나 행동으로 형성되는 것이 아니다. 뭔가 대단한 이벤트나 극적인 고백, 감성적인 미사여구가 꼭 필요하지도 않다. 친밀함은 일상 속 수많은 작은 '상호작용'이 모여서 이루어진다.

자녀가 집에 오면 학교에서 어떻게 지냈는지 물어보고, 아내에게 모임에 어떤 옷을 입고 갔는지 물어보고, 그저 들어 넘겨도 좋을 농담에 귀를 기울여 주고, 상대방이 좋아하는 음식이나 책, 텔레비전 프로그램을 기억하고, 축구장에서 함께 공을 차며 땀을 흘리고, 축 처진 어깨를 눈치 채고 한마디 격려의 말을 건네고, 회의에서 격렬하게 토론을 하느라 지친 동료에게 몰래 윙크를 해 주고, 위스콘신주 신혼여행에서 프로이트 책을 내려놓고 실망한 아내의 말에 귀를 기울이는 것. 이런 소소한 것들이 친밀함의 열쇠다.

음표 하나는 별것 아니지만 여러 음표를 조화롭게 연결하면 베토벤 9번 교향곡이 탄생한다. 경험을 나누는 것도 마찬가지다. 한 번의 어울림은 별것 아닐지 모르지만 계속해서 경험을 나누면 친밀함이 쌓인다.

얼마큼 관계에 집중하고 시간을 투자하는가

우리 부부의 신혼여행이 증명해 준 것은, 같은 시간에 같은 장소에 있다고 해서 무조건 친밀해지지는 않는다는 사실이다. 물리적인 공간은 공유하면서도 경험은 공유하지 않는 일이 얼마든지 가능하다.

일방적이고 저절로 생겨나는 친밀함은 없다. 친밀함은 '상호성'을 기반으로 한다. 그래서 하나님과의 관계에서든 다른 사람들과의 관계에서든 친밀함의 기본적인 구성 요소들은, 의미 있게 공유한 여러 경험들이다. 한 사람이 다른 사람을 일상적인 순간들로 (그리고 때로는 특별한 순간들로) 초대하고 그 사람이 그 초대를 받아들이고 자신도 초대로 화답할 때 친밀함이 자라난다.

경험을 나누기 위해서는 상대방에게 온전히 집중해야 한다. 우리의 생각과 감정, 경험을 솔직히 말하고서 상대방의 말도 경청해야 한다. 그렇지 않으면 그냥 두 사람이 우연히 같은 시간에 같은 장소에 있는 것일 뿐이다. 몸은 그곳에 있어도 마음은 다른 곳에 가 있다면, 눈앞에 있는 사람과 말을 해도 정신은 주식시장이나 일터에 가 있다면, 그 사람과 실제로 경험을 나누는 것이 아니다. 그래서 두 사람이 함께 식사를 하거나 영화를 보거나 차를 타고 상점에 가거나 심지어 자식을 잃는 등의 비극을 함께해도 친밀함이 쌓이기는커녕 오히려 줄어들 수도 있다.

얼마 전에 아내와 저녁 식사를 했는데, 그때 내 몸은 아내와 같은 식탁에 앉아 있었지만 정신은 온통 휴대폰에 팔려 있었다. 식사를 시작한 지 얼마나 되었을까⋯⋯ 갑자기 아내에게서 문자 메시지가 왔다. "당신 앞에 내가 앉아 있어요."

휴대폰이 유용한 물건이긴 하지만 우리는 주객을 전도시킬 때가 얼마나 많은가. 함께 앉아 각자 SNS를 하는 시간이 양질의 시간일까? 함께 앉아 각자 이메일을 확인하는 시간이 양질의 시간일까? 멍하니 앉아 함께 텔레비전을 보는 시간이 양질의 시간일까? 그렇지 않다.

예수님의 집중력은 우리와 차원이 달랐다. 성경 어디를 봐도 예수님은 "참, 아까 뭐라고 했지? 내가 메시아 일을 하느라 정신이 없어서 잘 듣지 못했어. 미안"이라고 말씀하신 적이 없다. 예수님은 제자들의 일거수일투족을 늘 인식하고 계셨다.

눈앞에 있는 사람과 진정으로 함께하려면 집중하고 더불어 시간을 투자해야 한다. 시간은 유한한 자원이기 때문에 매우 귀하다. 돈은 더 많이 가질 수 있지만 시간은 더 많이 가질 수 없다. 따라서 누군가에게 시간이라는 선물을 주는 것은 더없는 친밀함의 행위다. 되돌릴 수 없는 것을 주는 것이니 말이다.

누군가와 친밀함을 추구한다는 것은 우리의 시간표에서 그와의 관계를 가장 우선한다는 것이다. 한번은 우리 부부의 관계와 나의 시간 사용에 관해 아내와 대화를 하다가 물었다. "내가 일을 너무 많이 하나요?" 곧바로 아내의 대답이 돌아왔다. "최악은 아니에요." 최악은 아니라니까 그나마 다행이지만 어쨌든 문제가 있다는 말이다.

시간 투자에서 가장 큰 걸림돌은 항상 해야 할 다른 일이 있다는 것이다. 항상 답장해야 할 이메일과 처리해야 할 과제가 있다. 회사에서 야근을 하면 아이들과 함께하는 시간을 놓칠 수밖에 없다. 시간 사용에서 우리는 어쩔 수 없이 누군가를 실망시킬 수밖에 없다. 그러나 그 누군가가 우리가 가장 사랑하는 사람이 되어서는 안 된다. 우리의 관계가 가장 중요하고, 그 관계는 얼마나 많은 경험을 함께했는지에 따라 깊어지기 때문이다.

나는 임종 자리에서 "마지막으로 한 번만 더 보게 내 화려한 이력서와 통장을 가져와 봐"라고 말하는 사람을 본 적이 없다. 시간 투자와 집중. 이 둘은 경험을 공유하는 열쇠다. 이 둘 없이는 진정한 친밀함을 경험할 수 없으며, 사랑하는 사람들에게 이보다 더 큰 선물은 없다.

우리 아이들이 어렸을 때 아내와 나는 아이들의 고사리 손을 잡고 사진관에서 사진을 찍곤 했다. 어느 해엔가는 지인들에게 보낼 크리스마스 카드에 우리 가족의 화목한 모습을 인쇄하기 위해 최대한 행복해 보이는 사진을 찍고 싶었다. 그런데 사진사가 요상하게 생긴 인형들을 흔드는 바람에 우리 아이 셋이 겁에 질려 울음을 터뜨렸다.

아이들이 활짝 웃는 장면을 담기 위해 나는 단계적으로 작전을 펼쳤다. 첫 번째 단계는 달래기였다. 신나는 목소리로 말했다. "얘들아, 한번 해 보자. 정말 재미있어!" 오래지 않아 두 번째 단계가 필요했다. 바로, 뇌물 단계다. "얘들아, 바로 저기에 쿠키 가게가 있어. 사진만 잘 찍으면 저기 가서 너희가 먹고 싶은 거 다 사 줄게. 그냥 웃기만 하면 돼." 그러나 이 방법도 통하지 않았다. 어쩔 수 없이 세 번째 단계인 협박으로 넘어갔다. "아빠가 웃으라고 했지! 웃기 싫으면 대신 울래? 울게 해 줄까?"

고개를 젓는 독자가 있을지 모르겠지만, 내 경험상 꼬맹이들을 웃게 만드는 데는 협박이 최고다. 그러나 이 기술마저 통하지 않았고 상황은 더 악화되었다. 어느새 사진관은 가족사진을 찍으려고 아이들과 함께 온 사람들로 꽉 찼고, 우리 가족의 실랑이를 지켜보던 아이들이 하나둘씩 울음을 터뜨렸다.

다급해진 나는 몸까지 부들부들 떨면서 우는 세 살배기 맬러리를 한쪽으로 불러내 구슬르기 시작했다. "우리 예쁜 맬러리, 기분이 안 좋아? 아빠는 맬러리가 지금 뭘 갖고 싶은지 알아요."

맬러리는 항상 작은 인형들을 좋아했다. 그중에서도 당시 맬러리가 꽂혀 있던 인형은 녀석이 '핀셋 아가'라고 이름을 붙이며 애착을 보인 인형이었다. 나는 그 인형만이 그 상황에서 나를 구해 줄 수 있다고 확신했다. 그래서 이렇게 말했다. "지금 맬러리가 제일 보고 싶은 게 핀셋 아가지?"

딸아이의 눈에 또다시 눈물이 한가득 고이고 아랫입술이 새가 앉아도 될 만큼 삐쭉 나왔다. 아이는 그렇게 울먹이면서 겨우 고개만 끄덕였다. 나는 더없이 부드러운 목소리로 말했다. "맬러리, 핀셋 아가가 살아 있는 모습을 다시 보려면 어떻게 해야 할까?"

요컨대, 나는 내 아이들과 한 장소를 공유하면서도 아이들과 전혀 경험을 공유하지 못하고 있었다. 그저 사람들이 자기 아이들 하나 통제하지 못해 쩔쩔매는 내 한심한 모습을 보며 속으로 손가 락질할지도 모른다는 걱정에 사로잡혀 있었다. 어서 사진 찍기를 마치고 처리해야 할 다른 일들에 관한 생각도 머릿속에 꽉 차 있었 다. 엉엉 우는 세 아이와 사진을 찍고 돈을 내자니 아깝고, 그렇게 사진을 찍어 사람들에게 크리스마스 카드를 보내면 아동학대로 신 고가 들어갈지 모른다는 생각도 머릿속을 맴돌았다.

누군가와 진정으로 함께하려면 인내하고 희생해야 한다. 상대 방의 마음을 먼저 헤아리고 그 사람이 사랑과 존중을 받고 있다고 느끼게 만들기 위해 아낌없이 시간을 투자해야 한다.

경험 공유의 대가(大家)

예수님은 시간과 관심을 통해 친밀함을 쌓는 능력에서 타의 추종을 불허하는 대가셨다. 그분이 가장 가깝게 지내셨던 사람들, 거의 가족처럼 지내셨던 사람들을 보면 알 수 있다. 마가복음은 예 수님이 제자들을 선택하신 이유를 강조한다. "열둘을 세우셨으니 이는 자기와 함께 있게 하시고"(막 3:14).

이유는 아주 단순했다. 함께 있으려고 택하셨다. 예수님은 가르치실 때도, 여행하실 때도, 사역하실 때도, 식사하실 때도, 쉬실 때도, 인파로 북적거릴 때도 모든 사람이 떠나고 휑할 때도 제자들과 함께하는 일에 삶의 많은 부분을 할애하셨다. 그들과 함께하는 시간이 항상 '행복했던' 건 아니다. 사실, 그들은 그분의 일을 훨씬 더 어렵게 만들었다. 또한 그분의 주목적은 그들을 '행복하게' 만드는 것이 아니었다. 하지만 한 가지, 제자 중 한 명이라도 예수님을 찾아와 이렇게 따졌다는 기록은 없다. "주님, 왜 저희에게 더 이상 시간을 내주시지 않는 겁니까? 이제 유명해지시니까 저희는 안중에 없으십니까? 강연하시랴 치유하시랴 도무지 얼굴을 뵐 수가 없네요."

온 나라가 하루 종일 예수님을 붙잡고 놔주지 않았지만 제자들은 조금도 걱정하지 않았다. 제자들은 예수님의 시간표에 언제나 자신들을 위한 시간이 있다는 것을 잘 알았다. 예수님은 인생의 경험들을 나누는 3년의 시간 속으로 그들을 초대하셨다. 얼마 전 예수님이 제자들과 공유하셨던 경험들을 세어 보았는데 예상보다 훨씬 많아서 깜짝 놀랐던 기억이 있다.

함께 걸었다   예수님이 제자들과 함께 가장 많이 한 일은 걷는 것이었다. "갈릴리 해변으로 지나가시다가 시몬과 그 형제 안드레가 바다에 그물 던지는 것을 보시니 …… 예수께서 이르시되 나를 따라오라"(막 1:16-17).

"나를 따라오라." 이 초대야말로 역사상 사람의 인생을 가장 크게 바꿔 놓은 가장 강력한 친밀함으로의 초대가 아닐까 싶다. 순종이 예수님을 따르는 삶의 일부이긴 하지만 그분은 "내게 순종하라"라고 말씀하시지 않았다. 그분과 친밀해지면 자연히 그분을 믿을 수밖에 없지만 그분은 "나를 제대로 믿어라"라고 말씀하시지 않았다. 나중에는 그분을 섬기는 것이 제자들의 가장 큰 목적이 되었지만 그분은 "나를 섬기라"라고 말씀하시지 않았다. 단지 함께 걷자고 말씀하셨고, 이후 3년 동안 제자들은 그분과 함께 걸었다.

함께 걷는 것이 이 모든 역사의 시작이었고, 부활 후에도 예수님은 두 제자와 함께 엠마오로 가는 10킬로미터의 여정을 함께하셨다. 함께 걷기는 쉽고 간단하다. 돈 한 푼 들지 않고, 특별한 기술도 필요하지 않다. 하지만 두 사람이 가까워지기에 이보다 더 좋은 방법도 없다. 예수님은 함께 걷는 방법을 워낙 자주 사용하셔서 신약에서 제자 훈련을 흔히 '예수님과 함께 걷는 것'으로 표현할 정도다. 예수님을 사랑하는 것은 곧 그분과 함께 걷는 것을 의미했다. 이는 지금도 마찬가지다.

<u>함께 먹었다</u>　이번에도 역시 지극히 단순하다. 누구나 밥을 먹어야 하고, 또 밥 먹는 데 특별한 기술이 필요하지는 않다. 예수님은 사람들과 거니시지 않을 때면 주로 사람들과 한 식탁에 앉으셨다. "예수께서 마태의 집에서 앉아 음식을 잡수실 때에 많은 세리와 죄인들이 와서 예수와 그의 제자들과 함께 앉

았더니"(마 9:10).

역사상 가장 유명한 식사에 그분의 이름이 붙어 있다. 바로 "주의 만찬"이다. 성경은 예수님이 곧 돌아가실 것을 알면서도 제자들과 함께하는 이 식사를 "원하고 원하였노라"라고 말한다(눅 22:15 참조). 한 상에 앉아 함께 밥을 먹는 일은 얼마나 친밀한 행위인가!

함께 배웠다 예수님은 자주 제자들을 가르치셨다. 그래서 성경에는 "제자들이 나아온지라 입을 열어 가르쳐 이르시되"(마 5:1-2)와 같은 구절이 많다(마 13:36; 15:15; 16:21; 막 4:34; 8:31; 9:30-31; 눅 24:27 참조). 함께 배우며 성장해 가는 관계에는 뭔가 특별한 것이 있다. 책을 읽어도 친구들과 열띤 토론을 벌이며 읽으면 그 경험이 훨씬 더 풍성해진다.

서로 섬겼다 "내가 주와 또는 선생이 되어 너희 발을 씻었으니 너희도 서로 발을 씻어 주는 것이 옳으니라"(요 13:14). 다른 사람의 심부름을 해 주는 것은 하나님 나라 일에 전혀 방해가 되지 않는다. 오히려 그것이야말로 하나님 나라의 일이다. 하나님 나라의 일은 곧 사랑하는 것이기 때문이다. 사랑할 시간도 없이 바쁘다면 지나치게 바쁜 것이다.

함께 쉬었다 "이르시되 너희는 따로 한적한 곳에 가서 잠깐

쉬어라 하시니 이는 오고 가는 사람이 많아 음식 먹을 겨를도 없음이라"(막 6:31).

함께 배를 탔다   "이에 배를 타고 따로 한적한 곳에 갈새"(막 6:32).

함께 산을 탔다   "예수께서 베드로와 야고보와 요한을 데리시고 따로 높은 산에 올라가셨더니"(막 9:2).

함께 기도했다   "예수께서 한 곳에서 기도하시고 마치시매 제자 중 하나가 여짜오되 주여 요한이 자기 제자들에게 기도를 가르친 것과 같이 우리에게도 가르쳐 주옵소서"(눅 11:1).

함께 고기를 잡았다   "말씀을 마치시고 시몬에게 이르시되 깊은 데로 가서 그물을 내려 고기를 잡으라"(눅 5:4).

　　예수님은 늘 효율보다 친밀함을 중시하셨다. 예수님은 친구들과 함께 있기 위해서 기꺼이 일의 속도를 늦추셨다.

1만 시간의 법칙

예수님은 가장 가까운 친구들과 함께 있는 시간을 얼마나 중시하셨을까? 성경을 보면 제자들은 약 3년간 예수님과 함께 지냈다. 편의상 그들이 하루에 10시간씩 함께 지냈고 매달 이틀씩 휴가를 썼다고 가정해 보자. 그렇다면 일 년에 약 340일 동안 제자 훈련이 이루어진 셈이다. 이제 계산을 해 보자.

10시간/일 × 340일/년 × 3년 = 10,200시간의 제자 훈련

저널리스트 말콤 글래드웰은 《아웃라이어》(Outliers, 김영사 역간)에서 1만 시간의 법칙을 소개했다. 이 법칙의 기본적인 개념은 한 가지 어려운 기술을 터득하는 데는 1만 시간이 걸린다는 것이다. 바이올린 연주든 컴퓨터 프로그래밍이든 외과 수술이든 커브볼이든 터득하려면 1만 시간이 매직 넘버라고 한다.[1]

이 개념을 예수님의 제자 훈련에 적용하면 제자들은 예수님과 1만 시간 이상을 함께하며 어떤 '기술'을 익혔을까? 일단, 예수님은 제자들이 1만 시간을 다 이수할 즈음 이렇게 말씀하셨다. "새 계명을 너희에게 주노니 서로 사랑하라 내가 너희를 사랑한 것같이 너희도 서로 사랑하라 너희가 서로 사랑하면 이로써 모든 사람이 너희가 내 제자인 줄 알리라"(요 13:34-35).

함께 시간을 보내면서 경험을 나누는 것이 예수님 그리고 다른 사람과 서로 친밀한 관계를 이루며 사는 기술을 터득하기 위한

열쇠이며, 사랑이 바로 그 기술을 터득했다는 증거다.

나와 친밀해지려고 나처럼 되신 분

이 원칙들은 제자 훈련뿐 아니라 하나님과의 친밀함 혹은 우리끼리의 친밀함을 추구할 때도 똑같이 적용할 수 있다. 경험을 나누라. 시간을 내라. 상대방에게 집중하라.

하나님은 언제나 우리 곁에서 우리에게 관심을 쏟고 계시므로 매 순간 그분과의 친밀함을 누릴 수 있다. 그분은 이미 바로 여기에 계신다. 우리는 단지 그분께 다가가서 함께 시간을 보내기만 하면 된다. 도움이 필요하면 주저하지 말고 그분께 아뢰라. 그런 다음 그분께 집중하고 그분이 주실 힘과 지혜, 좋은 아이디어를 기다리라. 기쁠 때는 그렇게 기쁜 일을 허락해 주신 그분의 선하심을 기억하며 시간을 내서 그분을 찬양하라. 아름다운 뭔가를 보거든 우리 하나님의 놀라운 예술적 손길을 생각하며 감사를 드리라.

나아가 세상에서 더 많은 아름다움을 볼 수 있도록 '그분의' 눈으로 보게 해 달라고 기도하라. 그분의 경험을 나누게 해 달라고 기도하라. "아버지는 이 사람을 보고 어떤 기분을 느끼시나요? 이 나무를 창조하실 때 어떤 마음이셨나요? 손수 창조하신 이 광활하고도 아름다운 지구를 보실 때 얼마나 기쁘신가요? 그 기쁨을 저도 누리고 싶습니다."

하나님과 친밀해지려고 애쓰는 사람들은 뜻밖의 환경에서도 그분을 찾는다. 성 이냐시오는 모든 것에서 하나님을 찾는다는 말을 했다.[2] 프랭크 루박 선교사는 '최소한 60초에 한 번씩 하나님을 생각한다'는 목표로 "분과의 싸움"을 한다는 표현을 사용했다.[3] 17세기 카르멜회 수도사 로렌스 형제는 다음과 같은 말을 했다.

> 일할 때마다 하나님이 바로 옆에 계신 것처럼 끊임없이 그분께 말을 걸었다. 일하는 내내 그분을 섬기고, 그분의 도우심에 감사를 드렸다. 일을 마친 뒤에는 내가 그렇게 했는지 철저히 돌아보았다. 그래서 잘했으면 하나님께 감사를 드렸고, 잘못을 발견하면 낙심하는 대신 용서를 구한 뒤 계속해서 그분 안에 거하며 내 일을 했다.[4]

한번 해 보라. '오늘' 같은 평범한 하루가 평생을 통틀어 하나님과 가장 친밀하게 지낸 하루가 될지도 모른다.

친밀함이 경험을 나눔으로써 이루어진다면, 친밀함으로의 초대에 관한 궁극적인 본보기는 바로 성육신일 것이다. 하나님이 우리처럼 되기 위해 이 땅으로 내려와 육신을 입고 우리의 모든 기쁨과 슬픔, 시험, 승리를 몸소 경험하셨다. 이 얼마나 신비롭고도 기적적인 사건인가! 덕분에 우리는 그분처럼 되는 법을 더 잘 이해할 수 있게 되었다.

하나님은 멀리서도 우리를 얼마든지 사랑하실 수 있었다. 하지만 그분은 단순히 우리를 사랑하시는 것에 만족하시지 않았다.

그분은 우리와 친밀해지길 원하셨다. 그래서 인간의 모든 경험을 온전히 나누기 위해 온전한 인간이 되셨다. 예수님을 통해 하나님은 우리의 외로움과 피로, 걱정, 슬픔을 함께하셨다. 우리의 기쁨과 고통도 기꺼이 함께하셨다. 품에 안길 때의 위로와 버림받을 때의 절망감도 경험하셨다.

하나님이 친밀함을 얼마나 갈망하시는지 성육신 이야기에서 알 수 있다. 인류가 타락하면서 하나님은 인간과 나누던 친밀한 관계를 잃으셨다. 이것을 그분이 얼마나 고통스러워하셨는지, 그래서 친밀함을 되찾으려는 그분의 의지가 얼마나 단호한지 또한 친밀함을 회복했을 때 그분이 얼마나 기뻐하시는지가 성육신 이야기에 전부 담겨 있다. 우리는 이미 우리가 생각한 것보다 하나님과 더 가까운 상태인지도 모른다.

▲

CHAPTER 2

관계에 대한 오해

나의 친밀함 지수는?

모든 아이 안에는 사랑으로 채워지길 기다리는 '감정 탱크'가 있다.
- 로스 캠벨

'모델 T'(1908년 포드에서 출시한 세계 최초의 대중용 자동차-편집자)가 처음 나올 당시 헨리 포드는 비용 절감 차원에서 연료 '게이지'(물량이나 폭 등을 시각적으로 표시하는 장치-편집자)를 없앴다. 아니나다를까 연료가 갑자기 바닥나 길가에서 퍼지는 차들이 속출했다. 궁여지책으로 어떤 이들은 연료통에 막대기를 넣어 막대에 묻은 기름의 높이를 보고 남은 기름량을 확인하기도 했다. 심지어 요즘에도 연료 측정 막

대기를 놓고 온라인상에서 끝없는 토론을 벌이는 모델 T 차주들이 있다.[1]

사람마다 이마에 친밀함 게이지를 달고 다니면 얼마나 좋을 까? 그러면 친밀함이 얼마나 찼는지 한눈에 볼 수 있어 더없이 마음이 편할 텐데 말이다. 하지만 그런 게이지는 없다. 설상가상으로 친밀함에 관한 온갖 오해가 우리 눈을 흐린다. 이번 장에서는 그런 오해 몇 가지를 살피고 자신의 IQ(intimacy quotient, 친밀함 지수)를 측정 하는 몇 가지 질문을 던져 보자.

오해 1. 친밀함은 쉽다

결혼하고 몇 달 뒤, 내 대학원 공부를 위해 아내와 함께 잠시 스코틀랜드 애버딘에서 생활했다. 그곳에서 우리가 아는 사람은 서로 외에 아무도 없었다. 우리가 주기적으로 보는 타인은 식당에 서 우리의 신분증을 확인했던 루비라는 노부인이 유일했다.

다음 한 해 동안 나는 공부를 했고 아내는 가사를 봐 주는 일을 했다. 돈도, 텔레비전도, 딱히 갈 곳도, 어울릴 사람도 없었기 때문 에 우리는 매일 저녁 집에서 서로를 온전히 즐기는 법을 배웠다. 우 리도 모르는 사이에 우리 부부의 관계를 강화시켜 준 일종의 의식 들이 있었다. 이를테면 밤마다 찰스 디킨스의 《니콜라스 니클비》 (*Nicholas Nickleby*, 이북코리아 역간)를 서로에게 읽어 주었다. 토요일이면 버스를 타고 애버딘 시내로 가서 돈이 있으면 무엇을 살까 상상했다. 어쩌다 남는 돈이 생기면 〈타임〉(*Time*)지 한 권을 사서 반으로 찢어 나눠 읽으며 세계 정세를 논하는 여유를 부렸다.

애버딘 생활이 정말 추억에 남는 것은 오로지 서로에게 집중할 수 있는 시간이었기 때문이다. 대학원 공부 외에는 마감일도 스케줄도 책임도 없었다. 단둘이 함께할 수 있는 시간이 차고 넘쳤다. 우리는 싸우고 화해하기를 반복하면서 서로에게 의지하는 법을 배워 갔다. 스코틀랜드에서의 생활이 끝나갈 무렵, 우리 관계가 전에 없이 견고해진 것을 느꼈다.

그러다가 아이가 생겼다. 다들 알겠지만 어린 자녀를 키우는 시간은 인생 최고의 시간인 동시에 가장 힘든 시간이다. 끝없는 젖병, 기저귀, 밥, 설거지, 녹초, 동화책, 목욕, 협상, 수면 박탈, 늘어난 화장실 출입 횟수, 줄어든 부부관계. 가장 혼자 있고 싶은 새벽 3시에서 새벽 5시까지가 아이들이 가장 보채는 시간이니 죽을 맛이다. 스코틀랜드에서 쌓았던 공든 탑이 노동과 양육 방식, 돈 문제에 관한 갈등으로 (완전히 무너지지는 않았지만) 정신없이 흔들렸다. 모든 대화의 한 치 밑에서는 '내 하루가 당신의 하루보다 더 힘들었다'라는 불평이 흐르고 있었다.

노라 에프론은 이런 말을 했다. "자식은 수류탄이다. 아기가 생기면 결혼생활이 폭발한다. 먼지가 가라앉으면 결혼생활은 전과 달라져 있다. 더 좋아지든 더 나빠지든 분명 전과는 다르다."[2] 혹시 여기서 시련이 끝난다고 착각하는 사람들이 있을까 봐 그녀는 이렇게 덧붙였다. "자녀가 10대가 되면 꼭 개를 키워야 한다. 집에 우

리를 반겨 주는 존재가 하나쯤은 있어야 하니까 말이다."³

이처럼 친밀함은 복잡하고 계절에 따라 변하기까지 한다. 마침내 태평성대에 접어들었다고 생각하는 그 순간, 뭔가 혹은 누군가가 변하고 전혀 새로운 차원의 난관이 닥쳐 온다. 친구 사이가 애인 사이가 되고, 애인들이 부부가 되고, 부부가 부모가 된다. 마침내 상사에게 적응하고 나니 인사발령이 나서 상사가 다른 사람으로 바뀐다. 피나는 노력으로 아버지나 어머니와의 관계를 회복하고 나니 치매라는 복병이 나타난다. 직장에서 팀원들과 어렵사리 하나가 되었다고 생각하는 순간, 세상에서 가장 이상한 신입 사원 하나가 들어온다. 자녀가 말썽을 피우기 시작한다. 그로 인해 옆집 아이가 부러워지고 내 아이와 사이가 멀어진다.

가끔 배우자가 변해서 싫어질까 봐 결혼하기 싫다는 사람들을 본다. 그런 사람에게 내 친구는 이렇게 조언한다. "변화가 싫다면 고양이와 결혼하세요."

당신의 현재 상태는 어떤가?

○ 힘들 때 전화할 사람이 한 사람이라도 있는가?
○ 사전에 아무 연락 없이 찾아가도 부담스럽지 않은 사람들이 있는가?
○ 취미 활동을 함께할 사람들이 있는가?
○ 급할 때 실질적인 도움을 줄 사람이 있는가?

대부분의 질문에 당장 떠오르는 사람이 없다면 당신의 친밀함 탱크는 거의 비었을 가능성이 높다.

오해 2. 친밀해지면 내 정체성은 사라진다

우리 부부가 결혼할 당시만 해도 결혼식장에는 으레 신랑과 신부를 상징하는 초 두 개와 연합의 초라고 부르는 커다란 세 번째 초가 있었다. 신랑과 신부는 각자의 초를 들고 연합의 초에 함께 불을 붙였다. 당시 논쟁거리 중 하나는 연합의 초에 불을 붙인 뒤에 각자의 삶을 의미하는 두 초를 불어서 꺼야 하느냐 켠 채로 놔둬야 하느냐였다. 나는 불어서 끄는 쪽을 선택했다. 하지만 내심 아내의 초만 끄고 내 초는 살려 두고 싶었다.

누군가와 친밀해지면 상대방과 똑같이 생각하고 바라고 행동해야 한다고 착각하는 사람들이 있다. 다시 말해, 내 초를 끄면 곧 내가 사라진다고 생각하는 것이다. '내'가 '우리'로 대체된다는 것이다. 하지만 '친밀함'과 '융합'은 엄연히 다르다.

친밀함은 두 사람이 하나가 되는 것이지만, 각자의 정체성은 그대로 남는다. 나는 계속해서 온전한 나, 내 아내 낸시도 계속해서 낸시다. 부부는 서로를 보완할 뿐 어느 한쪽이 상대방을 흡수하지는 않는다.

반면 융합은 두 진공이 하나로 합쳐져 둘 사이의 경계가 사라지는 것이다. 융합은 내적으로 굶주린 사람이 상대방의 정기를 빨아먹으려는 것이다. 그런 사람은 포옹을 받기만 할 뿐 상대방을 포옹해 주지는 않는다. 그들은 속내를 정확히 말하지 않는다. 심지어 자신도 자신의 진짜 마음을 모르는 경우도 있다. 그들은 갈등을 피하려고만 한다. 어려움을 직면하기 싫어 규합한다. 서로를 딛고 서는 목발로 사용한다. 그들은 독립, 힘과는 거리가 먼 사람들이다.

융합은 친밀함이 아니다. 친밀함은 상대방을 흡수하지도, 이용하지도 않는다. 나쁜 일을 하기 위해 손을 맞잡지도 않는다. 친밀함은 균형을 추구하며, 상호적이다. 나누거나 빼지 않고 곱하고 더한다. 친밀함은 우리의 정체성을 없애지 않는다. 오히려 우리의 정체성을 강화시켜 준다. 당신의 현재 관계들을 돌아보며 다음 질문에 답해 보라.

○ 어떤 영화를 볼지 혹은 어떤 식당에 갈지 주로 한 사람이 결정하는가, 아니면 의사결정이 한쪽으로 치우치지 않고 균형 있게 이루어지는가?
○ 다른 의견이 있으면 과감하게 말하는 편인가, 아니면 갈등이 싫어서 문제를 대충 넘어가거나 매번 져 주는가?
○ 저녁에 혼자 있는 시간을 즐길 수 있는가, 아니면 누구라도 불러서 혹은 어떤 활동을 해서라도 허전함을 채우는가?
○ 자신이 무엇을 믿고 무엇을 소중히 여기는지 잘 아는가?

의사를 결정하고 행복감, 자존감을 느끼는 데 남에게 의존하는 편이라면 융합의 오류에 빠질 위험이 높다.

오해 3. 친밀함과 사랑은 같은 것이다

어린 시절, 나는 친밀함과 사랑이 거의 같은 것이라고 생각했다. 물론 사랑은 친밀함을 가능하게 하는 요인이지만 둘은 엄연히 다르다. 사랑의 핵심은 감정이 아니다. 열정도, 가까움도 아니다. 사랑은 상대방의 말에 무조건 맞장구를 쳐 주거나 무조건 상대방이 원하는 대로 해 주는 것이 아니다. 그렇다면 사랑이란 무엇인가? 토머스 아퀴나스는 사랑이 상대방이 잘되기를 바라는 마음이라고 했다.[4] 하지만 사랑은 단순히 좋은 의도만이 아니다. 사랑한다는 것은 상대방이 하나님이 원하시는 사람이 되기를 바라고, 나아가 그렇게 되도록 돕는 것이다.

'사랑'이라는 단어와 관련된 문제점 하나는 그 단어가 너무 많은 의미로 쓰인다는 것이다. "너를 사랑해. 고향을 사랑해. 내 일을 사랑해. 핫도그를 사랑해." 여기서 핫도그를 '사랑한다'는 것이 무슨 뜻인가? 핫도그가 잘되기를 바란다는 뜻은 결코 아니다. 이 사랑은 오히려 핫도그를 파괴시킨다.

예수님은 만나는 모든 사람이 잘되기를 바라는, 하나님이 주시는 마음과 정신으로 사랑을 이해하셨다. 이런 사랑의 개념은 워낙 혁명적이어서 예수님의 제자들은 이런 사랑에 붙일 단어를 찾아내야 했다. 결국 그들은 잘 사용하지 않는 헬라어 단어 '아가페'를 택해 예수님이 가르치시고 본을 보이신 사랑의 본질을 설명했다.

사도 바울은 고린도 교회에 보낸 편지 한중간에서 느닷없이 주제를 바꿔 사랑을 논한다. 거기에는 다음과 같은 놀라운 말씀이 포함되어 있다.

> 내가 사람의 방언과 천사의 말을 할지라도 사랑이 없으면 소리 나는 구리와 울리는 꽹과리가 되고 내가 예언하는 능력이 있어 모든 비밀과 모든 지식을 알고 또 산을 옮길 만한 모든 믿음이 있을지라도 사랑이 없으면 내가 아무것도 아니요 내가 내게 있는 모든 것으로 구제하고 또 내 몸을 불사르게 내줄지라도 사랑이 없으면 내게 아무 유익이 없느니라(고전 13:1-3).

좀 더 현대 언어로 바꿔 보자.

> 내가 저스틴 비버처럼 트윗을 하고, 페이스북 친구가 교황보다 많고, 명문대에서 박사 학위를 따고, 세기의 기술을 발명하고, 멋진 머리카락과 새하얀 이, 군살 하나 없는 매끈한 몸을 갖고 있고, 지구온난화를 해결하고, 기부금 역대 최고액 기록을 갈아치우고, 친환경 자동차를 몰아도, 사랑이 없으면 내가 아무것도 아니요.

문학보다 수학을 선호하는가? 그렇다면 바울의 주장을 등식으로 표현해 보자.

$$모든 것 - 사랑 = 0$$

이 사람을 사랑하기는 쉬운데 저 사람을 사랑하기는 어렵다는 말들을 자주 한다. 하지만 예수님은 그런 식으로 사랑의 자격을 따지시지 않았다. 예수님은 우리가 사랑의 사람이 되어야 한다고 가르치셨다. 이것은 건강하거나 병든 것처럼 인간의 한 상태다. 이것은 우리를 향한 하나님의 사랑에 단단히 뿌리를 내려서 죄에서 점점 자유로워지는 상태다. 그러면 상대방이 어떤 사람이든 우리에게 어떤 마음을 품고 있든 상관없이 그가 잘되기를 바라게 된다.

이런 '아가페' 사랑은 상대방의 상황에 따라 매우 다른 모습으로 나타난다. 예를 들어 굶주린 사람을 보면 어떻게든 먹이려고 한다. 외로운 사람을 보면 가까이 다가가 그의 말에 귀를 기울인다. 낙심한 사람을 보면 가만히 안고 토닥이며 격려의 말을 해 준다.

상황을 약간 바꿔 보자. 우리 집 자녀들이 버릇없는 응석받이라고 가정해 보자. 내가 아이들을 아가페 사랑으로 사랑한다면 징계를 해야 마땅하다. 그래서 사랑이 어렵다. 배고픈 사람에게 먹을 것을 주면 당연히 사랑으로 느낀다. 당연히 고맙다는 말이 돌아오고 서로 가까워진다. 두려워서 떠는 사람을 격려해도 마찬가지다. 하지만 말썽꾸러기 자녀에게 사랑의 매를 들면 과연 그 자녀가 그것을 사랑으로 느낄까?

사랑의 사람이 되기 위해서는 사랑 없는 사람처럼 보일 각오를 해야 한다. 그러기 위해서는 우리의 사랑이 안정적인 근원에서 흘러나와야 한다. 그래야 위험한 사랑도 과감히 할 수 있다. 물론 하나님만이 그런 종류의 사랑을 공급하실 수 있다. 이런 이유에서 바울이 다음과 같이 말했다. "너희가 사랑 가운데서 뿌리가 박히고 터가 굳어져서 능히 모든 성도와 함께 지식에 넘치는 그리스도의 사랑을 알고"(엡 3:17-18).

이것이 사랑이다. 하지만 사랑이 곧 친밀함은 아니다. 친밀함은 상호적이어야 한다. 탕자의 아버지는 자식 '사랑'을 한 번도 멈춘 적이 없었다. 하지만 자식이 집으로 돌아오지 전까지는 '친밀함'을 다시 경험할 수 없었다.

어떤 사람도 우리가 그 사람을 사랑하는 일을 못하게 만들 수는 없다. 그렇지 않다면 바울이 이런 놀라운 주장을 펼칠 수 없었을 것이다. "사랑은 오래 참고 …… 모든 것을 참으며 모든 것을 믿으며 모든 것을 바라며 모든 것을 견디느니라 사랑은 언제까지나 떨어지지 아니하되"(고전 13:4, 7-8). 하지만 그 사람이 우리가 자신과 친밀해지지 못하게 막을 수는 있다. 이렇듯 사랑은 일방적일 수 있고, 실제로 일방적인 경우도 많다. 하지만 친밀함은 상호적이어야 하고, 양방향이어야 한다. 친밀함은 서로 공유해야 가능하다. 친하고 가까워지고 싶은 사람이 있다면 그 사람을 떠올리며 다음 질문을 던져 보라.

○ 그 사람이 도움이 필요할 때 당신을 찾아올 가능성이 얼마나 되는가?

○ 그가 당신이 진정으로 좋아하는 줄 아는가?

○ 그가 당신에게 속내를 드러내는가, 아니면 숨기는가?

○ 그를 얼마나 이해하는가? 그의 감정 변화를 얼마나 잘 읽는다고 생각하는가?

○ 그에게 부담 없이 이견(異見)을 제시할 수 있는가?

대부분의 질문에 부정적으로 답했다면 상대방이 당신과의 친밀한 관계에 아직 마음을 열지 않았을 가능성이 높다. 그렇다고 해서 가능성이 전혀 없다는 말은 아니다. 다만 꽤 노력이 필요하다는 뜻이다. 포기하지 말고 계속해서 시도하라.

오해 4. 친밀함 = 섹스

미국 사람들은 '섹스'를 완곡하게 표현할 때 '친밀함'이라는 단어를 자주 사용한다. 물론 남들 앞에서 "우리 잤다"라고 말하는 것보다 "우리 친밀해졌다"라고 말하는 편이 덜 흉하다는 점은 인정하지만 사실 두 표현은 상호 교차해서 사용할 수 없다. 삶에는 섹스와 아무런 상관없이 친밀한 관계를 맺고 있는 사람들이 많다. 그리고 개인적으로 경험한 건 아니지만, 친밀하지 않은데도 얼마든지 섹스를 할 수 있다. 섹스 자체는 전적으로 육체적인 행위다. 반면, 친밀함은 감정적인 투자다. 남녀가 손을 잡으면 그렇게 좋을 수가 없다. 하지만 감정은 배제한 채 육체로만 흐르면 결국 문제가 발생한다.

그렇다고 해서 섹스가 나쁘다는 말은 아니다. 인간은 성적인 존재로 태어났다. 성은 우리 존재의 중요한 일부다. 성은 삶에 에너지와 신비, 긴장을 더해 주는 활력소다. 성적으로 끌리는 두 사람은 최고의 동반자가 될 수 있다. 심지어 섹스는 친밀함을 '돕는' 요인이 될 수도 있다. 기본적으로 성적인 사랑의 시 아가에서 이 점을 생생하게 확인할 수 있다. 아가서를 읽어 본 적이 없다면 다음 몇 구절만 봐도 막 읽고 싶어질 것이다.

> 내 사랑 너는 어여쁘고도 어여쁘다 너울 속에 있는 네 눈이 비둘기 같고 네 머리털은 길르앗 산 기슭에 누운 염소 떼 같구나 네 이는 목욕장에서 나오는 털 깎인 암양 곧 새끼 없는 것은 하나도 없이 각각 쌍태를 낳은 양 같구나 네 입술은 홍색 실 같고 네 입은 어여쁘고 너울 속의 네 뺨은 석류 한 쪽 같구나 네 목은 무기를 두려고 건축한 다윗의 망대 곧 방패 천 개, 용사의 모든 방패가 달린 망대 같고 네 두 유방은 백합화 가운데서 꼴을 먹는 쌍태 어린 사슴 같구나(아 4:1-5).

심리학자들은 애인을 향한 위와 같은 찬사를 "긍정적인 감정의 압도"(positive sentiment override)라 부른다. 이것은 상대방에 대한 긍정적인 생각과 감정이 넘쳐 나서 부정적인 감정을 완전히 뒤덮고 상대방을 향한 끝없는 호기심을 유발하는 현상이다. 그래서 사랑에 빠지면 하루 종일 사랑을 속삭인 것도 모자라 헤어진 뒤에도 전화를 걸어 집까지 온 과정을 설명하는 것이다.

흥미롭게도 성경은 사랑에 '빠지라고' 말하지 않는다. 대신 성경은 사랑 안에서 '자라는' 것에 관해 많은 말을 한다. "너희 사랑이 점점 더 넘쳐 나고 너희 지식과 분별력이 계속해서 자라길 내가 기도하노라"(빌 1:9, NLT-옮긴이의 사역). 아름답지 않은가?

그렇다면 성에 관한 부정적인 관념은 어디에서 왔을까? 성 전문가 클리프 페너 박사에 따르면, 많은 사람이 '성은 더럽고 구역질 나는 것인데 사랑하는 사람을 위해 아껴 두어야 한다'는 이중 메시지를 들으며 자랐다.[5] 대부분의 아이들이 부모에게서 성에 관한 정보를 거의 얻지 못한다는 것도 문제다. 우리 아버지는 자라면서 부모님이 키스하는 모습을 한 번도 보신 적이 없다. 조부모님은 아버지에게 성적 친밀함이나 성적인 느낌, 생식기에 관해서 한 번도 알려 주시지 않았다. 아버지가 할머니에게서 받은 유일한 '성교육'은 고등학교 졸업 이후에나 이루어졌다. 그마저도 "얘야, 대학교에 가면 나쁜 여자애들이 있다니까 조심해라"였다. 당시 우리 아버지 머릿속에 떠오른 생각은 '그런 여자애들을 어디 가서 찾지?'였다고 한다.

친밀함과 섹스의 차이를 모른 채로 어른이 되면 온갖 문제를 일으킨다. 게리 채프먼은 《5가지 사랑의 언어》(*The Five Love Languages*, 생명의말씀사 역간)에서 성 문제로 고민하는 한 부부의 이야기를 전해 준다. 오해의 핵심은 남편이 사랑과 친밀함을 섹스와 동일시한다는 것이었다. 하지만 아내가 생각하는 사랑과 친밀함은 달랐다.

한 남성이 내게 말했다. "저는 그 사랑의 탱크라는 게임이 별로 마음에 들지 않습니다. 아내에게 그 게임을 해 봤지요. 집에 와서 아내에게 '0부터 10까지 수치를 매긴다면 오늘 밤 당신의 사랑의 탱크는 얼마나 찼어?'라고 물었습니다. 아내가 '7쯤'이라고 말하기에 '나머지를 어떻게 채워 주면 좋겠어?'라고 물었습니다. 그러자 아내는 '오늘 밤 내가 가장 원하는 건 당신이 빨래를 해 주는 거예요'라고 하더군요. 저는 황당해서 '사랑과 빨래? 도무지 무슨 말인지 모르겠네'라고 말했습니다."

나는 그에게 말했다. "그게 문제입니다. 선생님은 사모님의 사랑의 언어를 모르시는 것 같군요. 그렇다면 선생님의 주된 사랑의 언어는 무엇입니까?"

그는 조금도 망설이지 않고 대답했다. "스킨십입니다. 특히, 성적 스킨십이 중요해요."

"그렇다면 잘 들어 보세요. 사모님이 스킨십으로 사랑을 표현할 때 선생님이 느끼는 사랑을 사모님은 선생님이 빨래를 해주실 때 느낍니다."

내 말에 그는 큰 소리로 답했다. "그렇다면 얼마든지 빨래를 하죠! 제가 빨래를 해서 아내가 그런 기분을 느낀다면 매일 밤이라도 빨래를 해 주겠습니다."[6]

요점은 섹스가 친밀함을 표현하고 즐기는 한 가지 방법일 뿐이라는 것이다. 칭찬의 말, 선물, 함께 보내는 양질의 시간, 심지어 집안일을 해 주는 것도 그런 방법 중 하나일 수 있다.

당신은 친밀함과 섹스를 얼마나 밀접하게 연결시키는가?

○ 섹스가 없는 친밀한 관계는 상상조차 하기 힘들다.
○ 상대방과 감정 교류가 없더라도 성적으로 친밀해지는 게 가능하다.

위 항목에 "그렇다"라고 답했다면, 친밀함과 섹스를 혼동하고 있을 가능성이 높다. 이 책을 계속해서 읽다 보면 둘을 분명히 구분하게 될 것이다.

오해 5. 모든 사람이 친밀함에 같은 방식으로 반응한다

초보 아빠 시절 나는 부모가 같은 말을 하면 모든 자녀가 그 말에 동일하게 반응해야 한다고 생각했다. 하지만 현실은 전혀 그렇지 않았다. 나는 딸아이를 침대에 눕히고 이불을 덮어 주며 애정 어린 말로 내 사랑을 표현했다. "아빠는 우리 딸을 정말 사랑해. 네 얼굴, 네 목소리, 네 웃음까지 다 사랑해. 아빠는, 아빠가 우리 딸 아빠라는 게 무지 기뻐."

아이의 두 눈은 똥그래지고 이내 이슬이 맺혔다. "아빠, 저도 사랑해요." 더없이 훈훈한 순간이었다.

이번에는 다른 딸아이 방에 가서 똑같은 사랑의 말을 똑같은 분위기로 전했다. "아빠는 우리 딸을 정말 사랑해. 네 얼굴, 네 목소리, 네 웃음까지 다 사랑해. 아빠는, 아빠가 우리 딸 아빠라는 게 무지 기뻐."

그런데 아이는 아무 감흥 없는 듯한 멍한 눈으로 나를 응시하며 말했다. "아빠, 뭘 잘못 드셨어요?"

사람마다 사랑의 언어는 천차만별이다. 방금 같은 경우, 나는 내 말에 (다른 딸과 달리) 시큰둥하게 반응한 딸을 보며 나를 사랑하지 않는다고 오해해서 기분이 상할 수도 있었다. 하지만 나는 한 딸은 '사랑의 말'에 잘 반응하고, 다른 딸은 '제발 멈춰 달라고 애원할 때까지 간질이기' 같은 방식에 더 잘 반응한다는 사실을 이내 깨달았다. 다른 방식, 같은 결과. 볼수록 흥미로웠다.

사람마다 기질도 다르다. 나처럼 내향적인 사람들은 홀로 시간을 보내면서 에너지를 얻는다. 감정적인 측면에서, 아침에 눈을 뜰 때 나는 공기로 꽉 찬 거대한 풍선과도 같다. 하지만 하루 종일 사람들과 부딪히다 보면 공기가 서서히 빠져, 잠자리에 들 즈음에는 바람이 완전히 빠진 풍선이 된다. 반대로, 내 아내는 생각이든 감정이든 좀처럼 숨길 줄 모르는 무척이나 외향적인 사람이다. 아침에 눈을 뜰 때 아내는 바람이 완전히 빠진 풍선과도 같다. 하지만 하루를 살면서 사람들과 어울리고 즐거운 대화를 하면서 아내의 풍선은 점점 부풀어 오른다. 아침보다 저녁에 더 생기가 충만하다.

하루가 끝날 무렵 나는 잔뜩 쪼그라든 작은 풍선인 반면 아내는 거대한 애드벌룬이다. 둘 모두의 풍선이 어느 정도 찼을 때 중요한 대화를 하는 법을 배우기까지는 몇 년이라는 긴 시간이 필요했다. 사람마다 다 성격과 기질이 다르기 때문에 친밀함의 제스처를 주고받고 해석하는 모습이 각양각색이다. 가장 가까이 있는 사람들에게 어떤 유형의 제스처가 가장 효과적인지를 파악하는 것이 친밀한 관계를 쌓는 데 매우 중요한 부분이다. 가장 가까운 사람들(혹은 더 가까워지고 싶은 사람들)을 생각하며 다음 질문을 던져 보라.

○ 그들은 외향적인가 내향적인가?
○ 그들은 육체적인 사랑의 표현과 사랑의 말 중에서 무엇에 더 잘 반응하는가?
○ 당신은 사람들과 어울릴 때 활력이 솟는가, 아니면 피곤해지는가?
○ 게리 채프먼은 사랑의 언어를 인정(칭찬)하는 말, 함께하는 양질의 시간, 스킨십, 봉사, 선물, 이렇게 다섯 가지로 규명했다. 이 가운데 당신의 사랑의 언어는 무엇인가?

주변 사람들이 어떤 식으로 친밀함을 느끼는지 잘 모르겠다면 질문을 던져 가며 찬찬히 관찰해 보라. 첫술에 배가 부르지 않다 해서 낙심할 필요는 없다. 친밀한 관계를 쌓으려면 시간이 걸린다. 하지만 그만한 가치가 충분히 있다!

오해 6. 한번 싹튼 친밀함은 사라지지 않는다

마크 트웨인은 "칭찬 한 번이면 2주간 아무것도 먹지 않고 살 수 있다"라고 말했다.[7] 그렇다면 트웨인의 아내 올리비아는 일 년에 스물여섯 번만 남편을 칭찬해 주었다면 일 년 내내 밥상을 차릴 필요가 없었을 것이다. 우리 주변 사람들에게 더도 말고 한 달에 두 번보다 약간만 더 많이 칭찬해 주면 어떨까? 친밀함은 애완견 산책이나 퇴근길 장보기처럼 해야 할 일 리스트에 체크 한번 하면 끝나는 것이 아니다. 친밀함은 모닥불과도 같아서 계속해서 장작을 넣지 않으면 결국은 불이 꺼진다.

항상 거창한 뭔가를 준비해야 한다는 말은 아니다. 친밀함은 '큰' 감정이지만 '작은' 순간들을 통해 형성된다. 시기적절한 포옹도 좋고, 아픈 친구에게 음식을 만들어다 주는 일도 좋다. 동료가 어떤 커피를 좋아하는지 알아 두었다가 월요일 아침에 깜짝 선물을 하는 것도 괜찮은 방법이다. 혹시 당신 친구가 마크 트웨인 같은 사람이라면 이따금씩 칭찬 한마디를 해 주는 것만으로도 큰 효과를 볼 수 있다.

칭찬의 말은 친밀해지는 데 가장 효과적이면서도 한편 가장 간과하는 도구다. 어렵게 생각할 것 없다. 투박해도 진심에서 우러나온 말 한마디면 족하다. "너한테 그 색깔 정말 잘 어울린다!" "너처럼 우리 아이를 잘 격려해 주는 사람은 처음 봤어." "넌 정말이지 대인관계의 귀재야."

최근 우리 가족들에게 한 가지 실험을 해 봤다. 여동생 바비에게는 이렇게 말했다. "저녁 식사 시간에 네가 해 준 얘기 덕분에 서로가 어떻게 지내는지 전보다 훨씬 더 잘 알 수 있었어. 정말 고마워." 남동생 바트에게는 이렇게 말했다. "너희 집에서 정말 편히 쉬었다. 게다가 이렇게 맛있는 음식까지 대접해 주고……. 정말 고맙다." 아버지에게는 이렇게 말했다. "그렇게 많은 일(척추관 협착증, 고관절 대치술, 안면마비)을 겪고도 여전하신 아버지가 정말 존경스럽습니다." 어머니에게는 이렇게 말했다. "어쩜 그렇게 저를 쉴 새 없이 웃게 하세요? 어머니, 정말 대단해요!"

간단하지만 효과는 실로 대단하다. 물론 칭찬만 해 주는 것은 답이 아니다. 진정한 친밀함이 싹트려면 듣기 좋은 소리만이 아니라 고통스러운 진실까지도 가감 없이 말해 주어야 한다.

가장 사랑하는 사람들에게 우리의 사랑을 분명히, 그리고 자주 표현해야 한다. 때로는 지극히 사소한 제스처가 더없이 큰 효과를 발휘한다. 한번 연습해 보자. 부부가 함께 마트에 갔는데 배우자가 "여보, 집에 치약이 떨어졌나요?"라고 묻는다. 이때 당신은 어떻게 하겠는가?

A. 무심하게 어깨만 으쓱한다.

B. "그걸 내가 어떻게 알아." (살짝 한숨을 내쉰다.) "일단 몇 개 좀 살까?" (가벼운 한숨이지만 당신 정도의 인물이 치약이나 가지러 가야 하겠느냐는 투가 확 느껴진다.)

C. "정확히는 잘 모르겠는데, 혹시 모르니 내가 몇 개 집어 올게."

D. "치약? 그런 건 당신이 챙겨야지 나한테 물으면 어떻게 해?"

정답은 C다. 진정한 친밀함은 거창하고 로맨틱한 순간들이 아니라 남들에게 다가가는 소소한 순간들 속에서 쌓인다. 친구나 부부, 가족, 동료까지 모든 관계가 그렇다. 관심과 귀를 기울이고 도움의 손길을 뻗기를 반복하면 어느새 친밀함이 깊이 뿌리를 내린다.

오해 7. 모든 사람과 친밀해질 수는 없다

도저히 어울릴 수 없을 것만 같은 사람을 만나 본 적이 있는가? 상대방을 알려고 노력해야 한다는 걸 잘 알지만 아무리 생각해도 이 사람은 가까이 하기에는 너무 _____ 하게(이상하게, 고집이 세게, 변덕스럽게, 이기적으로 등등) 보인다. 결국 상대방의 '문제' 때문에 그 사람에게 다가가는 것을 포기한다.

하지만 모든 인간이 하나님의 형상을 품고 있다면 그 사람에게도 친밀함의 능력이 분명히 있다. 디트리히 본회퍼는 이렇게 말했다. "약한 사람들, 하찮은 사람들, 쓸모없어 보이는 사람들을 기독교 공동체에서 배제하는 것은 곧 그리스도를 배제하는 것이다. 그리스도께서 가난한 형제를 통해 문을 두드리고 계시기 때문이다."[8]

친밀함은 흠 없고 정상적인 사람들만을 위한 것이 아니다. 사랑은 우리에게 흠 많고 변덕스러운 사람들까지도 돌볼 수 있는 능력을 준다. 또한 우리는 '다' 흠이 많고 변덕스러운 사람들이다. 잠시 예수님이 가장 가까이 두셨던 열두 명의 제자들을 생각해 보자. 나는 가끔 예수님이 이 열두 명을 선택하신 것이 하나님이 '누구를 통해서든' 역사하실 수 있다는 사실을 보여 주기 위한 것이 아니었나 하는 생각을 한다. 이 사람들의 면면을 살짝만 봐도 알 수 있다.

시몬　시몬은 매사에 충동적이고 별로 믿을 만하지 못한 인물이었다. 그런데도 예수님은 그에게 게바('반석'을 뜻하는 아람어)라는 별명을 지어 주셨다. 베드로의 영어식 표현 'Peter'(피터)는 반석을 뜻하는 헬라어 '페트라'에서 비롯했다.

야고보와 요한　예수님은 이들에게 우레의 아들들이라는 별명을 지어 주셨다. 아마 그들은 화를 잘 냈던 듯싶다.

안드레와 빌립　두 사람 다 베드로, 야고보, 요한과 함께 벳새다 출신이었다. 그렇다면 다른 제자들은 '벳새다 파벌'과 대치했을 가능성이 있다. 안드레가 예수님을 먼저 만나고 후에 베드로에게 그분을 소개했지만 성경은 그를 "베드로의 형제"로 기록했다.

도마　도마는 디두모(쌍둥이)로도 알려져 있다. 옛날에는 쌍둥이 탄생을 불길한 징조로 여겼다. 출산 자체도 어렵고 상속 문제도 복잡해졌기 때문이다. 또한 그 별명은 의심 많은 도마의 이중적인 성격을 함축하기도 했다.

<u>열성당원 시몬</u>   열성당원들은 로마 압제자들을 미워했다. 하지만 로마인들에게 빌붙어 동포를 괴롭혔던 세리들을 훨씬 더 미워했다.

<u>세리 마태</u>   아마 예수님은 세리 마태와 열성당원 시몬을 룸메이트로 짝지어 주시지 않았을까?

<u>야고보</u>   이 야고보는 예수님의 형제가 아니다. 그래서 그는 '작은 야고보'로 통했을지도 모른다. 썩 듣기 좋은 별명은 아니다.

<u>다대오</u>(야고보의 아들 유다로도 불림)   우리가 그에 관해 아는 정보는 이 땅에서 예수님의 삶이 끝날 무렵 그가 "주여 어찌하여 자기를 우리에게는 나타내시고 세상에는 아니하려 하시나이까"(요 14:22)라고 물었다는 사실뿐이다. 이 말에서 우리는 그가 예수님이 군사력으로 이스라엘의 적들을 무찔러 '자기를 세상에 나타내시길' 기대했다는 사실을 알 수 있다. 그의 질문을 보면 그가 '고난받는 메시아'가 될 것이라는 예수님의 반복된 가르침을 한 귀로 듣고 한 귀로 흘려보냈다는 사실을 알 수 있다. 학교에서 하루 종일 배운 내용을 수업이 끝날 무렵에 다시 묻는 학생과도 같다.

바돌로매 그의 이름은 밭고랑의 아들이라는 뜻이다. 그는 예수님을 따르기 위해 "전토를 버린 자" 가운데 한 명이었을지도 모른다(마 19:28-30 참조). 예수님이 용기를 북돋아 주셔야 했던 것으로 보아 그는 '내가 미친 짓을 한 건가?'라며 자신의 결정을 후회했을 수도 있다.

가룟 유다 굳이 설명해야 할까?

이 열두 명은 툭하면 누가 더 나은지를 놓고 입씨름을 벌였고 질투나 두려움에 빠지기 일쑤였다. 그들은 오해하고 망치고 실수하고 훔치고 부인하고 배신한 자들이었다. 필시 그들은 서로를 보며 속으로 '한심한 녀석들'이라고 손가락질을 했을 것이다.

그들 속에 친밀함이 싹튼 것은 그들이 영적 올스타들이었기 때문이 아니다. 그들 가운데 예수님이 계셨기 때문이다. 예수님이 그들의 안전한 그물이 되어 주셨다. 예수님이 그들의 분쟁을 중재해 주셨다. 예수님이 그들에게 은혜를 베풀어 주셨다. 예수님이 그들에게 사랑을 가르쳐 주셨다. 예수님은 우리에게도 똑같이 해 주신다. 당신은 어떤가?

○ 관계에 진전이 없을 때 어떻게 반응하는가?

○ 어떤 중요한 사람과의 관계가 더 이상 가까워지지 않는가? 원인이 무엇인가? 그런 상황에서 무엇을 배울 수 있을까?

○ 관계를 회복하고 싶은 사람이 있는가?

○ 누가 당신을 까다로운 사람으로 여길까? 어떻게 하면 그 사
람과 친밀해질 수 있을까?

위 질문들을 다시 읽어 보라. 남들에게서 어울리기 힘든 점을 찾기는 쉽지만 자신을 평가할 때는 심각한 맹점들을 찾기가 쉽지 않다. 이런 맹점은 나중에 다시 다루자.

한편, 예수님의 제자들이 다른 건 몰라도 우리에게 한 가지 사실만큼은 분명하게 가르쳐 주었다. 그것은 바로 '누구나' 남들과 친밀해질 능력이 있다는 사실이다.

오해 8. 친밀해지면 마음껏 짜증 내고 화내도 괜찮다

한때 '표출'(ventilationism)이라는 분노 치료법이 유행했는데, 그저 화가 나면 표출하라는 것이다. 소리를 지르든 물건을 집어던지든 벽을 치든, 어떤 식으로든 뚜껑을 열고 증기를 내보내라고 권했다. 이 치료법을 옹호하는 사람들은 화를 쌓아 두는 것이 건강에 좋지 않다고 주장했다. 냄비에서 물을 끓이다가 가끔 증기를 빼내지 않으면 뚜껑이 날아가는 것처럼 화도 계속해서 쌓이면 폭발한다는 것이 그들의 논리였다.

하지만 왜 화만 그렇게 다루어야 한다고 생각하고 다른 감정들은 그렇게 생각하지 않는가? 누구도 이런 식으로 말하지 않는다.

"너무 오랫동안 기쁨을 속에 담아 두기만 했어. 사람들이 우스갯소리를 해도 나는 억지로 웃음을 참았지. 기쁨이 내 안에서 계속해서 커져만 갔어. 이제 기쁨의 화산이 터지기 직전이야. 이제 만나는 모든 사람에게 기쁨을 쏟아 내야지!"

환자에게 이렇게 말하는 치료사는 없다. "어서 감사를 표현하세요. 어린 시절부터 지금까지 사람들이 아무리 잘해 줘도 감사를 말로 표현한 적이 없지요? 그렇게 감사를 계속해서 억누르는 건 건강에 좋지 않아요. 선생님은 지금 감사의 시한폭탄을 안고 사는 거예요. 언젠가는 터져 버릴 겁니다. 그렇게 되면 잘 모르는 사람에게까지 마구 감사를 쏟아 내고 말 겁니다."

알다시피 화를 마구 쏟아 내는 것은 좋은 방법이 아니다. 화를 내면 기분이 풀리기는커녕 점점 더 화가 나는 경험을 다들 해 봤을 것이다. 누군가에게 소리를 지르거나 뭔가를 치면서 화를 분출하면 자신이 강해진 것 같은 착각에 빠져 더 크게 소리를 지르고 더 세게 치고 싶어진다. 하지만 이처럼 화를 분출하는 행위는 악순환으로 이어질 뿐이다.

또한 화풀이 대상이 되고 싶은 사람은 세상 어디에도 없다. 화를 분출하는 사람은 후련할지 몰라도 당하는 사람은 전혀 그렇지 않다. 캐럴 태브리스는 *Anger: The Misunderstood Emotion*(화: 오해받는 감정)에서 이렇게 말했다. "화가 동맥이나 우정을 막지 않도록 표출하는 것이 중요하다는 현대 표출주의의 시각은 …… 화 표출의 결과를 …… 간과한 결과다. 화를 냈다가 총에 맞아 죽으면 동맥이 아무리 건강해 봐야 아무런 소용이 없다."[9]

연구 결과에서 이 점이 명확히 드러난다. 지난 몇 십 년간 세 개의 유력 잡지가 십여 개의 연구 결과를 다루었는데, 어느 하나도 화를 표출하는 것이 화를 다루는 데 효과적이라는 결론을 내리지 않았다. 화는 더 많은 화를 낳을 뿐이다. 생각해 보라. 다음과 같은 상황이 가능할까? 끼어들기를 당한 운전자가 상대편 차 옆에 차를 세우고 고함을 지른다. "운전 똑바로 안 해?" 그러자 상대편 운전자가 웃는 얼굴로 대답한다. "알려 줘서 고맙습니다. 앞으로는 운전 똑바로 하겠습니다. 시간을 내서 가르쳐 주셔서 감사합니다."

결론을 말하자면, 가까운 사람이라고 해서 마음대로 화를 표출해도 되는 것은 아니다. 상대방을 감정적인 샌드백으로 삼는 것은 관계를 끝내는 가장 빠른 지름길이다. 나만 이렇게 주장하는 것이 아니다. 잠언 29장 11절을 보라. "어리석은 자는 자기의 노를 다 드러내어도 지혜로운 자는 그것을 억제하느니라."

나중에 불화와 회복에 관한 이야기를 다룰 텐데 그때 화를 다 드러내지 않고 억제하는 것에 관한 이야기를 자세히 해 보자. 여기서는 일단 자신에게 다음 질문을 해 보라.

○ 화를 어떻게 표출하는가? 그것은 건강한 반응인가?
○ 남들에게 자주 짜증을 내는가?
○ 남들이 짜증을 내면 기분이 어떤가?
○ 화를 표출하는 궁극적인 이유는 무엇인가? 화내고 나면 기

분이 좋아지는가, 아니면 남에게 상처만 주는가?

오해 9. 친밀함의 모습은 성에 상관없이 똑같다

언어학자 데보라 태넌은 《그래도 당신을 이해하고 싶다》(*You Just Don't Understand*, 한언 역간)에서 다음과 같이 말했다.

> 동성 또래 집단에서 자란 아이들처럼 말하는 사람들에게, 남녀 간의 대화는 그야말로 다른 문화 간 커뮤니케이션이다. ……
> 대화 스타일에서 …… 성(gender)의 차이를 이해하면 …… 의견 차이가 나타나는 것은 막을 수 없을지 몰라도 의견 차이가 걷잡을 수 없는 갈등으로 발전하는 것은 막을 수 있다.[10]

태넌에 따르면, 남성 문화는 경쟁적인 편이다. 남자들은 "먹느냐 먹히느냐 하는 계급적인 사회 체제"에서 산다.[11] 남자아이들은 주로 큰 집단에서 놀이를 한다. 큰 집단에서 이루어지는 커뮤니케이션의 핵심은 독립성을 유지하고 실패를 피하는 것이며, 커뮤니케이션에서 이기거나 까다로운 명령을 내림으로써 지위를 얻는 것이다. 남자아이들은 주로 말싸움에서 이기거나 지식을 과시하는 데 말을 사용한다. 열두 제자들도 자기들끼리 모여 누가 가장 높은지를 놓고 입씨름을 벌인 적이 한두 번이 아니다(막 9:33-34; 눅 9:46; 22:24 참조). 그래서 남성 문화에서 말은 대개 스트레스를 가중시키는 요인이다.

반면에 여성 문화는 "서로 연결된 네트워크"에 가깝다.[12] 여자 아이들은 주로 작은 집단에서 놀이를 한다. 작은 집단에서는 친밀함을 유지하고 고립을 피하려고 커뮤니케이션을 한다. 여자아이들은 주로 서로 친해지기 위해 말을 사용한다. 여성 문화에서 으스대는 것은 금물이다. 여성 문화에서는 말을 우월함을 증명하기 위함이 아니라 결속을 표현하기 위해 사용한다. 따라서 말은 대개 스트레스를 줄여 주는 요인이다.

남자들은 모이면 직장 문제나 스포츠, 뉴스거리로 대화를 나누면서 "거길 가다니 배짱이 대단하네!"라는 식으로 서로에게 관심을 표현한다. 남자들은 테니스처럼 점수를 매겨서 승자와 패자를 가를 수 있는 경기를 좋아한다. 스포츠 경기를 시청할 때도 꼭 가위바위보를 해서 지는 사람이 간식 사 오는 내기를 한다.

여자들은 모이면 "다리에 살이 많이 쪄서 큰일이야" 혹은 "네 다리는 정말 날씬하다. 머리에 윤기 흐르는 것 좀 봐. 정말 탐나는 머리칼이야!"와 같은 대화를 나눈다. 에어로빅이나 요가처럼 승패를 따지기 힘든 활동을 즐긴다. 텔레비전을 보다가 간식을 먹기로 하면 다 함께 주방에 가서 가져온다.

"오늘 어떻게 지냈어?"라고 물으면 여자들은 대개 그것을 친해질 기회로 받아들이고 상대방에게서 경청과 공감 어린 반응을 기대한다. 그런데 남자들에게 같은 질문을 던지면 하루 일과 가운데 잘한 일을 쭉 나열하면서 자신의 능력과 세부적인 사항까지 기억하는 철두철미함을 과시한다.

따라서 성이 다른 두 사람이 커뮤니케이션을 하려고 하면 문제가 발생하는 것은 너무도 당연하다. 오죽하면 90년대 초에 남녀가 서로 다른 행성에서 왔다는 내용의 책이 선풍적인 인기를 끌기까지 했다. 하지만 남녀에 관한 고정관념은 어디까지나 고정관념일 뿐이다. 세심한 남자도 엄연히 있다. 그리고 나는 강하고 거침없이 말하는 경쟁적인 여성을 많이 안다(내가 그런 여자와 결혼했다). 남녀 사이에 어느 정도 근본적인 차이가 있기는 하지만 우리 모두는 성별에 상관없이 잘 들어 주고 이해해 주고 존중할 줄 아는 사람과 관계를 맺기를 원한다. 자, 당신은 이성과 어울리는 것이 어떤가?

  A. 정말 좋아한다!
  B. 이성은 아직도 잘 모르겠다.
  C. 도무지 모르겠다.
  D. 한번 데인 뒤로는 이성은 쳐다보지도 않는다.

A라고 대답했다면 대단하다. B나 C, D라고 대답했다면 그 심정 충분히 이해한다. 잠시 뒤에 친밀함의 장애물을 극복하는 방법 몇 가지를 소개하겠다.

오해 10. 친밀함은 전적으로 감정 문제다

친밀함에 관한 가장 큰 오해 하나는 친밀함이 전적으로 감정 문제라는 것이다. 하지만 절대 그렇지 않다. 친밀함을 중시하는 사람들은 결혼기념일이나 여자 친구의 애완 고양이 이름까지도 절대 까먹지 않는다. 실제로 친밀함을 유지하려면 세심함이 중요하다.

데보라 태넌이 들려주는 그녀의 이모할머니 이야기는 참 흥미롭다. 오랫동안 과부로 살아온 그녀의 이모할머니는 뚱뚱하고 머리가 벗겨지기 시작한 데다 관절염으로 절뚝거리지만 근처 요양원에 사는 한 할아버지에게 극진한 사랑을 받았다.

> 어느 날 저녁 할머니는 친구들과 외식을 했다. 집으로 돌아오자 남자친구인 할아버지가 할머니에게 전화를 걸어 저녁 식사가 어땠냐고 물었다. 할아버지는 유심히 듣다가 "무슨 옷을 입고 갔나요?"라고 물었다. 할머니는 내게 이 이야기를 하면서 울음을 터뜨렸다. "무슨 옷을 입었냐는 말을 들어 본 게 도대체 몇 년 만인지 몰라." 그 말은 진정한 관심을 받아 본 것이 몇 년만이라는 뜻이었다. 일상의 사소한 일을 언급하는 것은 깊은 관계와 관심을 함축하고 있다.[13]

서로 연결되면 상대방을 더 '알고' 싶어진다. 나는 내 자녀와 연결되기를 원하기 때문에 그들이 어떤 친구를 사귀는지 알려고 노력한다. 나는 우리 아이들이 어떤 음악을 듣고 어떤 작가의 책을 좋아하며 어떤 음식을 잘 먹는지 알고 싶다. 그들이 어떨 때 스트레스를 받고 무엇을 즐거워하며 최근에 어떤 성공을 거두고 무엇에 실패했는지 시시콜콜하게 물어본다.

부하직원들과 연결되지 않은 상사들은 그들 자녀의 이름을 모른다. 동료들과 연결되지 않은 직장인들은 바로 옆자리에 앉은 사람의 취미나 즐겨 보는 텔레비전 프로그램을 모른다. 아내(남편)와 연결되지 않은 사람들은 배우자가 응원하는 스포츠팀을 모르고, 어떤 향수를 쓰는지 모른다.

연극 〈언제나 들러리〉(Always a Bridesmaid)에서 모네트라는 인물은 한 친구에게 남편이 자신보다 음식에 더 관심이 있다며 한숨을 내쉰다. "지난주에 남편에게 '당신은 내가 무슨 꽃을 좋아하는지도 모르죠?'라고 했더니 글쎄 '그걸 왜 몰라. 진달래잖아. 말이 나온 김에 진달래 화전이나 해 먹자고' 이러는 거 있지."[14]

친밀함은 영화관에서 손을 잡고 있거나 서로의 눈을 그윽하게 바라만 보고 있다고 싹트지 않는다. 물론 그런 것도 중요하지만 친밀함이 이루어지려면 상대방에게 정말로 중요한 것이 무엇인지 알아내려는 노력이 필요하다. 큰 것뿐만 아니라 사소한 것에서도 진정한 관심이 필요하다.

예를 들어, 아내와 나는 둘 다 집에서 몇 블록 떨어지지 않은 멕시코 음식점을 좋아한다. 특히 아내는 살사 소스를 뿌려 먹는 걸 좋아한다. 반면에 나는 스칸디나비아 사람이라서 양념은 그저 버터와 설탕만 즐긴다. 그런데 아내는 아무 살사나 좋아하는 게 아니라 룰루에서 나오는 아홉 가지 살사 중에서 딱 하나만을 좋아한다. 나는 몇 번이나 엉뚱한 소스를 가져온 뒤에야 아내가 서운해 한다는 것을 눈치 챘다. 아내를 정말로 사랑한다면 아내가 좋아하는 음식에도 관심을 가졌어야 옳았다. 결국 나는 아내가 좋아하는 살사 사진을 찍어 휴대폰에 저장해 두었다. 이제는 내 기억력이 나를 실망시켜도 아내를 실망시킬 일이 없다.

반대로, 사소하지만 내게 중요한 것들을 아내가 아는 것도 중요하다. 진정한 관계는 언제나 양방향이다. 두 사람이 육체적으로 아무리 연결되어 있어도 소소한 것들에 관심이 부족하면 문제가 발생하게 마련이다. 진정한 친밀함을 누리는 사람들은 관계 전문가 존 가트맨이 말하는 "사랑 지도"를 갖고 있다. 사랑 지도란 사랑하는 사람들에 관한 사소하지만 중요한 정보들을 모은 것을 말한다.[15] 친밀해지고 싶은 사람들을 생각하며 다음 질문을 적용해 보라.

○ 그 사람의 생일은 언제인가?

○ 그는 여가 시간에 주로 무엇을 하는가?

○ 그의 첫 직장은 어디인가?

○ 그는 어떤 음악을 좋아하는가?

○ 그가 가장 좋아하는 휴양지는 어디인가?

○ 그가 요즘 가장 흥미로워하는 일은 무엇인가?

○ 그는 무엇을 가장 두려워하는가?

○ 그는 하나님을 어떻게 생각하는가?

답을 모른다면 알아내고, 잊어버리지 않도록 기록해 두라.

오해 11. 보이지 않고 만질 수 없는 존재와는 친밀해질 수 없다

하나님을 보거나 듣거나 만질 수 없기 때문에 그분과 친밀한 관계를 맺기란 불가능하다고 생각하는 사람들이 있다. 하지만 그렇지 않다. 어떤 면에서 우리에게 하나님은 물고기에게 물과도 같다. 물고기가 물을 가장 늦게 발견한다는 옛 에티오피아 속담이 있다. 그것은 물이 너무 멀리 있어서가 아니라 오히려 물 없이 살아 본 적이 없을 정도로 사방에 가득하기 때문이다.

우리도 마찬가지로 하나님 없이 존재했던 적이 없다. 우리가 하나님의 존재를 잘 느끼지 못하는 것은 그분이 우리에게서 멀리 있어서가 아니라 오히려 우리가 그분께 철저히 의존하기 때문이다. 우리는 그분의 존재를 알아보는 법을 배워야 한다.

《분노의 포도》(*The Grapes of Wrath*)에서 톰 조드는 어머니에게 마지막 작별을 고하면서 자신이 눈에 보이지 않을 때도 물리적 공간을 초월하여 늘 곁에 있을 거라고 안심을 시킨다.

> 굶주린 사람들이 먹을거리를 위해 싸움을 벌이는 곳마다 제가 거기에 있을 거예요. 경찰이 사람을 때리는 곳마다 저도 거기에 있을 거예요. …… 사람들이 화가 나서 고함을 지를 때도 제가 거기 있을 거예요. 배고픈 아이들이 저녁 준비가 다 되었다

는 말에 웃음을 터뜨릴 때도 제가 거기 있을 거예요. 우리 식구들이 스스로 키운 것들을 먹고 스스로 지은 집에서 살 때 거기에 저도 있을 거예요.[16]

하나님과의 친밀함이 다른 누구와의 친밀함보다도 더 깊은 것은 바로 그분의 임재하심의 영적인 특성 때문이다. 하나님은 우리의 피부보다 더 우리와 가까이 계신다.

내 친구 숀은 부모님이 서로를 너무 싫어해서 서로 말도 하지 않는 집에서 자랐다. 그렇게 서로를 보기 싫어하면서도 경제적인 이유로 누구도 집을 나가려고 하지는 않았다. 어린 시절 숀은 마치 아버지와 어머니 사이의 대화를 방해하는 알 수 없는 힘이 존재하는 것처럼 매일같이 두 분 사이에서 메시지를 전달했다. "숀, 네 어머니(아버지)에게 가서 이렇게 전해라." 두 분은 물리적으로 같은 공간 안에서 살았지만 감정적으로는 서로 수억 광년 떨어진 다른 행성에 있었다.

반면 우리 우주에서의 연결은 물리적 공간을 완전히 초월하기도 한다. 양자물리학자들은 서로 얽힌 두 입자는 우주의 끝에서 끝만큼 떨어져 있어도 서로에게 빛의 속도보다도 더 빨리 반응할 만큼 신비롭게 연결되어 있다고 말한다. 어머니가 아들을 머나먼 타국의 전쟁터로 보냈을 때, 혹은 지구 반대편에 있는 절친한 친구가 아플 때처럼 정신적으로 연결되어 있는 경우 '정신의 속도'는 빛의 속도보다 빠르다.

우리가 하나님과의 친밀한 관계를 잘 상상하지 못하는 또 다른 이유는 내가 대기업 총수와 친하게 지내거나 유명 배우와 점심 식사를 하거나 프로 스포츠 구단주와 사업 아이디어를 논하는 모습을 상상하지 못하는 이유와 같다. 그런 관계는 내 연봉이나 인지도로는 불가능하다. 나는 나를 잘 알기에 나 같은 사람을 가족으로 맞아 주실 만큼 하나님의 기준이 낮아진다는 것이 상상조차 되지 않는다. 하지만 엄연한 사실이다.

이외에도 사람들이 하나님과의 친밀한 관계를 잘 상상하지 못하는 데는 또 다른 이유가 있다. 그것은 하나님이 정말로 계신다고 확신하지 못하기 때문이다. 철학자 찰스 테일러는 *A Secular Age*(세속 시대)에서 심오한 물음을 던진다. "예전, 이를테면 1500년에는 하나님을 믿지 않기가 사실상 불가능했는데 어째서 지금은[21세기에는] 많은 사람들에게 하나님을 믿지 않는 일이 쉬울 뿐 아니라 필연적이 되었는가?"[17]

우리는 속을까 봐 두려워 뭐든 잘 믿지 못하는 시대에 살고 있다. 사실이 아닌 것을 믿는 '잘 속는' 사람이 되느니 사실을 믿지 않는 '회의적인' 사람이 되는 편을 선택한다. 그래서 "솔직한 의심"과 "맹목적인 믿음"이라는 말은 있어도 "솔직한 믿음"이나 "맹목적인 의심"이라는 말은 없다(둘 다 존재함에도 불구하고).

친밀한 관계에서는 보통 한 사람이 다른 사람의 생각을 지도한다. 그런데 우리는 유한한 피조물이기 때문에 말이나 글 같은 유한한 수단밖에 사용할 수 없다. 하지만 무한하신 하나님은 유한한 방법에 얽매이지 않고도 우리 생각을 직접 이끄실 수 있다. 하나님은 우리 마음에 해돋이에 대한 감사나 거짓말을 후회하는 마음, 창의적인 생각, 아침에 눈을 떴을 때의 기쁨, 하루를 마치고 침대에 누웠을 때의 만족감 같은 것을 심어 주실 수 있다. 루이스 B. 스미디즈는 《바울의 그리스도와의 연합 사상》(*Union with Christ*, 여수룬 역간)에서 이런 말을 했다. "순례자의 여정은 외롭고도 고된 길을 터벅터벅 걷는 것이 아니다. 순례의 길은 예수 그리스도를 가로질러 통과하는 지름길이다. 인생은 그리스도 안에서 시작해 그리스도 안에서 끝난다."[18]

그렇다면 하나님과의 친밀함을 어떻게 경험할 수 있을까? 간단하다. 다른 사람들과 친밀함을 가꾸는 것과 똑같은 방식이다. 서로의 관계에 관해 지금까지 이야기했던 모든 것을 하나님과의 관계에도 동일하게 적용하면 된다. 하나님과의 관계도 복잡하고, 인생의 시기마다 다르며, 시간과 노력, 관심이 필요하고, 상호적이라는 특성이 있으며, 사랑이라는 연료로 타오른다. 무엇보다도 그 관계는 '누구에게나' 가능하다.

마찬가지로 다른 사람들과의 친밀함을 방해하는 요인들은 하나님과의 관계에도 걸림돌이 되기 쉽다. 즉, 하나님과 충분한 시간을 보내지 않거나 그분께 온전히 집중하지 않거나 그분을 알려고 노력하지 않거나 그분께 함부로 부정적인 감정을 표출하거나 그분의 뜻을 구하지 않으면 그분과의 관계가 돈독해질 수 없다.

예레미야 선지자가 하나님과의 친밀도를 판단하는 좋은 기준을 제시했다. "처녀가 어찌 그의 패물을 잊겠느냐 신부가 어찌 그의 예복을 잊겠느냐"(렘 2:32). 물론 그럴 수 없다. "오직 내 백성은 나를 잊었나니 그 날수는 셀 수 없거늘"(32절).

나는 이것을 '전략적인 기억상실증'으로 부르고 싶다. 우리 모두 이 증상을 앓는다. 뭔가를 처리하거나 사거나 고쳐 놓겠다고 약속하고서는 자주 잊어버린다. 하지만 친구와 환상적인 골프장에서 골프를 치기로 하거나 누군가에게 큰돈이나 큰 선물을 받기로 했을 때는 '절대' 잊어버리지 않는다. 무작위로 까먹지 않는다는 말이다. 자신에게 정말로 중요한 것은 놀라울 정도로 잘 기억한다.

다른 아빠나 남편, 목사, 친구라면 반드시 기억할 약속이나 섬김의 행위를 내가 잊어버린다면 그것으로 내 마음 상태를 알 수 있다. 그런데 우리가 하나님과 함께할 시간을 잊어버린다면 우리의 마음 상태가 어떠한 것인가? 칼빈신학교 총장을 역임한 닐 플랜팅가의 말을 들어 보자.

> 하나님을 지성적으로 사랑하는 것은 그분에 관해 배우는 학생, 하나님께 진정으로 관심을 가진 학생이 되는 것이다. 하나님께 특별히 관심이 없는 그리스도인이 정말 많다는 사실을 아는가? 그들 중에는 목사들도 있다. 그들은 특별히 필요한 경우가 아니면 하나님에 관해 묻지도, 이야기하지도, 심지어 생각하지도 않는다. 그들은 그저 직업적인 차원에서만 하나님께 관심이 있다. 이상하지 않은가? 우리는 하나님께 '정신이 팔려' 있어야

하지 않는가? 누군가를 사랑한다면 그에게 모든 정신이 팔려 있어야 마땅하다. 사랑하는 사람을 잘 알아야 마땅하다.[19]

이상하게 들릴지 모르지만, 하나님께 정신을 팔고 있지 않은 것은 죄다. 우리의 생각이 그분께로 향해 있지 않고 늘 그분의 뜻을 묻지 않는 것은 죄다. 그러면 결국 하나님은 우리 머릿속에서 낯선 존재가 되고 만다. 그분을 잊어버리고 그분을 의심하게 된다. 그 의심은 솔직한 지성적 질문이 아니라, 그분을 사랑하지 않은 결과다. 우리는 하루에도 수천 번씩 그분 앞에서 문을 닫고는 왜 그분이 느껴지지 않느냐고 반문한다.

다음 질문으로 하나님과의 친밀도를 점검해 보라.

○ 요즘 하나님의 임재를 얼마나 경험하는가?
○ 성경 읽기에 관한 나의 열정은 어떤 상태인가?
○ 감사를 얼마나 자연스럽게 느끼고 얼마나 자주 하나님께 표현하는가?
○ 기도 생활이 예전보다 늘었는가, 줄었는가?
○ 기도가 스트레스를 받게 하는가, 스트레스를 줄여 주는가?
○ 개인적인 양심과 사회적인 양심이 더 깨끗해지고 있는가?

예수님은 자신을 "주"라 부르면서 "지극히 작은 자"를 돌보지 않는 사람들이 하나님과 친밀한 관계를 맺고 있다고 생각하지만, 그것은 착각일 뿐이라고 말씀하셨다(마 25:31-46 참조). 하나님과 친밀하다면 그분이 사랑하시는 약한 사람들을 정성껏 돌봐야 마땅하다.

○ 나는 가난한 사람들에게 전보다 더 관심을 쏟는가?
○ 나는 전보다 더 많이 나누며 사는가? 전보다 더 나누기를 원하는가?
○ 전보다 더 오래, 많이 참는가?

하나님과의 관계에서 간과하지 말아야 할 측면이 또 하나 있다. 인간의 '게이지'로 하나님과의 친밀함을 판단해서는 안 된다. 하나님과의 친밀함은 신비하다. 인간의 기준으로는 하나님과의 친밀함을 정확히 측량할 수 없다. 모든 인간의 내면 깊은 곳에는 남모를 비밀과 부끄러움, 슬픔이 있기 마련이다.

때로 우리는 '하나님이 계시지 않은 듯한 현실'을 경험한다. 하나님을 찾고 그분께 기도하고 성경을 읽고 나누는 삶을 살고 그분을 갈망해도 그분의 임재가 느껴지지 않을 수 있다. 그렇다고 해서 그분이 없는 것이 아니며, 그분이 우리를 신경 쓰시지 않는 것도 아니다. 예수님은 그런 순간에도 신비로운 방식으로 여전히 우리 곁에 계신다. 아니, 그런 순간일수록 더더욱 우리 곁을 지키신다.

십자가에 달려 있으실 때, 가장 고귀하고도 거룩한 섬김의 행위를 하실 때, 아버지의 뜻에 순종하실 때 예수님은 이렇게 부르짖으셨다. "나의 하나님, 나의 하나님, 어찌하여 나를 버리셨나이까"(마 27:46; 막 15:34). 하나님이 그분을 버리심으로써 그분이 겪은 극심한 고통 덕분에 온 인류에게 하나님의 임재로 가는 길이 활짝 열렸다.

하나님이 정말 계신지 가장 의심스러울 때, 그분이 당신 가장 가까이 계실 수 있다. 진정으로 중요한 게이지는 우리가 읽을 수 없는 게이지이다. 우리가 저 하늘에 이를 때까지는 계속 그러하다.

▲

CHAPTER 3

관계적 존재

사랑받고 사랑하기 위해
태어났다

《미녀와 야수》가 주는 위대한 교훈은
누구든 사랑스러워지기 전에 사랑을 받아야 한다는 것이다.
- G. K. 체스터턴, 《정통》(*Orthodoxy*, 아바서원 역간)

갓 태어난 큰딸을 안고 병원에서 집으로 갈 때 딸아이의 연약한 모습에 충격을 받았던 기억이 생생하다. 갓난아기의 몸집은 차에 미리 설치해 둔 신생아 카시트에도 맞지 않을 만큼 작았다. 혹시라도 고개가 확 숙여져 목을 다칠까 봐 담요와 베개로 아이를 받쳐야 했다. 병원에서 돌아오는 내내 고속도로 서행 차선에서 안개등을 켜고 시속 25킬로미터로 달렸다. 아내는 아내대로 수시로 아이 코 밑에 거울을 대고 숨을 쉬고 있나 확인했다.

아기가 울면 부모는 달래 준다. 이것이 인간 삶의 이치요, 연약함은 친밀함을 일으킨다. 우리 아이들이 울 때면 아내는 항상 두 가지 표현을 번갈아 사용했다. "우리 아가, 우리 아가." "알아, 알아." 엄마들은 모를 때도 "안다"라고 말한다. 이것이 아이들이 자신이 가치 있는 존재라는 사실을 깨닫기 시작하는 출발점이다. 자신보다 훨씬 크고 강하고 지혜로운 누군가가 '너를 계속 보고 있어. 너의 불편이나 고통, 배고픔을 알고 신경 쓰고 있어. 내가 해결해 줄게'라고 말한다. 그런 말을 들을 때마다 자신이 중요한 존재라는 인식이 싹튼다.

부모는 본능적으로 아기와 연결된다. 아기가 울면 엄마도 아기의 감정을 투영해서 슬픈 표정을 짓는다. 이 행동은 친밀함에서 매우 중요한 측면이다. 같이 슬픈 표정을 지음으로써 아기에게 '너를 보고 있어'라는 메시지를 전해 주는 것이다. 나아가 이런 메시지로까지 이어진다. '너는 주목받을 만한 가치가 있는 존재야. 너는 작고 약하지만 정말 소중한 존재야. 너의 상태를 이해하고 너를 편하게 해 줄 수만 있다면 엄마는 하나도 힘들지 않아.'

우리 큰딸이 갓난아이일 때 나는 밤마다 녀석이 아기침대 안에서 잠든 모습을 지그시 바라보곤 했다. 딸아이는 머리 한가운데로 내려오는 빨간 머리카락 한 가닥을 달고 태어났다. 아이가 외롭거나 훌쩍일 때면 나는 두 손가락으로 그 머리카락 한 가닥을 부드럽게 쓸어내리며 말했다. "아빠가 네 작은 머리를 쓰다듬어 줄게." 슬슬 등이 쑤시기 시작하면 슬쩍 손을 떼려다가 아이가 감은 눈을 다시 떠서 울려고 하면 재빨리 다시 쓰다듬었다. "아빠가 네 작은 머리를 쓰다듬어 줄까? 네 작은 머리를 쓰다듬어 줄까?"

하루에도 몇 번씩 계속 그렇게 했더니 딸아이가 한 살 즈음 어느 날부터 아침에 눈을 떴는데 아무도 재빨리 안아 주지 않으면 울지 않고 혼잣말로 "우리 아가, 우리 아가, 우리 아가…… 알아, 알아……. 네 작은 머리를 쓰다듬어 줄게" 하는 게 아닌가! 그 소리를 처음 듣고 아내와 나는 너무 신기해 침대에 누운 채로 크게 웃었다.

바로 이것이 애착이 이루어진 모습이다. 약할 때 우리는 우리를 아끼고 신경 써 주는 누군가에게 끌린다. 그러면 그 사람이 괜찮을 거라고 달래 주고 도와준다. 작은 아기가 달래 주는 말을 들으면 뇌 구조 자체가 변한다. 두려움은 줄어들고 안정감이 깊어진다. 세상이 더 안전한 곳으로 보인다. "우리 아가, 우리 아가, 우리 아가…… 알아, 알아."

아이의 뇌가 발달하는 과정은 하나님의 창조 과정을 놀랍도록 빼닮았다. 창세기 1장은 태초에 형태 없는 허공만 있었다고 말한다. 닐 플랜팅가의 묘사를 보자.

우주의 모든 것이 어지럽게 뒤섞여 있다. 이에 하나님이 창조적인 분류 작업을 시작하신다. 빛과 어둠을, 낮과 밤을, 바다와 육지를, 물속에 사는 생물과 뭍에 사는 생물을 분류하신다. 하나님이 분류와 구별을 통해 우주를 정돈하신다.

동시에 하나님은 피조물들을 함께 묶으신다. 인류를 청지기와 관리인으로서 나머지 피조물들에, 그분의 형상을 품은 자들로 서 그분 자신에게, 완벽한 보완자로서 서로에게 묶으신다. 남 녀가 잘 어울리는 모습이 그분의 형상을 그대로 보여 준다.[1]

플랜팅가의 표현을 빌리자면, 하나님은 구별과 묶음을 통해 "하나님과 인류, 모든 피조물이 정의와 조화, 만족, 기쁨 안에서 다 시 엮인 상태 곧 샬롬"을 이루셨다.[2]

성경에 나오는 '구별하다'에 해당하는 히브리어 단어는 '카도 쉬'로, 대개 '거룩한'으로 번역한다. 그런데 시간이 지나면서 '거룩 한'이라는 단어는 멀찍이 떨어져서 경멸의 눈으로 상대방을 바라보 는 "내가 너보다 더 거룩하다"라는 태도와 결부되었다. 하지만 처음 에는 그렇지 않았다. 하나님은 훨씬 더 복잡한 시스템, 더 큰 번영 과 기쁨을 낳는 시스템으로 묶기 위해 '구별'하셨다. 거룩하다는 것 은 유용해지는 것이다.

인간의 뇌는 860억 개의 신경세포로 이루어져 있다.[3] 이것을 길게 늘이면 길이가 무려 3백만 킬로미터에 달한다.[4] 인간의 뇌는 자연과 인공을 통틀어 지구상에서 가장 복잡한 구조다.

과학자 대니얼 시겔은 뇌에서 정리를 시작할 때, "구별"(differen- tiation; 뇌의 부분들이 다른 부분들로부터 분화된다)과 "연결"(linkage; 에너지와 정 보의 흐름을 촉진시킨다)로 분류한다고 말한다.[5] 모든 경험이 특정 신 경 경로들을 묶고("함께 활성화되는 세포들은 함께 묶인다"[6]) 다른 신경 경 로들은 구별시킨다. 이런 구별과 연결은 신경학자들이 말하는 '통합'(integration), 즉 뇌 버전의 '샬롬'을 가능하게 한다. 시겔은 이렇게 말한다. "일상의 활력과 조화는 언제나 통합에서 나온다. …… 이것이 건강의 핵심이다."[7]

우리가 하는 논의와 연결이 되는가? 아이 한 명이 자랄 때마다 그야말로 창조의 역사가 다시 일어난다고까지 말할 수 있다. 여기서 끝이 아니다. 시겔의 말을 다시 들어 보자. "자신의 감정 상태를 표현해서 남들이 그 신호를 감지하고 반응하도록 하는 경험은 뇌 발달에 매우 중요하다."[8] 어린아이의 뇌와 정신은 말 그대로 말의 힘으로 형성된다. 애착의 영향력은 이토록 대단하다.

다행인 사실은 우리가 이런 면에서 완벽할 필요가 없다는 것이다. 우리는 완벽할 수도 없다. 살다 보면 많은 순간을 놓칠 수밖에 없다. 아기가 연결을 원할 때 마침 전화벨이 울리거나 피곤이 몰려오거나 책을 읽거나 아이의 감정을 잘못 읽는 일이 벌어진다. 한 연구에 따르면 엄마들은 아이의 절박한 신호 가운데 약 70퍼센트를 잘못 읽는다고 한다.[9] 아기는 배가 고파서 우는데 피곤해서 그런 거라고 오해한다. 아기가 트림을 하고 싶어 몸을 비트는데, 단순히 엄마 무릎에 앉고 싶어 그런다고 생각한다.

그러니 어른들 사이에서도 똑같은 현상이 벌어지는 것도 무리는 아니다. 갓난아기와 마찬가지로 어른들도 항상 분명하게 의사를 표현하는 것은 아니니 말이다. 결국 서로의 신호를 잘못 읽는 일이 벌어진다. 아내는 화가 나서 찬바람이 쌩쌩 부는데, 남편은 단순히 아내가 피곤해서 그런 줄로 착각한다. 남편은 무슨 말을 해야 할지 고민하는데 아내는 남편이 집중해서 듣지 않는다고 오해한다. 다른 사람들의 신호를 백 퍼센트 올바로 읽을 수 있는 사람은 세상에 없다. 열쇠는 노력과 끈기다. 시간이 흐를수록 두 사람은 상대방의 신호를 더 잘 읽을 수 있다. 포기하지 말고 계속 노력하라.

더러는 우리를 사랑하는 이들이 우리의 신호를 제대로 읽을 때도 있다. 그러면 우리는 우리가 약해질 때 그들에게 달려가 위로받는 기쁨을 누리고 그들은 우리를 위로하는 기쁨을 누린다. 우리는 "상대방이 내게 공감하는 것을 느낀다."[10] 그럴 때 그들의 힘과 용기가 우리 안으로 들어와 자리를 잡는다. 그들의 목소리가 말 그대로 우리 머릿속으로 들어온다.

그렇게 되면 우리는 자신에게 "우리 아가, 우리 아가 …… 알아, 알아"라고 말할 수 있다. 과감히 세상 속으로 들어가 탐험할 수 있고, 상처를 입거나 굶주리거나 두려울 때마다 "겁낼 것 없어. 내가 너와 함께 있어"(사 41:10 참조)라는 음성을 들을 줄 알고서 돌아와 위로를 얻는다. 그런 일이 수없이 반복된다. 연약함, 애착, 용기, 위험, 두려움, 다시 반복. 우리는 친밀함 없이는 생존할 수 없다.

어린 시절 애착이 잘 이뤄질 때

태어난 직후 병원에서 집에 온 첫날, 당신은 누가 당신을 안고 있는지 전혀 신경을 쓰지 않았다. 그때는 누구든 당신을 먹이고 씻기고 쓰다듬고 기저귀를 갈고 포대기에 싸고 품에 안아 주기만 하면 그만이었다. 그 일을 누가 해 주는지는 아무런 상관이 없었다.

그런데 시간이 지날수록 매일같이 곁에 있는 두 어른이 눈에 들어왔다. 이 두 사람은 세상에서 가장 똑똑하거나 가장 예쁘거나 가장 강한 사람은 아니었다. 하지만 그들은 '당신의' 사람들이었다. 그들은 늘 당신을 주목했다. 당신이 화를 내면 돌봐 주었고 공짜로 이것저것을 주었다. 당신이 울면 함께 울었고 당신이 기뻐하면 함께 기뻐했다. 당신은 그런 그들을 점점 다른 사람들보다 더 좋아하게 되었다.

이것을 "애착"(attachment)이라고 부르는데, 애착은 의존과 사랑의 조합이다. 엄마와 잘 애착된 어린아이는 엄마가 곁에 있을 때 훨씬 편안해한다. 반대로 엄마가 눈에서 보이지 않으면 얼굴에 불안감이 역력해진다. 애착은 인간의 삶에 매우 중요해서 뇌의 신경회로망 전체가 애착 형성에 관여한다. 시편 기자가 우리를 "지으심이 심히 기묘하심이라"라고 감탄할 만도 했다(시 139:14).

애착의 최대 유익은 삶을 다룰 수 있게 해 준다는 것이다. "괜찮아"라는 엄마의 부드러운 음성이 뇌에 각인되면 나중에 스스로도 "괜찮아"라고 말할 수 있다. 우리에게 안정감을 주었던 엄마의 존재가 말 그대로 우리 안으로 들어오는 셈이다.

부모가 근처에 있을 때 아이들은 편안해져서 과감하게 모험을 한다. "무서워하지 마." 이것이 부모가 아이들에게 하는 가장 흔하고도 중요한 명령이다. 갓난아기도 두려울 때는 부모를 찾는다. 아기들은 부모를 통해 자신이 돌볼 가치가 있는 존재라는 사실을 깨닫고, 점점 부모가 자신의 모든 필요를 채워 주리라 확신한다. 모든 사람은 이렇게 애착되도록 창조되었다.

그런데 자라 온 환경이 좋지 않으면 애착 형성에 문제가 발생할 수 있다. 이것을 흔히 애착 장애라고 한다. 아무리 울어도 부모가 도와주러 오지 않으면 아기는 부모가 필요하지 않은 것처럼 행동하는 법을 배운다. 부모가 시야에서 사라져도 울지 않고, 부모가 오랫동안 돌아오지 않아도 찾지 않는다. 부모의 반응에 일관성이 없으면 아이의 애착은 매우 이중적인 태도를 띤다.

아이러니하게도 그런 아이가 어른이 되었을 때 미성숙한 집착과 공허함으로 다른 사람과 애착 관계를 형성하려 한다. 하지만 안타깝게도 노력할수록 오히려 멀어지는 결과를 낳는다. 어른이라면 먼저 자신만의 가치와 확신, 믿음을 가진 독립적인 사람이 되어야 한다. 사람들에게 받아들여지기 위해 뭔가를 숨기려고 하지 말아야 한다. 자신을 책임지되 남들까지 책임을 지려고 하지도 말아야 한다.

내가 독립적인 사람으로 바로 설수록 다른 사람들과의 애착이 더 깊어질 수 있다. 내 안의 공백을 메우기 위해 남들을 이용하지 않고 순수하게 사랑할 수 있기 때문이다. 이것이 분리와 애착의 샬롬 상태다.

사람들은 내 아내가 참 괜찮은 사람이라는 말을 내게 자주 한다. 솔직하게 이견을 제시하는 아내의 태도는 무조건 "예, 예" 하는 태도보다 훨씬 더 마음을 움직인다. 많은 사람들이 눈치를 보지 않고 거리낌 없이 자신의 의견을 표현하는 아내의 솔직함을 좋아한다. 사도 바울은 "사랑에는 거짓이 없나니"라고 말했다(롬 12:9). 자신의 진짜 생각을 숨기고 상대방이 좋아할 만한 말만 해서는 상대 방과 진정으로 친밀해질 수 없다.

애착을 위한 '분리'

하나님은 아담의 옆구리에서 첫 여자를 꺼내셨다. 다시 말해, 아담에게서 하와를 '분리'시키셨다. 하나님은 동등한 존재로서 아담을 사랑할 수 있는 온전하고도 독립적인 사람으로 하와를 설계하셨다. 그런 다음에는 남자와 여자를 '합쳐' 부분의 합보다 더 큰 뭔가를 창조하셨다. 바로 친밀한 공동체로, 두 명의 내가 하나의 '우리'가 되었다. 샬롬이 하나님과 인류, 모든 피조물이 정의와 만족, 기쁨 안에서 하나로 묶인 상태라면, 친밀함은 하나님이 분리하신 자아들이 '우리'(부부, 가족, 친구, 팀)로 묶이는 것이다.

갓난아기일 때는 살기 위해 애착이 필요하다. 그런데 어른이 되면 '애착'을 제대로 이루기 위해 '분리'가 필요하다. 하나님은 우리가 온전히 형성될 수 있도록 우리를 그분 자신에게서 '분리'시키셨다. 이 사실이, 하나님이 느껴지지 않는다고 해서 존재하지 않는 것은 아니라는 사실을 기억하는 데 도움이 된다.

랜킨 윌본은 오랫동안 이어 온 하나님과의 "연합"(union)과 하나님과의 "친교"(communion)에 관한 구분을 다룬 바 있다. '연합'은 객관적인 연결로, 내가 내 부모의 자식이라는 사실은 영원히 변하지 않는다. 반면에 '친교'는 강해지거나 약해질 수 있는 주관적인 친밀감이다.[11]

하나님은 우리 자아의 형성을 촉진시키기 위해 우리를 그분에게서 분리시키는 경험을 하게 하신다. 에덴동산에서 뱀이 여자를 꾈 때 하나님이 보이시지 않았다는 사실은 좀 의아하다. 나중에 성경은 날이 서늘할 때에 하나님이 동산에서 거닐기 위해 오셨다고 말한다. 왜 하나님은 내내 동산에 머무르시지 않았을까? 하나님이 계셨다면 하와는 분명 유혹에 넘어가지 않았을 것이다.

처음 상태의 아담과 하와는 죄가 없었지만 성숙하지는 못했다. 그래서 그릇된 일을 저지르지는 않았지만 옳은 일에 대한 강한 애착을 형성하지는 못한 상태였다. 또한 우리를 향한 하나님의 주된 목적은 '무죄'가 아니라 '인격'이다. '무죄'는 아무런 잘못도 저지르지 않았다는 뜻이다. '인격'은 옳은 일을 하는 습관을 갖고 있다는 뜻이다. 아기는 죄 없이 순결하지만 성도에게는 인격이 있다. 건강한 인격을 지닌 사람만이 다른 사람들과 진정한 친밀함을 경험할 수 있다. 인격은 모두가 그릇된 길로 가는 유혹의 순간에 외롭더라도 자신만큼은 꿋꿋이 올바른 선택을 내릴 때 자란다.

하나님에 대한 애착 장애

우리 모두는 "무서워하지 않아도 돼. 괜찮아"라는 말을 듣기를 간절히 원한다. 그런데 우리에게 이 말을 해 줄 만큼 크고 강한 분은 오직 하나님뿐이시다. 괜찮지 않을 때도 부모들은 자녀에게 괜찮다고 말한다. 하지만 온전히 건강한 사람으로 성숙하기 위해서는 '정말로 괜찮다'는 믿음이 필요하다.

이것이 성경이 전하는 복된 소식이다. 실제로 하나님 안에서는 모든 것이 괜찮다. 하나님 나라와 그 안에 사는 인생에게는 모든 것이 괜찮다. 이것이 우리가 하나님과의 친밀함을 추구하는 이유다. 그분에 대한 애착은 우리 믿음의 핵심이다. 이것을 심리학자들은 '애착'이라고 부르고, 성경은 '믿음'이라고 부른다.

어린아이가 엄마에게 확신과 애착을 갖듯이 우리도 하나님께 확신과 애착을 갖고 살도록 창조되었다. 하나님과 맺은 견고한 연결은 사람들과의 친밀함을 형성하는 기초가 된다. 이사야 선지자는 어미와 자식의 관계를 비유로 들어 우리도 하나님과 강하게 애착을 형성해야 한다는 점을 역설했다. "여인이 어찌 그 젖 먹는 자식을 잊겠으며 자기 태에서 난 아들을 긍휼히 여기지 않겠느냐 그들은 혹시 잊을지라도 나는 너를 잊지 아니할 것이라"(사 49:15).

달라스 윌라드는 이렇게 말했다. "인간의 삶의 자연적인 상태는 서로 다른 사람에게 뿌리를 내린 상태다."[12] 우리는 윌라드가 말하는 "충분함의 공동체들" 속에서 살도록 창조되었다. 이 공동체에서 우리는 모든 것이 괜찮다는 확신을 얻을 수 있다. 물론 실제로는 그 어떤 인간의 공동체도 모든 것을 괜찮게 '만들' 수는 없다. 오직 성부와 성자, 성령 공동체에 뿌리를 내릴 때에만 상한 개인들이 인간 공동체에서 받은 상처를 회복할 수 있다. 치유는 하나님에게서 찾아야 한다. 모든 어머니가 자녀에게 하는 가장 흔한 명령이 성경에서 가장 자주 나타나는 하나님의 명령인 것은 우연이 아니다. "두려워하지 말라. 내가 네 곁에 있다."

하나님에 대한 애착 장애에 빠져 하늘 아버지께서 가장 들려주고자 하시는 말씀을 받지 못하는 사람이 많다. 이 장애는 호세아 선지자 시대까지 거슬러 올라간다.

이스라엘이 어렸을 때에 내가 사랑하여 …… 내가 에브라임에게 걸음을 가르치고 내 팔로 안았음에도 내가 그들을 고치는 줄을 그들은 알지 못하였도다 …… 내 백성이 끝끝내 내게서 물러가나니(호 11:1, 3, 7).

부모와의 관계에 따라 하나님과의 관계도 결정된다고들 말한다. 육신의 아버지가 냉담하면 하늘 아버지도 똑같다고 여긴다는 말이다. 그러나 믿음의 본질과 내용은 이보다 훨씬 더 복잡하다. 우리의 믿음은 부모 외에도 어릴 적에 하나님에 관해서 배운 것들, 우리의 유전적 성향(어떤 이들은 영적인 문제에 대한 성향을 "하나님 유전자"라 부른다), 취향, 어울리는 사람들, 스스로 세운 목표들에 영향을 받는다.

하나님의 존재는 믿지만 선한 분인지는 확신하지 못하겠는가? 내 친구 한 명은 어릴 적부터 하나님이 모퉁이 너머에 숨어 자신을 괴롭히려고 기다리고 계신다고 믿어 왔다. 그는 가드를 내리는 즉시 하나님의 펀치가 날아올까 봐 늘 전전긍긍하며 살아왔다. 당신도 하나님이 복잡한 우주를 운영하실 정도면 그저 마음씨 좋은 아저씨 같은 분일 리가 없다고 배우며 자랐는가? 혹시 하나님이 존재하시고 선하시지만 먼 우주 어딘가에서 거대한 문제들을 다루시느라 당신의 작은 삶에는 관심조차 없다고 생각하는가? 하나님이 일상적인 삶에는 관여하시지 않기 때문에 그분과의 친밀함은 불가능하다고 생각하는가?

하나님과 친밀한 애착을 추구하려면 하기 싫은 일을 해야 하거나 당신에게 중요한 뭔가를 포기해야 할까 봐 걱정되는가? 악한 습관이나 행동을 버리기 싫어 하나님께 다가가지 못하는가? 아니면 과거에 신앙에 덴 경험이 있는가? 시도해 봤지만 처참하게 실패했다. 문제를 들고 하나님 앞에 나아가 도움을 요청했지만 응답은 오지 않았다. 교회에 다니다가 배신감을 느끼고 나온 뒤로는 교회 쪽은 쳐다보지도 않는다. 한때는 하나님을 가깝게 느꼈지만 지금은 지쳐서 표류하고 있다. 교회에 다닌 뒤로도 근심과 걱정이 사라지지 않아 교회에서 "하나님 안에서의 평강"이라는 말만 들어도 죄책감과 좌절감이 밀려온다.

하나님을 바라보는 시각은 남들이나 주변 세상과의 관계만이 아니라 자신을 바라보는 시각에도 영향을 미친다. 하나님과 친밀해질수록 스스로 안정감을 느끼고 사람들 및 주변 세상과의 관계가 좋아진다.

당신은 혼자가 아니다

애착은 학자들이 말하는 '정신 상태'로 이어진다. 즉 세상을 안전하거나 위험하게 볼 수도 있고, 흥미롭거나 지루하게 볼 수도 있으며, 후하거나 인색한 정신을 가질 수 있다. 시편 23편에 하나님께 강한 애착을 가진 사람의 정신 상태가 분명하게 나타난다. "여호와는 나의 목자시니 내게 부족함이 없으리로다 …… 내가 사망의 음침한 골짜기로 다닐지라도 해를 두려워하지 않을 것은 주께서 나와 함께하심이라"(시 23:1, 4).

노리치의 줄리안은 개암(헤이즐넛)의 이미지를 사용하여 하나님 안에서의 안정감을 표현했다. "이 작은 것에서 세 가지 특성이 보였다. 첫째는 하나님이 그것을 만드셨다는 것이다. 둘째는 하나님이 그것을 사랑하신다는 것이다. 셋째는 하나님이 그것을 보호하신다는 것이다. 이것에서 나는 하나님이 창조주요 보호자시며 사랑하시는 분이라는 사실을 보았다. 그분과 실질적으로 연합하기 전까지는, 즉 내 하나님과 나 사이에 그 어떤 창조된 것도 없을 정도로 그분께 단단히 붙기 전까지는 완벽한 쉼이나 참된 행복이 있을 수 없다."[13]

몇 주 전 서핑하러 바다에 갔는데 체격이 골리앗만 한 사내가 해변에서 태권도를 하고 있었다. 그를 멀찍이 지나쳐 바다에 들어가 서핑을 하는데 잠시 뒤 어디서 나타났는지 작은 꼬마 한 명이 내 옆에서 열심히 허우적거리고 있었다. 어린아이가 혼자 바다에서 놀고 있는 모습이 아찔했다. 아이는 작은 보드를 내 옆에 바짝 붙였다. 아이는 너무 작아서 보드까지도 필요 없고 던지기 원반으로도 충분히 서핑을 할 것처럼 보였다. 아이는 여덟 살이었고, 이름은 셰인이었다. 우리는 마치 오랜 친구처럼 담소를 나누었다. 셰인은 우리 가족에 관해 묻더니 환하게 웃으며 말했다. "저는 서핑이 너무 좋아요. 여기서 정말 멋진 사람들을 많이 만났어요."

"너야말로 아주 멋져! 네가 멋지기 때문에 멋진 사람들을 만나는 거야. 그런데 여기 어떻게 왔니?"

"아빠랑 같이 왔어요." 아이는 이렇게 말하면서 몸을 돌려 해변을 향해 손을 흔들었다. 그러자 아까 본 그 태권도를 하던 골리앗 체구의 남자가 손을 흔들며 소리를 지르는 게 아닌가. "셰인!"

그 아이가 바다를 안방처럼 편안해 한 이유를 알 것 같았다. 아이의 체격은 중요하지 않았다. 아이의 서핑 기술도 상관없었다. 중요한 건 해변에 누가 있는지였다. 그의 아버지가 매의 눈으로 그를 지켜보고 있었다. 게다가 그의 아버지는 덩치가 산만 했다. 그 아이는 혼자가 아니었다. 그리고 우리 역시 혼자가 아니다.

복음의 본질은 하나님과 친밀한 관계를 맺도록 초대하는 것이다. 복음은 우리가 혼자가 아니라고 말한다. 눈에 보이지 않아도 우리 아버지께서는 늘 우리 곁에서 우리를 지켜보고 계신다. 우리는 언제라도 그분을 의지할 수 있다. 이렇게 든든하니 마음껏 주변 사람들에게 다가가 사랑해 줄 수 있다. 거부나 고통의 풍랑이 닥쳐와도 괜찮다는 것을 알기에 흔들리지 않는다. 하나님은 멀리 계시지 않는다. 우리는 그분의 시야에서 벗어날 일이 없다. 귀만 기울이면 언제나 그분의 음성을 들을 수 있다. 노리치의 줄리안이 말하지 않았는가. "다 잘될 것이다. 다 잘될 것이다. 모든 것이 잘될 것이다."[14]

"무서워하지 마. 우리 아가, 우리 아가…… 알아, 알아. 다 괜찮아."

▲

CHAPTER 4

친밀함으로의 초대

무수한 '초대의 신호'들이
당신을 기다리고 있다

외로움이라는 술을 나눠 마시네.
그래도 혼자 마시는 것보다는 낫지.
- 빌리 조엘, 〈피아노 맨〉(Piano Man)

2015년 캘리포니아대학교 버클리캠퍼스 연구가들은 우주에 지적인 생명체가 있는지 확인하기 위해 1억 달러 규모의 우주 탐사 프로젝트를 실행한다고 발표했다.[1] 이후 빛의 오분의 일 속도로 날아가는 초소형 우주선들을 켄타우루스자리의 알파별로 보내는 구체적인 계획을 세웠다. 스티븐 호킹은 탐사의 목적을 분명하게 밝혔다. "우리가 이 광대한 우주의 어둠 속에서 정녕 혼자인지 아는 것이 중요하다."[2]

그것을 알고 싶은 사람들은 비단 버클리의 학자들만이 아니다. 당신과 나를 비롯해 모든 사람은 자신이 어둠 속에서 혼자인지를 알기 위해 끊임없이 감정적 초소형 우주선들을 날려 보낸다. 이 우주선은 워낙 빠른 속도로 이동하기 때문에 놓치기가 쉽다. 하지만 이 우주선을 재빨리 알아보고 반응하는 사람들은 친밀한 관계를 맺는 능력이 탁월한 사람들이다. 반면에 이 우주선을 몰라보거나 보고도 모른 체하는 사람들은 어둠 속에서 홀로 외로울 수밖에 없다.

이런 감정적인 초소형 우주선을 존 가트맨은 감정적 연결로의 "초대"(bids)라 부른다.[3] 우리는 말문이 트이기도 전부터 이런 신호를 보낸다. 바로 아기의 울음인데, 이는 친밀함으로의 초대다. 나이를 먹을수록 친밀함으로의 초대는 형태가 좀 달라진다. "'당신과 연결된 느낌을 원해요'라는 이면의 의미를 담은 질문이나 제스처, 표정, 터치를 비롯해 모든 표현을 초대의 의미로 읽을 수 있다."[4] 우리가 이런 미묘하고도 지극히 작은 감정적 초소형 우주선들을 얼마나 잘 다루느냐에 따라 모든 종류의 친밀함이 커질 수도, 혹은 줄어들 수도 있다.

워싱턴대학의 가트맨 연구팀은 부부들이 보내는 '초대'에 관한 몇 가지를 발견했는데, 매우 흥미롭다. "이혼을 향해 치닫는 가정의 남편들이 아내의 초대 중 82퍼센트를 무시하는 반면 안정된 가정의 남편들은 아내의 초대 중 19퍼센트만 무시한다는 사실을 발견했다."[5] 아내의 경우, 수치는 각각 50퍼센트와 14퍼센트였다. 아울러 10분이라는 시간 동안에, 금슬이 좋은 부부들은 사이가 안 좋은 부부보다 1.5배 더 많이 어울린다.[6]

우리는 스스로 알든 모르든 이런 작은 초대 신호를 끊임없이 보낸다. 이것은 가벼운 초대일 수도 있다. "지난밤 경기 봤어?"

가슴 아픈 초대일 수도 있다. "다시는 아버지에게 전화하지 않겠어."

마음 깊은 곳의 초대일 수도 있다. "더 이상 아내가 나를 사랑하지 않는 것 같아."

절박한 초대일 수도 있다. "이야기할 사람이 아무도 없어서 널 찾아왔어. 꼭 비밀을 지켜야 하는 이야기인데, 들어 줄래?"

사소해 보일 수도 있다. "자지 않으면 내 휴대폰 좀 갖다 줄래?" 이 말에 우리는 친밀함을 일으키는 반응("알았어. 또 다른 건 부탁할 거 없어?")을 하거나 친밀함에 찬물을 끼얹는 반응("너는 손이 없어, 발이 없어?")을 할 수 있다. 때로는 말로 표현되지 않은 무언가가 더 많은 메시지를 전할 수도 있다. 예를 들어, "알았어"라고 말하기까지 한참 뜸을 들였다면 그것은 "아유, 귀찮아. 이번에는 갖다주겠지만 다시는 그런 심부름을 시키지 마"라는 뜻일 수 있다(그런데 스칸디나비아 사람들은 대부분 이렇게 반응한다).

친밀함으로의 초대는 살짝 에두른 표현으로 나타날 수도 있다. 대학교 1학년 시절이 끝나갈 무렵 나는 동급생 케빈에게 "내년에는 누구랑 같이 방을 쓸 거야?"라고 물었다. 하지만 실제로 그의 룸메이트가 누가 될지는 전혀 궁금하지 않았다. 내 질문에 담긴 속 뜻은 '나랑 같이 방을 쓰겠다는 친구가 없어서 너무 비참해. 제발 나와 같이 방을 쓰겠다고 말해 줄래?'였다. 그 방법이 통하지 않자 나는 불쌍한 표정으로 친구의 동정심을 자극했다. 다행히 케빈은 나를 불쌍히 여겨 내 친구가 되어 주었고, 그와의 우정은 내 인생을 변화시켰다.

때로 우리는 거부의 고통이 두려워 애매모호한 초대 신호를 보내기도 한다. 노골적으로 요청하면 상대방이 부담을 느낄까 봐 그렇게 할 수도 있고, 단순히 커뮤니케이션 기술이 부족해서 제대로 된 초대 신호를 못 보낼 수도 있다. 그런데 모호한 신호는 자칫 상대방이 모르고 넘어갈 위험이 있다. 1982년 크리스마스이브, 나는 단잠에 빠진 지금의 아내를 새벽 1시에 깨워 내가 어릴 적에 다니던 교회 주차장으로 데려갔다. 그리고 거기서 신랑 신부 복장을 한 도자기 곰 인형 한 쌍을 선물했다. 그러자 아내는 "엥?"이라는 반응을 보였다. 나의 초대가 불분명했던 것이다. 그래서 이번에는 내 마음을 확실하게 표현했다. "나와 결혼해 줄래요?"

사람들은 친밀함으로의 초대에 받아들이거나 거부하거나 무시하는 반응을 나타낸다. 예를 들어, 친구가 찾아와서 "커피 한 잔 할래?"라고 말할 때 우리는 다음 세 가지 중 하나로 반응할 수 있다.

받아들인다   천성적으로 초대를 열렬하게 받아들이는 사람들이 있다. "오, 좋아! 내가 살게!" 물론 동기유발 강연자처럼 과도하게 반응할 필요는 없다. 중요한 사실은 우리가 얼굴 표정이나 어조, 제스처, 말의 멈춤 같은 다양한 신호를 끊임없이 보내 상대방과의 관계에 정말로 관심이 있는지 없는지를 보여 준다는 것이다. 이 점을 늘 기억해야만 한다. 따라서 초대를 즉시 받아들이지 못하는 경우에도 최대한 초대에 응할 방법을 찾는 것이 바람직하다. "어쩌지? 지금은 좀 바쁜 일이 있어서 어려울 것 같은데. 이따 오후에는 어때?"

거부한다   상대의 초대가 달갑지 않음을 분명히 밝혀야 한다. "어쩌지? 시간이 없어. 할 일이 너무 많아." 감정의 언어보다 이성의 언어에 익숙한 사람들은 부지불식간에 초대를 거부하여 친밀함으로 가는 문을 닫기 쉽다. '초대의 말'이 외국어처럼 어렵게 느껴지는 사람들도 있다. 물론 원어민처럼 유창해질 수는 없다 해도 꾸준히 노력하면 어느 정도는 구사할 수 있다.

무시한다   지극히 객관적이고 무미건조한 반응("됐어. 벌써 마셨어")을 보인다면 그것은 '진짜' 초대("함께 시간을 보내자")를 알아채지 못한 것이다. 정말로 알아채지 못한 것일 수도 있다. 아니면 정확히 알아들었지만 커피를 마실 생각이 없어서 이면의 의미를 알아듣지 못한 체하는 것일 수도 있다. 어떤 경우든 한번 초대를 무시하면 상대방이 다음번에도 초대해 줄 가능성은 매우 낮다.

친밀함으로 '향해' 가는 관계에서는 초대를 주고받는 일이 지극히 자연스럽고, 매우 자주 일어난다. 그런 연결 하나하나는 감정적 은행에 저금하는 것과도 같다. 내가 전화를 걸면 우리 딸들은 종종 아델이 부른 노래 〈헬로〉(Hello)의 첫 구절을 부르며 전화를 받는다. "헬로~" 그러면 나 역시 노래로 아이들에게 화답한다. 그렇게 몇 차례 뮤지컬처럼 노래로 장난을 주고받은 뒤에 본격적인 대화를 나눈다. 우리는 그렇게 서로의 초대를 환영하며 소소한 사랑의 연결을 즐긴다. 만약 내가 눈치 없이 곧바로 통화의 본론으로 들어간다면 딸들의 초대를 무시하는 것이다. 혹은 "그냥 다른 집들처럼 좀 정상적으로 통화하면 안 될까?"라고 답한다면 딸들의 초대를 거부하는 셈이다.

초대를 알아채지 못하거나 알고도 받아들이지 않으면 관계는 시들해질 수밖에 없다. 부부가 한 식탁에서 밥을 먹는다. 둘 다 휴대폰에 시선을 고정한 채 문자 메시지와 이메일을 확인한다.

"여보, 이 동영상 좀 봐요. 글쎄 고양이들이 체스를 두고 있어요." 아내의 말에 남편이 동영상을 보지는 않되 깔깔거린다. 아니면 아무런 반응도 없다. 아니면 아내 쪽으로 몸을 기울여 동영상을 본다. 남편이 아내의 초대에 어떤 반응을 보이느냐에 따라 부부의 친밀함 계좌는 늘어나거나 줄어든다. 놀라운 사실은, 한번 초대에 응하면 계속해서 또 다른 초대가 날아온다는 것이다.

친구가 내게 문자를 보내 골든 스테이트 워리어스가 케빈 듀란트와 계약했다는 소식을 들었냐고 묻는다. 딸이 내게 유명 가수가 그 가수 블로그에 새 글을 올렸다고 말한다. 이웃이 내게 어디에 사무실을 얻으면 좋을지 물어본다. 아내가 내게 마음에 드는 블라우스를 40퍼센트 세일한 가격에 샀고 게다가 금상첨화로 그 블라우스와 딱 어울리는 신발까지 이미 있다는 말을 한다.

이 초대를 알아챌 것인가? 미소를 지을 것인가? 질문으로 반응할 것인가? 좋아하는 모습을 보일 것인가? 그렇게 한다면 춤은 계속 이어진다. 친밀함으로의 초대를 알아채고 받아들이는 순간 하나하나는 인간 몸의 작은 세포 하나와도 같다. 별것 아닌 것처럼 보이는 작은 세포 하나하나가 쌓여 생명을 이루어 낸다.

받아들이거나, 거부하거나, 무시하거나

예수님은 평생 친밀함의 대가로 사셨다. 우리 주님은 거절당하기 쉬운 상황에서도 과감하게 사람들을 초대하셨다.

○ 예수님은 한 사마리아 여인에게 마실 물을 달라고 부탁하셨다. 그 초대로 시작된 친밀한 대화는 그녀의 삶을 송두리째 바꿔 놓았다.
○ 예수님은 나무 위에 앉아 있는 키 작은 삭개오를 보시고 내려와서 함께 저녁 식사를 하자고 권하셨다.
○ 예수님은 다들 쫓아내기만 하는 어린아이들을 가까이 불러 안고 축복하셨다.

예수님은 평생 어부, 창녀, 세리, 병사, 밤에 찾아온 바리새인, 낮에 찾아온 나병 환자들과 친밀한 관계를 추구하셨다. 예수님의 두 마디는 역사상 가장 중요한 초대의 말씀이었다. "나를 따르라." 예수님은 호수에서 같이 거닐던 사람들, 로마의 앞잡이로 동족을 착취하던 세리, (결국엔 초대를 거부한) 부자 청년, 상실을 겪은 사람들을 그렇게 초대하셨다. 예수님은 3년간 베드로의 둘도 없는 친구셨다. 나중에 베드로가 예수님을 배신했지만 예수님은 그를 용서하셨고, 요한복음의 마지막 장면에서 다시 한 번 그를 초대하셨다. "나를 따르라"(요 21:19).

이제 예수님은 당신도 초대하신다. 그 옛날 각자의 일상에 있던 사람들을 함께하는 삶으로 부르셨던 주님이 지금도 일상 한복판에서 당신을 부르신다. 그분의 초대를 받아들이겠는가, 거부하겠는가, 무시하겠는가? 두 번째나 세 번째 문을 선택하려는가? 하지만 거기가 끝일 거라고 생각한다면 오산이다. 예수님은 우리를 그분과의 관계로 계속 초대하신다. 우리 주님은 도무지 포기를 모르시는 분이다.

우리가 매일 보는 해라고 해서 아침마다 새롭게 떠오르는 해가 기적이 아닌 것은 아니다. 우리가 아침에 눈을 뜨는 것은 당연한 일이 아니다. 그것은 신비요, 선물이다. 그렇다면 새로운 하루를, 이를 악물고 버텨야 할 고역의 시작이 아닌 삶이라는 선물을 즐기라는 초대로 여겨야 하지 않을까?

예수님은 가난한 사람이 보이면 그를 초대하라는 의미로 여기라고 말씀하셨다. "너희가 여기 내 형제 중에 지극히 작은 자 하나에게 한 것이 곧 내게 한 것이니라"(마 25:40). 그때 우리는 하던 일을 멈추고 다른 사람의 고통 속으로 들어가 공감할 수 있어야 한다.

우리의 일도 초대가 될 수 있다. "무슨 일을 하든지 마음을 다하여 주께 하듯 하고 사람에게 하듯 하지 말라"(골 3:23). 하나님께 하듯 일하면 우리의 컴퓨터도 작은 제단이 될 수 있다.

술독이나 휴대폰에 빠져 살지 않고 조용히 앉아 귀를 기울이는 시간으로 삼는다면 심지어 외로움도 친밀함으로의 초대가 될 수 있다. "깊은 바다가 서로 부르며"(시 42:7).

빛은 하나님의 선하심을 말하고 어두움은 우리의 부족함을 말한다. 그런데 빛만이 아니라 어두움도 하나님의 임재로의 초대가 될 수 있다. "낮에는 여호와께서 그의 인자하심을 베푸시고 밤에는 그의 찬송이 내게 있어"(시 42:8).

하늘이 하나님의 영광을 선포하지만 이 땅도 좀 더 소박한 수준에서 그 영광을 선포한다. "강아지의 부드러운 털이나 11월에 하늘을 나는 기러기 떼의 울음소리, 벌의 등을 집으로 삼은 새끼 딱정벌레들 같은 피조물의 놀라움."[7]

죄책감과 후회는 곧 긍휼과 은혜로의 초대로 볼 수 있다. 엘리자베스 베렛 브라우닝의 말에 깊이 공감한다.

이 땅은 천국으로 가득 차 있고
모든 평범한 떨기나무는 하나님으로 불붙어 있다.

그러나 보는 사람만 신을 벗는다.

나머지는 주변에 둘러앉아 검은 딸기 열매만 따고 있을 뿐.[8]

하나님은 매일같이 우리를 그분과의 친밀함으로 초대하신다. 우리는 그 초대를 받아들일 수도, 무시할 수도, 거부할 수도 있다. 또한 우리는 그 초대를 알아보는 능력을 계속해서 키워 갈 수 있다. 잠시 하던 일을 멈추라. 필요하다면 차 한 잔을 준비하라. 그러고서 예수님을 당신의 일상으로 초대하라.

당신에게 다가오신 하나님께 감사하는 시간을 가지라. 당신이 그분의 초대를 무시하거나 거부했던 순간들을 고백하고 용서를 구하라. 그분의 초대를 더 잘 알아보고 늘 "예"로 반응할 수 있게 해 달라고 구하라. 그런 다음 예수님이 당신에게 다시 한 번 초대를 하시는지 잘 들어 보라. "나를 따르라."

당신이 실패하고, 또 그분을 배신했다 해도 주님은 다시 당신을 부르신다. 베드로에게도 그리하시지 않았는가!

"나를 따르라."

이번에는 주저 없이 "예"라고 대답하라. 그리고 그분을 매일의 삶으로 초대하라. 당신의 삶에서 그분의 임재를 환영하라. 더는 어둠 속에서 혼자 걷지 않아도 된다.

Part 2.

저 사람,
참　 어렵다

한 발, 마음의 거리를 좁히는 연습

I'd like you more
if you were more like me

▲

CHAPTER 5

자기 인식

'나'에 관한 진실부터
마주해야 한다

그는 자신을 전혀 모른다.
- 윌리엄 셰익스피어, 《리어왕》(*King Lear*)

대니얼 골먼은 '감성지능' 개발을 다룬 책에서 자기 인식 혹은 자기
관찰의 개념을 설명하면서 일본 옛날이야기 하나를 소개했다.

> 용맹한 한 사무라이가 …… 한번은 한 선사에게 천국과 지옥의
> 개념을 설명해 보라고 말했다. 그러자 선사는 설명하기는커녕
> 냉소만 날렸다. "당신 같은 시골뜨기를 상대할 시간은 없소."

자존심이 상한 사무라이는 불같이 화를 내며 칼을 뽑아 들고는 소리를 질렀다. "입을 함부로 놀린 대가로 목을 치겠다!" 그제야 선사가 침착한 목소리로 대답했다. "이게 바로 지옥이오." 자신을 사로잡은 분노를 정확히 지적하는 말에 깜짝 놀란 사무라이는 분노를 가라앉히고 검을 도로 칼집에 넣고 큰 깨달음을 준 선사에게 고개를 숙여 감사했다. 그러자 선사가 짧게 답했다. "이게 바로 천국이오."[1]

하나의 분위기나 감정, 생각, 패턴에 맹목적으로 사로잡혀 있는 것과 그것을 '알아채는' 것은 하늘과 땅만큼이나 차이가 있다. '우울한 날이네'라고 생각하면 슬픈 감정이 더 깊어진다. 그런데 '내가 슬픔이라는 감정을 느끼고 있군'이라고 생각하면 나 자신과 그 감정 사이에 작지만 중요한 거리가 생긴다. 그렇게 그 둘이 별개의 것으로 구분된다.

마찬가지로, '저 사람, 정말 화나게 하네!'라고 생각하면 분노가 증폭된다. 그런데 '내가 분노하고 있군'이라고 생각하면 흥분이 좀 가라앉는다. 내가 무슨 감정을 느끼는지 인식하면 그 감정이 곧 내가 아니라는 깨달음이 뒤따른다. 그렇게 되면 자신을 좀 더 분명히 보고 자신과 좀 더 친밀하게 관계를 맺을 수 있다. 그것은 마치 '창문을 통해' 보는 것을 '창문을' 보는 것으로 초점을 바꾸는 것과도 같다. 그렇게 되면 내 시야를 왜곡시키는 줄과 먼지, 균열이 눈에 들어온다.

성경은 깨달음이 부족함을 말할 때 흔히 눈이 먼 것에 비유한다. 그리고 그렇게 눈이 먼 상태는 하나님과도 다른 사람들과도 친밀해지지 못하게 방해하는 주된 걸림돌로 등장한다. 그래서 예수님은 육체적으로나 영적으로나 눈이 먼 사람들을 돕는 데 많은 시간을 투자하셨다. 예수님은 동생은 앉아서 말씀을 듣고 자기만 일을 한다고 투덜대는 마르다의 초점을 바꿔 주셨다. "마르다야 마르다야 네가 많은 일로 염려하고 근심하나"(눅 10:41). 예수님은 왜 이런 말씀을 하셨을까? 자신이 많은 일로 염려하고 근심한다는 사실을 마르다가 미처 알지 못했기 때문이다.

한번은 어떤 사람이 집안의 상속 문제를 들고 와 조언을 구하자 예수님은 이렇게 나무라셨다. "삼가 모든 탐심을 물리치라"(눅 12:15). 예수님이 왜 이렇게 말씀하셨을까? 그 사람이 자기 안에 들끓는 탐식을 전혀 인식하지 못하고 있었기 때문이다. 비판적인 사람들이 남의 사소한 잘못은 쉽게 트집을 잡으면서 자신의 커다란 인격 문제는 전혀 모르는 모습을 평생 봐 오신 예수님은 결국 그들에게 이렇게 물으셨다. "어찌하여 형제의 눈 속에 있는 티는 보고 네 눈 속에 있는 들보는 깨닫지 못하느냐"(마 7:3). 예수님은 왜 이런 말씀을 하셨을까? 자기 안의 큰 죄는 인식하지 못한 채 남들의 작은 약점과 허물만 물고 늘어지는 사람들이 주변에 가득했기 때문이다.

마르다가 예수님께 화가 났던 것은 그분이 동생 마리아를 꾸짖지 않고 보고만 계신다고 생각했기 때문이다. 그래서 스스로 동생을 꾸짖어야 했다. 그 탐욕스러운 남자는 예수님이 자신의 형에게 유산을 나눠 주라고 말씀하시지 않는 것이 화가 났을 것이다. 눈에 들보를 품고 살아가는 사람들이 남들의 티를 지적하기 바쁜 것은 하나님이 그 일을 제대로 하지 않으신다고 생각하기 때문이다.

우리의 자기기만은 끝을 모르며, 이는 친밀함에 치명적이다. '경험을 나누는 것'이 친밀함의 열쇠인데, 자신의 마음과 영혼이 무엇을 경험하는지 인식하지 못하면 그 경험을 다른 사람과 나눌 수도 없다. 자기 인식이 부족하면 하나님을 알 수도 없다. 하나님을 분명히 보지 못하고 자신의 맹점이라는 프리즘을 통해 그분을 왜곡해서 보게 된다. 고대 델포이에 새겨진 "너 자신을 알라"라는 말은 인간 지혜의 정수다.

그런데 성경에서는 또 다른 이유로 자기 인식을 중시한다. 자기 인식이 하나님과 친밀해질 능력과 하나로 연결되어 있기 때문이다. 위대한 영적 사상가들은 자신을 아는 것과 하나님을 아는 것의 밀접한 연관성을 잘 알았다. 그래서 아우구스티누스는 *Soliloquies*(독백)에서 흔히 이중 지식이라고 부르는 것을 달라고 기도했다. "늘 여전하신 하나님, 저를 알게 하시고 하나님을 알게 하소서."[2] 장 칼뱅도 《기독교 강요》(*Institutes of the Christian Religion*)에서 비슷한 말을 했다. "하나님을 아는 것과 자신을 아는 것은 하나의 끈으로 묶여 있다."[3] 12세기 프랑스의 대수도원장 끌레르보의 베르나르는 이렇게 말했다. "자기 자신을 알면 하나님을 온전히 경외하게 된다. 그분을 알면 또한 그분을 사랑하게 된다."[4]

자기 인식이 부족하면 자기 안에서 자신도 모르게 곪아 가는 두려움과 분노, 탐욕, 불평을 하나님이나 남들에게 투사하기 쉽다. 실제로 예수님이 들려주신 달란트 비유에서, "악하고 게으른 종"(마 25:26)은 자신의 어리석은 선택을 주인의 성격 탓으로 돌렸다. "주인이여 당신은 굳은 사람이라 심지 않은 데서 거두고 헤치지 않은 데서 모으는 줄을 내가 알았으므로"(마 25:24).

나도 나에 대해서 '정확히는 모른다'는 사실을 인정하고 받아들일 때 비로소 치유가 시작된다. 치유는 현실을 마주하려는 욕구가 고통을 피하려는 욕구보다 앞서야만 가능해진다. 어느 주일, 예배 후에 회의를 하다가 한 사역자가 지나가는 말로 그날 설교 동영상을 보다가 문제점을 하나 발견했다고 말했다. "설교 내내 목사님 입술에 침이 잔뜩 묻어 있었어요. 사실은 오늘만이 아니에요. 설교하실 때마다 항상 그랬습니다."

꿈에도 몰랐다. 알고 보니 그 문제를 설교를 녹화하는 영상팀 사람들은 벌써부터 다 알고 있었다. 이제는 내가 설교할 때마다 담당자가 내 입술을 주시하다가 문제가 생기면 즉시 스크린에 빛을 비춰 내게 알려 준다. 인간 침 탐지기가 생긴 셈이다.

다윗왕도 자기 인식의 어려움을 토로했다. "자기 허물을 능히 깨달을 자 누구리요 나를 숨은 허물에서 벗어나게 하소서"(시 19:12). 이것이 죄의 가장 이상한 점 가운데 하나다. 남의 죄는 그렇게 잘 보이는데 자신의 죄는 좀처럼 보이지 않는다. 몇 세기 전 조지프 버틀러는 자기기만에 빠지기 쉬운 인간 성향에 관한 설교를 한 적이 있다.

사람과 인격에 관해서 자신에 대한 이 편파성보다 더 놀랍고도 불가해한 점도 없다. …… 많은 사람이 자신의 인격을 너무도 모른다. 그들은 같은 문제라도 자신의 경우와 남들의 경우를 서로 다르게 생각하고 추론하고 판단한다. …… 그래서 사람들은 다른 사람의 잘못 중에 자신도 가지고 있는 잘못들을 망설임 없이 폭로하고, 온 세상 사람들이 착각하지 않는 한 자신에게도 분명히 있는 악을 신랄하게 비판한다.[5]

하나님은 다른 사람들을 사용하여 우리에 관한 진실을 일깨워 주실 때가 많다. 프레드릭 비크너는 *Peculiar Treasures*(특이한 보물들)에서 다윗왕과 나단 선지자의 이야기를 좀 더 이해하기 쉽게 풀어 냈다.

거의 모든 왕에게 정직하게 살도록 도와주는 선지자가 있었다. 가장 유명한 예를 보자. 다윗은 헷 사람 우리아를 적의 저격병들에게 금방 노출될 수밖에 없는 최전선에 배치해 제거하는 데 성공했다. 다윗은 적당한 애도 기간을 보낸 뒤에 우리아의 젊고 아리따운 과부 밧세바와 결혼해 자신의 왕비로 맞아들였다. 그런데 신혼여행이 시작되기도 전에 나단이 찾아와 다윗에게 억울한 사건 하나를 소개했다.

두 사람이 있었는데 그중 한 명은 네 발과 꼬리를 가진 가축이란 가축은 거의 다 거느린 거대한 목장 주인이었다. 다른 한 명은 딱 양 한 마리만 키우면서 양고기 구이는 생각지도 못할 만큼 마음이 약한 사람이었다. 그 양은 주인네 가족과 함께 집 안에서 살았고 심지어 주인이 먹고 남긴 접시에서 우유를 핥아 먹고 주인의 침대 발치에서 잠을 잤다. 그러던 어느 날 목장 주인의 집에 친구가 갑자기 찾아왔다. 마침 식사 시간이었는데 목장 주인은 음식으로 가득 차 더 이상 넣을 공간도 없는 자신의 저장고에서 음식을 꺼내지 않고 사람을 시켜 가난한 남자의 양을 빼앗았다. 그와 그의 친구는 구운 감자와 신선한 콩을 반찬 삼아 그 양을 잡아먹었다.

나단이 이 이야기를 마치자 다윗은 누구든 그런 짓을 저지른 자는 데려가서 처형시켜야 한다며 길길이 날뛰었다. 그는 그 목장 주인이 최소한 양 값의 네 배는 갚아야 한다고 말했다. 그는 나단에게 그 욕심꾸러기 강도가 도대체 누구냐고 물었다. 그때 나단이 말했다. "시간 날 때 거울을 들여다보십시오." 그때부터 나단의 폭풍 같은 질책이 시작되었다. 나단의 말이 끝나자 다윗은 조용히 호텔 프런트에 전화를 걸어 신혼부부를 위한 방에 독한 술을 가져다 달라고 요청했다.[6]

이 관계가 나를 어떤 사람으로 만들어 가는가

'인식'에 관한 가장 중요한 질문 하나는 "이 사람과의 관계가 나를 어떤 사람으로 만들어 가는가?"이다. 우리는 모든 중요한 관계에 이 질문을 던져야 한다. 모든 행성이 다른 행성을 끌어당기는 중력을 갖고 있는 것처럼, 우리가 살면서 만나는 각 사람들도 우리를 최상의 자아 쪽으로 끌어당기거나 혹은 반대로 최상의 자아에서 점점 멀어지게 만든다. 나는 그렇게 해서 형성된 자아를 '끌어낸 자아'라 부른다.

C. S. 루이스는 이렇게 말했다. "내 친구들 각자에게는, 내가 아닌 오직 다른 친구만이 온전히 끌어낼 수 있는 무언가가 있다. 나는 친구의 전인(全人)을 활동하게 할 만큼 큰사람이 아니다."[7] 예를 들어, 친구 켄트는 또 다른 친구 데니의 유머 감각을 누구보다도 잘 끌어낸다. 우리 셋이 함께 있을 때 내가 데니의 그 면을 보려면 반드시 켄트가 그것을 끌어내야 한다.

끌어낸 자아의 개념은 우리가 맺고 있는 모든 관계에 적용이 가능하다. 나는 특정 친구와 함께 있을 때 험담을 자주 한다. 우리 둘 다 남 정죄하기를 좋아하는 경향이 있다. 하지만 전혀 험담을 하지 않는 다른 친구는 내게서 험담하지 않는 자아를 끌어낸다.

우리의 끌어낸 자아는 우리가 주변 사람들(질문하거나 아첨하거나 도발하거나 웃거나 격려하거나 깔보기 좋아하는 사람들)에게 어떻게 반응하느냐에 따라 계속해서 달라진다. 나단은 목숨을 걸면서까지 다윗의 진정한 자아를 끌어냈다. 물론 최상의 자아를 끌어내는 일에서 최고의 대가는 바로 예수님이시다.

삭개오라는 몸집이 작은 세리는 예수님께 가까이 다가갔을 때 크리스마스 아침의 스크루지처럼 일생일대의 전환점을 맞았다. 사마리아 여인은 사생활이 지저분한 왕따에서 마을의 영적 지도자로 놀라운 변신을 했다. 시몬은 성질을 억누르지 못해 늘 일을 그르치던 미성숙한 인간에서 갈릴리의 반석, 베드로로 탈바꿈했다. 사마리아의 나병 환자는 감사의 대명사로 지금까지도 사람들 입에 오르내리고 있다. 십자가 위의 강도는 구주를 알아보고 그분을 영접한 덕분에 회개의 대명사가 되었다. 누구든 예수님 곁에만 가면 더 나은 사람으로 변했다. 그들은 그것을 '그리스도 안에 있는 것'이라 불렀다(요 14:19-21; 15:4-58 참조).

그리스도와 더 친밀해질수록 그분을 닮아 간다. 그 결과 다른 사람들에게 그분을 더 잘 보여 줄 수 있게 된다.

'빅 미'(Big Me)의 시대

표도르 도스토옙스키는 이런 말을 했다. "사람은 아무에게나 말할 수 없고 친구들에게만 말할 수 있는 기억을 갖고 있다. 그런가 하면 친구들에게도 밝힐 수 없고 오직 자신에게만 말할 수 있는 비밀도 있다. 하지만 심지어 자신에게도 말하기가 두려운 것들이 있다. 훌륭한 사람들의 마음속에도 그런 것이 꽤 많다."[8]

현대 사회학자들은 성경 기자들이 늘 주장해 온 사실을 경험으로 증명해 보였다. 죄가 우리 눈을 가려 자기 인식을 불가능하게 만든다는 사실이다. 우리는 여러 영역 중에서도 특히 "자기 위주 편향"(self-serving bias)에 약하다. 성경은 '자신을 생각해야 하는 것보다 더 높게 생각하는 것'이라는 표현을 사용한다(롬 12:3 참조).

대부분의 사람들은 대부분의 측면에서 평균이다. 하지만 대부분의 사람들이 스스로를 '평균 이상'으로 본다. 예를 들어, 대부분의 사람들이 자신의 운전 실력을 평균 이상으로 자신한다.[9] 대학 교수 가운데 겨우 2퍼센트만이 스스로를 평균 이하로 여기고, 63퍼센트는 자신이 평균 이상이라고 말한다. 25퍼센트는 자신을 특출 나게 여긴다.[10] 참고로, 자기 위주 편향 때문에 우리가 좀처럼 언쟁 중에 '저 사람 주장이 내 주장보다 더 논리적이다'라고 생각하지 않는 것이다.

"근본 귀인 오류"(fundamental attribution error)라고 하는 또 다른 패턴이 있다. 자기가 실패한 것을 외부 탓으로 여기고, 남들이 실패한 까닭은 인격이 부족한 증거로 보는 경향을 말한다. 내 설교 시간에 조는 사람이 있으면 그것은 그 사람이 간밤에 너무 늦게 자서 그렇고, 내가 다른 사람 설교 시간에 졸면 그것은 설교가 지루해서다.[11]

이런 문제는 점점 더 악화된다. 데이비드 브룩스의 말을 들어보자. "겸손의 문화에서 '큰 나'(the Big Me)라고 부를 수 있는 문화로 대대적인 이동이 일어났다. 겸손을 강조하던 문화에서 자신을 우주의 중심으로 보라고 권장하는 문화로 바뀌었다."[12] 1954년, 미국인의 12퍼센트는 자신을 "매우 중요한 사람"으로 보았다. 그런데 1989년 그 수치는 80퍼센트까지 치솟았다.[13]

우리가 사는 이 시대는 나단 선지자처럼 진실을 가감 없이 말하는 사람들은 좀체 일자리를 찾을 수가 없다. 우리는 잘못을 지적하는 말은 끔찍이 듣기 싫어하고 자신을 치켜세워 주는 곳으로만 달려간다. 그 결과, 수많은 사람이, 백 퍼센트 합격할 줄 믿고 텔레비전 오디션 프로그램에 나갔다가 자기 재능의 실상을 깨닫고서 울며 무대를 뛰쳐나가는 오디션 참가자들처럼 살고 있다.

내 약점을 마주하는 용기

야고보는 이렇게 기록했다. "너희는 말씀을 행하는 자가 되고 듣기만 하여 자신을 속이는 자가 되지 말라 누구든지 말씀을 듣고 행하지 아니하면 그는 거울로 자기의 생긴 얼굴을 보는 사람과 같아서 제 자신을 보고 가서 그 모습이 어떠했는지를 곧 잊어버리거니와"(약 1:22-24).

자기 인식에는 자신의 강점과 가치를 아는 것만이 아니라 약점과 죄를 보는 것도 포함된다. 성 이냐시오는 자신의 공동체 구성원이 자신을 더 잘 알도록 돕기 위해 일련의 영적 훈련을 개발했다. 그때부터 그의 제자들은 의사가 환자의 증상을 검사하듯 매일 자신의 삶을 철저히 점검하는 훈련을 시작했다. 경영 컨설턴트로 유명한 피터 드러커는 장 칼뱅과 로욜라의 이냐시오가 이런 종류의 피드백 분석을 사용했다는 점을 언급했다. "이런 습관이 만들어 낸 성과와 결과 중심의 태도가, 이 두 사람이 세운 조직들인 칼뱅주의 교회와 예수회가 30년간 유럽을 지배한 이유다."[14]

자신을 더 분명히 알게 해 주어야 할 믿음이 때로는 오히려 우리를 자기기만에 빠뜨리곤 한다. 우리는 할 수 있다는 믿음을 실제 성과와 혼동하곤 한다. 리처드 로어는 말했다. "그리스도인들은 대체로 진실하고 호의적이다. 하지만 자아와 통제, 권력, 돈, 쾌락, 안전과 같은 실질적인 문제로 들어가면 얘기가 달라진다. 그런 면에서는 세상 사람들과 똑같은 그리스도인이 너무도 많다."[15]

브렌 브라운은 "전심전력의 삶"을 다루었다. 그런 삶의 특징 가운데 하나는 완벽주의와 수치를 버리고 더 이상 숨지 않고 밖으로 나와 자신의 진짜 모습을 솔직히 드러내며 사는 것이다. 브라운은 그렇게 사는 사람들에게서 공통적으로 드러나는 믿음이 하나 있다고 말한다. 자신이 "사랑받고 소속될 가치가 있다"는 믿음이다.[16]

자기 인식의 중요성을 외치는 사람들은 자신의 진짜 모습을 마주할 용기를 자주 강조한다. 나아가 그 용기는 자신의 가치를 믿는 데서 나온다. 예수님만큼 용감한 자기 인식을 촉구한 사람도 없었다. 촉구의 근거는 은혜였다.

예전에 온 가족이 장거리 여행을 떠난 적이 있다. 그때 차 안에서 당시 대여섯 살 정도였던 딸이 재밌는 이야기를 해 달라고 졸랐다. 아이들을 위해 즉흥적으로 지어내서 해 준 수많은 이야기들 가운데 이것만 유일하게 기억난다. 한 왕자와 말에 관한 이야기다.

옛날에 용감하고 잘생겼지만 꽤 교만한 왕자가 살았다. 이 왕자의 말은 정말 멋졌다. 게다가 이 말은 더없이 겸손하고 충성스러워서 교만한 왕자인데도 전심으로 사랑하고 섬겼다. 왕자는 이 말을 그리 소중하게 여기지 않았지만 말은 평생 왕자만을 위해 살았다. 어느 날 전쟁이 일어나 왕자가 말을 타고 전쟁에 참여했는데 적이 쏜 화살이 왕자에게로 곧장 날아왔다. 왕자가 화살에 맞아 죽을 위험에 처하자 말은 온몸을 던져 왕자를 막았다. 화살은 말의 심장에 박혔고 말은 땅바닥에 고꾸라졌다. 순간, 왕자는 그 말이야말로 자신의 가장 좋은 친구였고 자신은 그 사랑을 받을 자격도 없음을 깨달았다. 왕자는 눈물을 흘렸지만 이미 때는 늦었다. 말은 죽고 말았다.

이야기를 듣던 딸아이는 뒷좌석에서 눈물을 흘렸다. 순간, 아내가 내게 눈을 흘겼다. "꼭 말을 죽였어야 해요? 지금 당신이 아이 마음에 꽤 오래 남을 상처를 줬다는 걸 알기는 해요?" 어쩔 수 없었다. 그 말은 죽었어야 했다. 왜냐하면 진정한 사랑의 이야기는 다 그렇게 끝나는 법이니까.

"사람이 친구를 위하여 자기 목숨을 버리면 이보다 더 큰 사랑이 없나니"(요 15:13). 예수님은 분명 그렇게 말씀하셨다. 우리를 향한 예수님의 크신 사랑은 우리가 사랑받고 소속될 가치가 있다는 확실한 증거다. 그 사랑 덕분에 우리 자신에 관한 진실을 마주할 수 있다. 나아가 그런 자기 인식에 힘입어 다른 사람과의 친밀함 형성이 가능해진다.

나를 다 알고도 온전히 사랑해 주신 분

자기 인식은 친밀함에 꼭 필요한 다리이자 동시에 큰 걸림돌이다. 자신이 망가졌거나 혹은 추한 상태라는 걸 조금이라도 인식하면 친밀함이 두려움으로 다가온다. 세상에는 누구보다도 아름답고 성공까지 거두었으면서도 두려움 탓에 남몰래 외로움에 떠는 사람이 너무도 많다. 따라서 자기 인식만으로는 부족하다. 친밀함에는 자기 인식이 줄 수 없는 '수용'이라는 선물이 필요하다.

헨리 나우웬은 뛰어난 작가요 교수였지만 극심한 외로움에 시달리곤 했다고 고백했다. 어느 날 그는 하버드대학교 강단을 떠나 중증 장애인 공동체에서 섬기라는 하나님의 부르심을 느꼈다.

> 정신지체장애인들과 한집에서 살면서 처음 안 사실은 그들이 나를 좋아하거나 싫어하는 것이 그전까지 내가 해 온 수많은 유용한 일들과 전혀 상관이 없다는 것이었다. 아무도 내 책을 읽을 수 없었기 때문에 내 책에 감흥을 느끼지 않았다. 그들 대부분이 학교를 나오지 않았기 때문에 노트르담과 예일, 하버드에서의 내 20년이 특별한 이력이 될 수 없었다. 저녁 식사 시간에 조수 한 명에게 고기를 권하자 장애인 중 한 명이 내게 말했다. "저 사람한테는 고기를 주지 마. 고기는 안 먹어. 장로교인이거든." …… 이 망가지고 상처 입고 가식이라고는 일절 모르는 사람들 앞에서는 많은 것을 하고, 보여 주고, 증명하고, 세울 수 있는 내 존재감 있는 자아를 버리고 꾸미지 않은 자아

로 돌아갈 수밖에 없었다. 나 자신을 완전히 드러낸 채 성과에 상관없이 사랑을 주고받을 수밖에 없었다.[17]

"지극히 작은 자들" 속에서 예수님을 발견해 가면서 헨리 나우웬 스스로도 치유되기 시작했다. 성육신이 담고 있는 메시지는 하나님이 우리의 행위나 성과 때문에 우리를 사랑하는 것이 아니라 우리와 함께하시려고 우리를 지으시고 선택하셨기 때문에 우리를 사랑하신다는 것이다. 자신을 아는 것은 중요하다. 하지만 우주의 거룩한 창조주 하나님이 우리를 머리끝부터 발끝까지 훤히 아시면서도 여전히 온전히 우리를 사랑하신다는 사실을 아는 것은 더더욱 중요하다.

영적 수술 받기

C. S. 루이스의 《나니아 나라 이야기 5: 새벽 출정호의 항해》 (The Voyage of the "Dawn Treader", 시공주니어 역간)에서 유스터스라는 소년이 용으로 변했다. 나중에 그는 이 이야기에서 그리스도를 상징하는 사자 아슬란에게 한 물웅덩이에서 몸을 씻고 다시 태어나라는 권고를 받는다. 하지만 그러기에 앞서 옷을 벗으라는 조건을 내건다. 유스터스는 무슨 말인지 몰라 혼란스러워하다가 그것이 낡은 용 껍질을 벗으라는 뜻임을 깨닫는다.

그런데 막상 해 보니까 생각만큼 쉽지 않다. 한참 만에 겨우 비늘투성이 딱딱한 용 껍질을 벗었다. 그러고 나서 물에 발을 담그려고 내려다보니 자신의 발이 처음과 똑같이 딱딱한 비늘투성이다. 첫 껍질 아래에 또 다른 용 껍질이 덮여 있었던 것이다. 그 껍질을 다시 벗겨 보지만 똑같은 상황이 계속해서 되풀이되자 유스터스는 결국 절망한다. 그때 아슬란이 말한다. "네 옷은 내가 벗겨야 한다."

그 일을 유스터스는 다음과 같이 회상한다.

사자 발톱이 무서웠지만 너무 절박해서 이것저것 따질 상황이 아니었지. 그래서 벌러덩 누워 그에게 나를 맡겼어.

그가 처음부터 어찌나 깊이 파고들던지 심장까지 발톱이 바로 들어오는 느낌이었다니까. 그때부터 껍질을 벗겨 내기 시작하는데 내 평생에 그렇게 아프기는 처음이었어. 참고 견딜 수 있었던 건 순전히 그 껍질이 벗겨지는 후련함 때문이었어. 너도 알다시피 상처의 딱지가 떨어질 때 후련하잖아. 굉장히 아프긴 하지만 그것이 떨어져나갈 때 쾌감이 엄청나…….

내가 세 번이나 다 벗겼다고 생각했는데 흠집조차 나지 않았던 껍질을 그가 단번에 벗겨 풀 위에 놓았어. 내가 벗겼던 껍질들보다 훨씬 더 두껍고 시꺼멓고 울퉁불퉁해 보였지. 나는 껍질이 벗겨진 나뭇가지처럼 부드러워졌어. 전보다 훨씬 더 작아졌고. 그때 그가 나를 움켜잡았지. 이제 가죽 없이 연약한 속살만 남아 있어서 난 움찔했어. 그러고 나서 그가 나를 물속으로 던졌어. 죽을 만큼 아팠지만 잠시뿐이었어. 금방 더없이 기분이 상쾌해졌고, 물장구를 치자마자 팔에서 모든 고통이 사라진 걸 느꼈어. 곧 그 이유를 알게 되었지. 내가 다시 사람으로 돌아왔던 거야.[18]

지금 마음의 눈으로 그 물웅덩이 앞으로 가라. 그리고 예수님을 그 순간으로 초대하라. 당신을 향한 그분의 사랑이 얼마나 큰가! 주님은 생명을 내주실 정도로 당신을 귀하게 여기셨다. 자, 이제 그분의 사랑을 음미해 보라.

유스터스처럼 주님께 영적 수술을 부탁하라. 당신 자신에 관한 진실을 보지 못하게 막는 모든 방어적인 태도와 부인, 자기 의의 눈가리개를 제거해 달라고 구하라. 이미 죽어 낡은 용 껍질의 층들이 벗겨지는 아픔을 얼마든지 감수하겠다고 아뢰라. 자신을 너무 많이 탓하지도 너무 적게 탓하지도 않는 분명함을 달라고 기도하라. 이해하게 해 달라고 기도하라. 모든 감정과 생각을 깨끗하게 씻어 다른 삶을 살려는 열정을 달라고 기도하라.

마지막으로, 하나님의 '은혜'를 반드시 기억하기를 바란다. "사람이 **친구**를 위하여 자기 목숨을 버리면 이보다 더 큰 사랑이 없나니"(요 15:13). 여기서 "친구"가 누구를 의미하는지 궁금하다면 당장 거울 앞에 서서 거울에 비친 사람을 보라.

CHAPTER 6

관계의 황금률

함께 즐거워하고
함께 울라

두 사람이 연결될 때, 두 사람의 존재가 성교 중의 두 육체만큼이나 밀접하게 교차할 때, 영혼 깊은 곳의 상처를 치유하여 회복시킬 힘을 갖고 있는 뭔가가 한 사람에게서 다른 사람에게로 쏟아진다. 그것을 받는 사람은 치유되는 기쁨을 경험하고, 그것을 주는 사람은 치유에 쓰임받는 데서 오는 훨씬 더 큰 기쁨을 맛본다. 하나님의 자녀 각 사람의 마음속에는 세상 모든 악을 합친 것보다 강력한 선이 있다. 그것이 표출되어 마법을 부리기만을 기다리고 있다. 하지만 그런 일은 좀처럼 일어나지 않는다.
- 래리 크랩, 《끊어진 관계 다시 잇기》(Connecting, 요단출판사 역간)

월요일 아침 9시, 나는 배심원 의무 때문에 샌 마테오 카운티 법원(San Mateo County Courthouse)의 칙칙한 지하실에서 아주 못마땅한 표정을 한 149명의 사람들과 플라스틱 의자에 앉아 있었다. 그 자리에 모인 모두에게는 한 가지 공통점이 있었다. 어서 빨리 그곳을 벗어나기만 바랐다는 것이다.

　　래리가 나타나기 전까지는 그랬다. 법원 공무원 래리는 불과

몇 분 만에 시큰둥한 표정의 군중에게 불같은 열정과 목적의식을 불어넣었다. "모두 바쁘신 가운데 오신 줄 압니다. 여기 오시느라 여러분 하시는 일에 크고 작은 차질을 빚으셨을 겁니다. 그런 만큼 여기 계신 모든 분께 감사를 드립니다. 판사님들과 사법부, 샌 마테오 카운티, 나아가 국가를 대신해서 여러분의 봉사에 깊은 감사를 드립니다."

래리는 배심원 의무에 부름을 받는 걸 반기는 사람은 없지만, 그것이 사실은 매우 의미 있는 일이라고 역설했다. 모든 사람이 동등한 지위의 배심원단에게 재판을 받을 권리가 있다는 것은 우리 사법 체계의 근간이라고 했다.

래리는 우리에게 정의의 소중함을 다시금 일깨워 주었다. 우리나라가 정의를 쟁취하기 위해 얼마나 오랜 세월 싸워 왔는지, 그리고 지금도 세상에는 이 권리를 행사하기 위해 싸우고 심지어 목숨까지 버리는 사람들이 얼마나 많은지 모른다고 했다. 래리의 열정적인 연설에 사람들이 하나둘 휴대폰을 내려놓고 자세를 고쳐 앉았다. 어느새 모든 사람의 눈이 초롱초롱해졌다. 내 번호가 호명될 즈음 나는 열정으로 불타오르고 있었다.

당시 나는 결국 배심원으로 뽑히지는 않았다. 하지만 시무룩한 표정으로 조용히 휴대폰이나 쳐다보던 사람들이 몇 분 만에 열정적인 애국자로 변하는 모습은 실로 감동적이었다. 그날 사람들은 오랜 친구들처럼 웃고 떠들며 법원을 나섰다. 이런 일이 어떻게 일어났을까? 바로 '친밀함의 황금률' 덕분이다.

너무 간단하지만 너무 어려운

사도 바울이 전해 준 한 가지 명령에 인간관계의 가장 중요한 비결이 담겨 있다. 이 원칙만 제대로 따른다면 친밀한 관계가 끊이지 않을 것이다. 반대로 이 원칙을 따르지 않으면 친밀한 관계는 기대하지 않는 편이 낫다. 모든 좋은 부모가 자녀들에게 거의 본능적으로 이 같은 원칙을 적용한다. 이렇게 자녀의 근본적인 욕구를 채워 준다. 그렇게 함으로써 자녀는 현실에 대처할 능력을 기르고 나아가 자녀의 뇌가 건강한 방향으로 성장해 간다. 이 원칙은 지극히 간단해서 어린아이도 얼마든지 습득할 수 있는 한편 지극히 어려워서 이해하지 못하는 사람도 수두룩하다. 바로 친밀함의 황금률이다. "즐거워하는 자들과 함께 즐거워하고 우는 자들과 함께 울라"(롬 12:15).

즐거워하고 우는 것은 감정적 삶의 핵심이다. 인간관계라는 기적을 가능하게 만드는 것은 바로 다른 사람의 감정 상태를 알아보고 공감하며, 나아가 그 속으로 들어가는 능력이다. 앞서 말한 법원 공무원 래리처럼 사람들의 감정 상태를 잘 읽는 사람은 남들과 관계를 잘 맺을 뿐 아니라 부정적인 감정 상태에 있는 사람들을 긍정적인 감정 상태로 이끌 수도 있다. 이 능력은 그만큼 강력하다.

즐거워하는 것은 주로 작은 승리를 축하하는 것이다. 누군가가 상사에게 칭찬을 받았을 때, 그 사람이 잘생겼다는 말을 들었을 때, 그의 자동차가 망가졌는데 저절로 고쳐졌을 때, 그가 좋아하는 프로야구팀이 월드시리즈에서 우승했을 때, 그가 평소보다 더 자주 웃거나 흥분한 듯 보일 때 함께 기뻐해 주면 관계가 싹튼다.

함께 울어 주는 것도 마찬가지다. 꼭 장례식에서만 울어 줘야 하는 것이 아니다. 누군가가 차가 막혀서 회사에 지각했을 때, 그 사람이 집을 나서기 전 배우자와 말다툼을 했을 때, 그의 자녀가 학교에서 안 좋은 성적표를 받아 왔을 때, 그가 중요한 파일을 실수로 삭제해 버렸을 때, 그가 회사에서 발표를 잘못해서 풀이 죽어 있을 때, 그가 좋아하는 프로야구팀이 월드시리즈에서 졌을 때, 그럴 때 낙심해 보이는 사람에게 다가가 공감을 표현하면 관계가 싹튼다. 단 한 사람이 그의 아픔을 알아채고 함께 울어 줌으로써 그의 세상 전체가 변할 수 있다.

우리는 질투나 감사, 좌절 같은 특정 감정을 느끼기도 전에 일단 긍정적인 감정이나 부정적인 감정을 느낀다. 그때 곧바로 그 감정을 공감해 줄 누군가를 찾는다. 아기를 키우는 엄마를 보라. 아기가 울기 시작하면 엄마는 본능적으로 따라서 울상을 짓고 안타까운 목소리로 아기를 위로한다. 그런 제스처를 통해 엄마는 아기에게 이런 메시지를 전달한다. "알아. 네 기분을 엄마도 그대로 느낀단다." 그러면 아기는 엄마가 자신과 공감하는 것을 느낀다. 그럴 때 생리학적으로 놀라운 기적이 일어나 아기의 뇌가 약간 변하면서 조금이나마 안정이 된다. 마치 엄마가 아기의 슬픔 일부를 떼어 가고 아기가 엄마의 평안 일부를 받는 것과 같은 결과가 나타난다.

'상대방이 내 기분을 같이 느끼는 것'을 느끼는 것. 위에 음식물이 필요하고 폐에 공기가 필요한 것처럼 인간의 영혼에는 이것이 필요하다. 이것이 가능하려면 우리가 서로에게 줄 수 있는 두 가지 선물이 필요하다. 그것은 바로 '아는 것'과 '받아들이는 것'이다. 상대방이 내 약점이나 상처를 알고도 전혀 신경을 쓰지 않는다면 내게 아무런 도움을 줄 수 없다. 반대로 상대방이 나를 있는 그대로 받아들여도 내 마음이 아파하는 걸 전혀 모른다면 내 상황을 치유해 줄 수 없다. 하지만 상대방이 내 약점이나 슬픔, 고통을 알고도 나를 온전히 받아들이면 '연결'이라는 아름다운 일이 일어난다.

부모와 아기 사이에서도 비슷한 일이 벌어진다. 아기가 웃으면 부모도 따라 웃는다. 아기가 좋아서 꺄르르 소리내 웃으면 부모도 덩달아 입가에 미소가 번진다. 부모의 그런 행동에서 아기는 이런 메시지를 읽는다. "네 기분이 무척 좋구나! 네가 즐거운 걸 보면 나도 즐겁단다. 이런 마음을 네가 알았으면 좋겠어. 함께 즐겁게 춤추자!"

이런 연결의 과정에는 대니얼 골먼이 말하는 "동조"(attunement)가 포함된다. 동조는 "일시적인 공감을 넘어 관계를 촉진시키는 온전하고도 지속적인 관심"이다.[1] 아기가 웃고 부모도 덩달아 웃으면 아기는 부모가 자신을 이해한다는 것을 느끼고, 우리는 계속해서 그런 식으로 자라고 살고 사랑한다. 더구나 아주 어릴 적에는 전적으로 이 과정에 의존해서 우리 뇌가 발달한다. 이런 동조는 어른이 된 뒤에도 다른 사람과의 연결감을 만들어 낸다.

친밀함의 열쇠는 경험을 나누는 것인데, 기쁨과 슬픔이 바로 마음속 경험에서 가장 기본이 되는 범주들이다. 비유적인 의미에서 마음은 날아오를 듯한 기쁨이나 죽을 것만 같은 고통의 감정을 느끼는 부분이다. 그런데 그런 경험을 나누면 기적의 계산법이 발동된다. 즉, 기쁨은 나누면 늘어나고 고통은 나누면 줄어든다. 반면, 친밀함에 관한 바울의 황금률을 무시하면 그것은 곧 불화의 씨앗을 뿌리는 셈이다.

상대방은 기뻐하는데 내가 슬퍼하면 내 안에 질투와 시기, 불만이 싹튼다. 《글쓰기 수업》(*Bird by Bird*, 웅진윙스 역간)이라는 책에서 앤 라모트는 질투라는 주제를 다루면서, 당신이 작가로서 가장 참기 힘든 일 하나는 "당신이 아는 가장 형편없고도 자격 없는 작가들, 다시 말해 당신이 아닌 다른 작가들에게 가장 화려한 성공이 돌아가는 것"이라고 말했다.[2]

남이 슬퍼할 때 기뻐해도 관계가 망가진다. 독일어에는 아예 이런 심보에 해당하는 단어까지 있다. '샤덴프로이데'(schadenfreude)인데, 해석하자면 '악의적인 기쁨'이라는 뜻으로, 남의 불행을 기뻐하는 것이다. 성경의 잠언은 이런 태도를 경고한다. "네 원수가 넘어질 때에 즐거워하지 말며 그가 엎드러질 때에 마음에 기뻐하지 말라"(잠 24:17).

기쁨은 '명령'이다

로마서 12장 15절을 비롯해 바울은 한결같이 우리에게 기뻐하라고 명령했다. 성경이 우리에게 기뻐해도 '좋다'고 말했으면 별로 이상하게 생각할 일이 없다. 그런데 성경은 왜 굳이 기쁨을 '명령'했을까?

기쁨이 충만하면 만나는 모든 사람에게 기쁨의 선물을 나눠 줄 수 있어서가 아닐까 생각한다. 다시 말해, 우리의 기쁨은 단순히 우리만을 위한 것이 아니다. 알다시피 집에서나 일터에서나 교회에서나 어디에서나 기쁨이 충만한 사람들과 어울리면 삶이 풍성해진다. 그래서 그리스도인에게는 최대한 기쁘고 행복한 사람으로 살아가야 할 책임이 있다. 또한 기쁨은 본래 전염성이 강하기 때문에 늘 찡그린 얼굴로 사는 사람보다 늘 기쁘게 사는 사람이 남들과 더 친밀하게 지낼 수밖에 없다.

내가 어릴 적에 우리 아버지는 기분이 날아가게 좋은 날이면 노래를 부르며 우리 형제들을 깨우셨다. 아버지는 원래도 노래를 잘하는 편이 아니지만 일부러 코맹맹이 소리를 내어 노래를 망치곤 하셨다. 그런데 우리는 그런 아버지의 노래를 좋아했다. 아버지 기분이 좋다는 뜻이었기 때문이다. 어린 시절을 되짚어 보라. 아버지들이 기분이 좋을 때는 용돈이든 뭐든 요청하면 다 들어주시지 않던가!

어느덧 80대에 이른 우리 부모님은 한집에서 수십 년을 사시다가 최근 이사를 가셨다. 그때 우리 형제자매가 다 모여 시간을 보내면서 부모님의 손때 묻은 물건들을 보며 지난 추억들을 회상했다. 부모님 댁에서의 어느 날 아침, 온 가족을 위해 커피를 사서 돌아오시면서 아버지는 여전히 예전처럼 노래를 부르셨다. 60대인 우리 누나 바비는 아버지의 유쾌한 노랫소리를 듣기만 해도 좋았다는 이야기를 요즘도 자주 한다.

즐거운 순간은 우리를 치유하고 하나로 연결시키기 때문에 소중하다. 나아가 우리의 기쁨은 우리만을 위한 것이 아니다. 연구 결과가 이 점을 분명히 뒷받침해 준다. 늘 웃는 사람들은 시무룩한 사람들보다 연민이 더 많다. 늘 기뻐하는 사람들은 기뻐할 줄 모르는 사람들보다 덜 인색하다. 기쁨이 충만한 사람들은 기쁨이 부족한 사람들보다 더 많은 친구들과 더 깊은 우정을 누린다. 기쁨이 많은 사람일수록 가정을 잘 지켜 내고, 고난을 극복하는 힘이 뛰어나며, 활력이 넘치고 삶의 열정이 더 강하다.[3]

"여호와로 인하여 기뻐하는 것이 너희의 힘이니라"(느 8:10). 느헤미야의 이 말은 비유적으로만이 아니라 실제로도 맞는 말이다. 실제로 기쁨이 커지면 에너지가 솟고 건강이 좋아지며 마음이 선해지고 신중하게 행동한다.

우리는 일터에서 기쁘게 일할 책임이 있다. 우리가 기쁘게 일하면 주변 모든 사람의 생산성이 높아지기 때문이다. 친밀함의 기술이 뛰어난 사람들은 늘 주변 사람들을 기쁘게 해 줄 기회를 찾는다.

하나님께 솔직한 감정 털어놓기

바울은 우리에게 우는 사람들과 함께 울어 주라고 명령했다. 그는 "우는 자들에게 조언을 해 주라"라고 말하지 않았다. "우는 자들에게 우리는 부활의 승리를 기억하며 기뻐해야 하고 우는 것은 믿음이 적다는 증거라는 사실을 일깨워 주라"라고 말하지도 않았다. "우는 자들에게 어떤 일이 일어나든 하나님의 선한 이유가 있으므로 무조건 그분을 믿어야 한다고 설명해 주라"라고 말하지도 않았다. "우는 자들의 상황을 바로잡아 주라"라고 말하지도 않았다.

바울은 "너희가 짐을 서로 지라 그리하여 그리스도의 법을 성취하라"라고 말했다(갈 6:2). 슬픔이 그런 짐 가운데 하나다. 남들과 함께 슬퍼함으로써 슬픔이라는 그들의 짐을 함께 나누어 지라. 아무것도 변하지 않았다. 아무것도 바로잡아지지 않았다. 아무것도 해결되지 않았다. 하지만 유일한 차이는, 그들이 더 이상 혼자 울지 않는다는 것이다. 그 덕분에 모든 것이 변한다.

철학자 니콜라스 월터스토프는 성경의 명령이 대부분의 옛 지혜들과 상충한다는 점을 지적했다. "옛 스토아학파는 진정하라, 초연하라, 웃지도 울지도 말라고 말했다. 반면, 예수님은 세상의 고통에 자신을 열라고 말씀하신다. 인류의 슬픔에 슬퍼하라, 인류의 애통에 애통하라, 인류의 상처를 함께 아파하라, 인류의 고뇌에 고뇌하라. 단, 평안의 날이 오고 있다는 기쁨 속에서 그렇게 하라."[4]

눈물은 인류의 가장 큰 불가사의 중 하나다. 찰스 다윈은 감정적인 눈물을 "아무 목적 없는 것"으로 치부했다. 심지어 1960년대에는 인류가 수생 유인원에서 진화했으며 눈물이 짠물에서 사는 데 유용했다는 이론도 있었다.[5]

하지만 사실 눈물은 친밀함 형성을 위해 하나님이 고안해 낸 가장 눈부신 발명품이다. 눈물은 취약함을 드러내 친밀함을 촉진시킨다. 시인 로버트 헤릭은 "눈물은 눈의 고귀한 언어"라고 말한다.[6] 우리 시대의 저명한 울음 연구가는 눈물의 의미를 이렇게 정리했다. "우리는 다른 사람들이 필요해서 운다."[7]

예전에 한 연구에서 사람들에게 우는 사람들의 사진을 보여 주었다. 일부 사진에는 눈물이 보이게 했고 일부 사진에서는 디지털 기술로 눈물을 지웠다. 연구 결과, 사람들은 눈물이 보이는 사진을 보면서 훨씬 더 강한 연민을 표출했다.[8] 또 다른 연구에 따르면, 잘 울지 않는 사람일수록 다른 사람들과 관계를 잘 맺지 못한다고 한다. 그들은 좀처럼 다른 사람들에게 다가가지 않는다.[9]

성경은 눈물로 가득하다. "눈물"이라는 단어가 약 90번이나 등장하며 울음이나 애통에 관한 언급도 30번이나 나타난다. 예레미야는 자국이 멸망한 일로 하도 울어서 아예 '눈물의 선지자'라는 별명까지 얻었다. 나사로의 가족이 그의 죽음으로 애곡하자 예수님도 함께 우셨다. 성경 전체에서 가장 짧은 구절은 가장 통렬한 구절 중 하나다. "예수께서 눈물을 흘리시더라"(요 11:35).

시편 기자도 눈물을 이야기한다. "나의 유리함을 주께서 계수하셨사오니 나의 눈물을 주의 병에 담으소서 이것이 주의 책에 기록되지 아니하였나이까"(시 56:8).

한때는 눈물을 귀중하게 여겨 눈물을 모으는 눈물단지(lachrymatory)를 사용하기도 했다. 페르시아에서는 술탄이 전쟁에서 돌아오면 어떤 왕비가 자신을 가장 그리워했는지 보기 위해 왕비들의 눈물단지를 검사했다고 한다. 나도 20년 전에 이스라엘에서 눈물단지 하나를 사서 사무실에 보관한 적이 있었다. 그것을 볼 때마다 울면서 나를 찾아오는 이들과 함께 울어야 한다는 사실을 되새기곤 했다.

우리 사역팀에 눈물의 은사가 남다른 필리스라는 자매가 있다. 얼마나 잘 우는지 별명이 '수도꼭지'다. 오랜 세월 필리스는 우리 교회 접수처를 지키며 슬픔에 빠진 교인이 전화를 하거나 들르면 그들과 함께 울어 주었다. 얼마 전에 필리스는 반세기를 함께 산 남편이 루게릭병에 걸려 그를 돌보기 위해 은퇴했다. 나는 그녀의 은퇴 선물로 무엇을 줄까 한참을 고민했다. 그러다가 내 사무실 선반 위에 놓인 눈물단지에 시선이 닿는 순간, 나도 모르게 무릎을 쳤다.

우리와 함께 울어 주는 사람들은 우리에게 안전한 항구와도 같다. 19세기 소설가 디나 크레이크의 글이다.

> 오, 생각이나 말을 재지 않고 있는 그대로 찌꺼기까지 전부 쏟아 낼 수 있는 사람, 안전하게 느껴지는 사람이 있다는 것, 충성스러운 손이 그것들을 체질해서 놔둘 만한 것은 놔두고 나머지는 친절한 숨으로 불어 버릴 것이라고 확신할 수 있다는 것이 얼마나 큰 위안이 되는지.[10]

우리로서는 하나님과 함께 슬퍼하는 것보다 그분과 함께 기뻐하는 것이 더 쉬울 수 있다. 디즈니/픽사가 감정 다루기에 관한 애니메이션 〈인사이드 아웃〉(Inside Out)을 제작할 때 자문을 구했던 심리학자 폴 에크만은 "표현 규칙"(display rules)을 연구한 바 있다. 이 규칙은 우리가 남들에게 감정을 얼마나 표현할지 결정할 때 암묵적으로 사용하는 가이드라인이다. 예를 들어 "최소화"는 진짜 감정을 드러냈다가 곤란에 처할까 두려워 포커페이스를 유지하는 것이다. "대체"는 진짜 감정("속에서는 죽을 것 같아")을 다른 감정("괜찮아")으로 바꾸는 것이다.[11]

그러나 하나님은 오직 한 가지 표현 규칙만 갖고 계신다. 슬픔과 실망, 분노까지 당신의 전부를 그분 앞에 내려놓으라. 당신의 '진짜 모습'을 그분께 보이라. 시편은 인간의 문학 중에서 가장 감정적으로 충만하고 솔직한 책 가운데 하나다. 시편 기자들은 그 어떤 감정도 가슴 속에 숨겨 두지 않고 하나님께 솔직히 쏟아 냈다. 슬픔? 다음 구절을 보라.

> 내 허리에 열기가 가득하고 내 살에 성한 곳이 없나이다 내가 피곤하고 심히 상하였으매 마음이 불안하여 신음하나이다(시 38:7-8).

과연 누가 신음 소리를 듣고 싶어 할까? 다름 아닌, 하나님이 그러신다. 슬픔이 저절로 사라지기를 바라지 마라. 슬프면서 슬프지 않은 척하지 마라. 슬픔이 당신 삶을 온통 어둡게 물들이게 놔두지 말고 어서 하나님 앞으로 가져가라.

분노는 어떤가? 당신은 분노를 어디로 가져가는가? 이스라엘의 바벨론 유수를 회상하는 시편 137편에서 기자는 하나님 앞에서 착한 사람인 척하기 위해서 "하나님, 바벨론에 복을 주세요"라고 말하지 않았다. 그는 자신의 속내를 숨김없이 표출하면서 시편을 마무리했다. "멸망할 딸 바벨론아 네가 우리에게 행한 대로 네게 갚는 자가 복이 있으리로다 네 어린 것들을 바위에 메어치는 자는 복이 있으리로다"(시 137:8-9).

뭐라고? 하나님이 모르시는 줄 알았다고? 하나님이 "아이코, 네가 이렇게 화가 많은 녀석이었구나. 너에게는 더 이상 시편을 맡기지 못하겠구나"라고 말씀하실 줄 알았다고? 물론 그렇지 않다. 하나님은 이미 알고 계셨다. 아니, 항상 알고 계신다.

하나님께 자신의 감정을 솔직히 표현하는 것이 내적 감정의 소용돌이를 치유하는 첫걸음이다. 하나님 앞에서 자신의 솔직한 감정을 털어놓을 때 비로소 그분 앞에 올바로 설 수 있다. 우리는 감정이 아니다. 우리는 감정을 '갖고' 있을 뿐 감정은 우리를 갖지 못한다. 우리 주인은 어디까지나 '하나님'이시다.

귀를 기울이다

경청은 우리 주변에서 누가 울고 누가 기뻐하는지 파악하는 열쇠다. 폴 콜먼은 "좋은 경청"과 "친밀한 경청"을 구분했다. 좋은 경청은 사실을 잘 이해하고, 친밀한 경청은 상대방의 감정까지 파악한다. 상대방의 말을 이해하는 것은 좋은 경청이지만 상대방의 감정까지 헤아려 주는 것은 친밀한 경청이다. 듣는 사람이 "상대방을 이해할 뿐 아니라 온전히 받아 주고 깊이 걱정해 줄 때" 두 사람의 내적 세상이 서로 통해서 연결이 일어난다.[12]

대니얼 골먼은 자신의 책에서 그의 친구 테리 돕슨의 이야기를 소개했다. 1950년대에 돕슨은 도쿄에서 일본 호신술 아이키도를 처음으로 배운 몇 안 되는 미국인이었다. 어느 날 오후 돕슨이 지하철을 타고 귀가하는데 인사불성으로 취한 한 사내가 타더니 다른 승객들을 위협했다. 거구의 사내는 아기를 안은 여성에게 주먹을 휘두르고 한 노부부를 혼비백산해서 도망치게 만들었다. 참다못한 돕슨은 결국 그간 배운 무술을 처음으로 일반인에게 사용하기로 마음을 먹었다.

돕슨이 자리에서 일어서자 취객이 그를 노려보며 고함을 질렀다. "어이, 양키 놈! 일본식으로 맛 좀 봐야겠어!" 일촉즉발의 순간, 한 나이 지긋한 일본인 승객이 '길에서 절친한 친구를 우연히 만난 사람처럼 반가운 목소리로' "이보게!"라고 소리쳐 불렀다. 만취한 남자가 누가 자기를 부르는지 보려고 고개를 돌리자 노인은 '손을 가볍게 흔들어 그를 오라고 불러' 친근하게 말을 걸었다.

처음에는 취객이 계속해서 고래고래 소리를 질렀지만 이내 노인의 따뜻한 태도에 누그러져 자신의 아내와 정원에 관한 이야기를 털어놓기 시작했다. 남자는 저녁이면 아내와 함께 오래된 나무 의자에 나란히 앉아 사케를 마시던 추억을 회상했다.

"멋진 아내 분을 두셨구먼."

노인의 말에 남자는 흐느끼기 시작했다.

"마누라는 죽었어요……."

계속해서 그는 직장과 집을 잃은 아픔도 털어놓았다.

어느새 지하철은 돕슨이 내릴 역에 도착했다. 돕슨이 내릴 때 노인이 만취한 남자에게 슬픈 일을 모두 털어놓으라고 말하는 소리가 들렸다. 돕슨이 마지막으로 본 모습은 남자가 노인의 무릎에 머리를 누이고 좌석에 두 다리를 쭉 뻗고 누운 모습이었다.

"바로 이것이 감정적인 탁월함이다."[13] 대니얼 골먼은 그렇게 이야기를 정리했다.

일상의 기쁨과 하나님을 연결시키지 못했다

시편은 위대한 기도책이자 인류 문학을 통틀어 '하나님과의 친밀함'을 다룬 가장 탁월한 책이다. 시편을 연구한 학자들은 가장 일반적인 두 가지 유형을 찾아냈다. 하나는 슬픔의 시편이고 다른 하나는 기쁨의 시편이다. 우리는 이 위대한 고대의 책에서 기뻐하시는 하나님과 슬퍼하시는 하나님을 함께 만날 수 있다. 나아가 하나님은 같이 기뻐하고 같이 슬퍼하자며 우리를 초대하신다.

때로 우리는 그 초대에 응하지만 모른 체할 때도 그에 못지않게 많다. 마태복음 11장 16-17절에서 예수님은 그분의 초대에 응하는 우리의 반응을 나무라신다.

이 세대를 무엇으로 비유할까 비유하건대 아이들이 장터에 앉아 제 동무를 불러 이르되 우리가 너희를 향하여 피리를 불어도 너희가 춤추지 않고 우리가 슬피 울어도 너희가 가슴을 치지 아니하였다 함과 같도다.

복음은 슬픈 맛과 행복한 맛, 이 두 가지 맛으로 다가오는 듯하다. 세례 요한은 광야에서 살며 메뚜기를 먹고 금식하고 세례를 베푸는 행위를 통해 슬픔과 회개의 언어를 구사했다. 그는 타락한 세상을 향한 하나님의 슬픔을 선포한 애곡 연주자였다. 하지만 사람들은 함께 울지 않았다. 예수님은 죄인들과 만찬을 즐기고 혼인잔치에서 부족한 포도주를 채워 주시는 행위 등을 통해 소망과 기쁨의 언어를 사용하셨다. 축제와 살찐 송아지, 숨겨진 보물에 관한 비유에서도 기쁨이 묻어나온다. 예수님은 피리를 부셨지만 사람들은 기뻐 춤추지 않았다.

내게 하나님과 함께 기뻐하는 법을 배우기 위한 열쇠는 점들을 연결하는 법을 배우는 것이었다. 어린 시절 나는 많은 기쁨을 경험했다. 그리고 교회에서 하나님에 관한 많은 것을 배웠다. 하지만 나는 삶에서 경험한 기쁨과 교회에서 배운 하나님을 서로 연결시키지 못했다. 그런 탓에 내가 교회에 관해서 부모님께 처음으로 던졌던 질문은 "설교는 왜 이렇게 지루해요?"였다.

하나님과 함께 기뻐한다는 것은 성경 구절이나 교회 예배를 즐거워하려고 애를 쓴다는 뜻이 아니다. 우리가 자연스럽게 즐기는 것을 보면서 "온갖 좋은 은사와 온전한 선물이 다 위로부터 빛들의 아버지께로부터 내려오나니"(약 1:17)라는 사실을 기억하고, 그 선물을 하나님께 감사하는 것이 관건이다.

감사라고 해서 복잡하게 생각할 필요 없다. 석양이나 바다, 산, 나무, 주일 아침에 맛본 달콤한 케이크, 좋아하는 음악이나 영화, 멋지게 성공한 점프슛, 새들이 지저귀는 소리, 직장에서 들은 칭찬 한마디, 자녀가 학교에서 받은 상장, 단순히 지금 몸과 정신이 제대로 작동되고 있다는 사실 등 뭐든 떠오르는 대로 감사하면 된다.

아침이면 나는 그날 감사한 사실 다섯 가지를 적곤 한다. 록퍼드에서 살았던 어린 시절의 추억, 세 자녀의 아버지라는 사실, 매일 새로운 기회가 찾아온다는 사실 등 적자면 끝이 없다. 감사해야만 하는 것을 적는 것이 아니다. 그냥 그 순간 저절로 감사를 솟아나게 만드는 것이면 된다. 심지어 영적이지 않게 보이는 것이라도 상관없다. 향긋한 커피 한 잔, 저울에 올랐는데 몸무게가 생각보다 적게 나왔을 때, 세금이 생각보다 적게 나왔을 때, 내 발치에 웅크린 애완견의 느낌 등 무엇이든 좋다. 감사를 기록하는 간단한 행위가 하나님과의 사이를 얼마나 가깝게 만드는지 놀라울 정도다.

CHAPTER 9

친밀함의 기초

'약속'을 하고, 믿고,
지키는 연습을 하라

스스로를 구속(拘束)하는 것이 사랑의 속성이다.
- G. K. 체스터턴, "성급한 맹세에 대한 변호"(A Defence of Rash Vows)

'친밀함'과 '약속'은 늘 함께 다닌다. 친밀함의 욕구가 강하면 배우
자나 자녀, 친구 같은 상대방에게 구속되기를 원하게 마련이다. 우
리가 내걸고 지키는 약속을 통해 우리 삶이 이루어지고 정체성이
형성되며 친밀한 관계들이 싹튼다. "비밀 지켜 줄래?" "부탁 하나만
좀 들어줄래?" "목요일에 커피 한 잔 할래요?" "내 여자 친구가 되어
줄래요?" "하나님께 헌신하겠습니까?"

약속은 불확실한 세상에서 (루이스 스미디즈가 말한) "확실성의 작은 섬"을 만들어 낸다. 스미디즈의 말을 더 들어 보자. "한낱 인간이 미래의 한 부분을 떼어 다른 사람에게 고정시킨다는 것이 생각할수록 이상하다. …… 예측할 수 없는 앞날들을 미리 생각해서 '그곳에 당신과 함께 있겠습니다'라며 한 가지를 예측 가능하게 만든다."[1]

약속은 친밀함의 기초다. 약속 없이는 신뢰가 없고, 신뢰 없이는 친밀함이 생겨날 수 없기 때문이다. 우리는 좀처럼 믿을 수 없는 존재이기 때문에 사람들이 우리를 믿게 만들려고 무던히 애를 쓴다. 심지어 우리는 손에 장을 지진다는 표현까지 서슴지 않는다. 나는 전에 다른 책에서 헨리 나우웬이 플라잉 로들라이(Flying Rodleighs)라고 하는 공중그네 곡예사 집단에 매료되었던 이야기를 소개한 적이 있다. 나우웬은 함께 공중을 나는 사람들이 서로 신뢰하는 모습에서 하나님 나라에서의 친밀함과 기쁨, 안전을 보았다.

나는 이것을 몸소 느껴 보고 싶어 샌프란시스코 서커스 센터에서 진행하는 공중그네 수업에 등록했다.[2] 대기명단에 있다는 말을 듣고 구경만 할 생각으로 센터를 찾아갔다. 그런데 수업 시간이 되자 공중그네 위치가 생각보다 훨씬 높은 것을 본 한 학생이 갑자기 중요한 약속이 생각났다며 급히 도망쳤고, 그 바람에 느닷없이 내가 투입되었다. 어리둥절한 표정으로 정신을 못 차리는 사이에 나를 붙잡아 줄 서커스단원 앨런이 다가와 자신을 소개했다. 그 즉시 나는 그의 팔다리가 얼마나 강하고 긴지 그리고 혹시 손에 땀이 많아서 미끄럽지는 않은지를 재빨리 살폈다.

그리고 문득 플라잉 로들라이의 리더가 헨리 나우웬에게 '나는 사람'과 '붙잡는 사람' 사이의 관계에 관해서 해 준 말이 떠올랐다. 나는 사람이 화려한 공중제비를 하기 때문에 대부분의 사람들은 나는 사람만을 바라보며 박수를 보낸다. 하지만 진짜 영웅은 붙잡는 사람이다.

로들라이가 말했다. "사람들이 잘 모르는 비밀은, 나는 사람은 아무것도 하지 않고 붙잡는 사람이 모든 것을 한다는 겁니다. 내가 조에게 날아갈 때 내가 하는 거라고는 팔을 쫙 뻗고 그가 나를 잡아 반대쪽에 안전하게 내려 줄 때까지 가만히 기다리는 겁니다." 내가 놀라서 물었다. "아무것도 하지 않는다고요?" 로들라이의 대답은 똑같았다. "네, 아무것도 하지 않습니다. …… 나는 사람은 날아야 하고 붙잡는 사람은 잡아야 합니다. 나는 사람은 팔을 쫙 펴고서 잡는 사람이 무조건 잡아 줄 줄 믿어야 합니다."

로들라이가 확신에 찬 음성으로 말하자 순간 예수님의 말씀이 떠올랐다. "아버지, 제 영혼을 아버지 손에 부탁하나이다." 죽어 가는 사람은 붙잡는 분을 믿어야 한다. 그리고 죽어 가는 사람을 돌보는 사람은 이렇게 말해야 한다. "두려워하지 마세요. 당신이 하나님의 사랑하는 자녀라는 사실을 기억하세요. 당신이 긴 점프를 할 때 하나님이 그곳에 계실 것입니다. 그분을 잡으려고 하지 마세요. 그분이 붙잡아 주실 것입니다. 그냥 팔을 쭉 뻗고 믿기만 하세요. 믿기만."[3]

조용하고 안전한 내 서재에서 나우웬의 글을 읽을 때는 그 장면이 너무 아름다워서 직접 경험해 보고 싶었다. 하지만 막상 서커스 센터에서 사다리에 올라 높은 단 위에 서고 보니 한 발도 뗄 수 없었다. 곡예사들의 지시를 따르기 싫어졌다. 허공 쪽으로 몸을 기울여 점프하기 싫어졌다. 팔을 뻗기 싫어졌다. 봉을 놓기 싫어졌다. 하지만 겨우 용기를 끌어모아 곡예사들이 시키는 대로 했다. 그러자 어디선가 강한 두 팔이 나타나 쫙 뻗은 내 팔을 붙잡았다. 그렇게 나는 붙잡혔다. 그리고 둘이 하나가 되었다.

결혼식은 약속의 의미를 인간 세상의 그 어떤 것보다도 잘 보여 준다. 결혼식을 결혼식으로 만드는 것은 케이크도 아니요 드레스도 아니며 꽃도 아니요 음악도 아니다. 그것은 바로 '약속'이다. 시시각각 돌변하는 불안정한 세상에서 한 남자와 한 여자가 지금부터 서로에게만큼은 확실한 버팀목이 되어 주기로 엄숙히 선서한다. 비가 오나 눈이 오나 돈이 있으나 없으나 아플 때나 건강할 때나 상대방이 젊고 풋풋한 향기를 풍기나 늙고 이도 머리도 빠지고 주름이 가득하나 상관없이 검은 머리가 파뿌리가 될 때까지 그 서약은 유효하다. 결혼 서약은 그야말로 신성한 서약이다.

결혼식에 증인이 되어 줄 하객들이 필요한 것은 그렇게 해야 약속에 대한 책임감이 한층 강해지기 때문이다. 신랑과 신부가 하객들을 부르는 데는 그들에게 서로에 대한 약속을 공표하고 약속대로 사는지 계속해서 지켜봐 달라는 뜻도 있다. 이것이 결혼식에서 흔히 이렇게 묻는 이유다. "이 남자가 이 여자와 결혼해서는 안 되는 이유가 하나라도 있다면 지금 이 자리에서 말씀하시고, 아니라면 영원히 침묵하시기 바랍니다."

친밀함과 약속과 열정의 균형 잡기

앤디 스탠리 목사는 고등학생들에게 결혼(약속의 궁극적인 표현)을 위해 순결(친밀함의 궁극적인 육체적 표현)을 지켜야 할 필요성을 가르칠 때 있었던 일을 소개했다. 그 세미나에 참여한 한 30대 여성이 나중에 그를 찾아와 물었다. "결혼할 때까지 순결을 지키라는 말씀은 10대들에게 해당되는 말씀이죠?" 그 여성은 이혼하고 나서 새로운 남자를 만나는 중이라 나름 매우 진지했다. 그녀는 최근에 교회에 다니기 시작했는데 그때까지 그런 개념을 들어 본 적이 없었다.

앤디 스탠리는 잠시 생각하다가 질문으로 답을 대신했다. "결혼하지 않은 상대와의 육체적 관계로 자매님의 삶이 더 좋아졌습니까, 아니면 더 복잡해졌습니까?"[4]

순간 여성은 눈앞이 휜해지는 경험을 했다. 헌신의 약속 없이 친밀함만 있는 관계는 서로 상처를 받을 가능성이 너무 크다. 반대로, 부부 관계는 이어 오고 있지만 사랑의 열정은 진작 꺼진 경우도 있다. 약속은 지키고 있지만 친밀함은 없는 경우다. 이런 텅 빈 관계도 상처를 낳을 수밖에 없다.

심리학자 로버트 스턴버그는 결혼이 사랑의 삼각형 위에 세워져야 한다고 주장했다. 친밀함(그가 말하는 친밀함은 서로 가깝게 연결되고 결속된 느낌을 의미한다)과 열정(로맨스와 육체적 끌림), 약속(그 사랑을 끝까지 지키겠다는 결심)이 세 꼭짓점이다.[5] 이 세 요소가 균형이 잡혀 있어야 한다. 친밀함이 약속을 앞지르면 상처받게 될 것이다. 약속이 친밀함보다 크면 실망할 수밖에 없다. 약속과 열정, 친밀함이 사이좋게 어우러질 때 관계는 꽃을 피운다.

약속하기를 부담스러워 하는 시대

누구나 친밀함을 원하고, 또 친밀함에는 약속이 필요하다는 사실을 안다. 그런데 문제는 약속에 가격표가 붙어 있다는 것이다. 요즘 부모와 성인이 된 자녀들 사이에서 이런 대화가 심심치 않게 오간다.

"오늘 저녁에는 외식할까?"

"음, 생각 좀 해 보고요."

이 말의 표면 아래에는 저울질하는 생각이 숨어 있다. '더 좋은 건수가 생길지 몰라. 지금 약속해 버리면 더 좋은 기회를 놓칠 수도 있어.'

약속은 다른 선택 사항들을 포기하는 것을 의미하므로 상당히 부담스러울 수 있다. 특히, 약속은 미래에 대한 약속인데 미래에는 상황이 변할 수 있다. 그래서 약속은 언제나 망설여지기 마련이다. '결혼을 약속했다가 내 마음이 떠나면 어쩌지?' '결혼을 약속했다가 상대방이 변심하면 어쩌지?' '친구가 되기로 약속했다가 나중에 우리가 심하게 싸우거나 이 사람을 더 이상 보기 싫어지면 어쩌지?' '하나님을 따르기로 약속했다가 내일은 마음이 바뀌면 어쩌지? 아니, 하나님의 존재조차 의심스러워지면 어쩌지?'

루이스 스미디즈는 우리가 다른 사람에게 헌신을 약속할 때 우리의 '자유'와 '개인성', '통제권'을 포기하는 것이라고 말했다.[6] 누군가에게 헌신하기로 약속하면 이제 내 시간과 마음은 나만의 것이 아니다. 약속은 당신 주변에 보이지 않는 울타리를 만들고, 당신은 약속으로 생긴 울타리가 당신의 자유를 제한하는 것을 기꺼이 받아들여야 한다. 약속을 하면 나는 더 이상 내가 아니라 '우리'의 일부가 된다.

약속이라면 질색하는 사람들은 다른 것을 놓칠까 봐 두려워한다. '약속을 하지 않으면 계속해서 내 멋대로 살 수 있잖아. 아무나 만나고 싶은 사람을 만나고 아무 음식이나 먹고 싶은 대로 먹을 수 있어. 뭐든 맘대로 사고 맘대로 할 수 있지.' 이런 생각대로라면 약속을 피하는 것이 자유로 가는 길이다.

하지만 약속을 하고 지키는 사람은 약속을 피하는 사람이 평생 알 수 없는 종류의 자유를 경험할 수 있다. G. K. 체스터턴은 "성급한 맹세에 대한 변호"라는 탁월한 글에서 약속을 하고 지키면 어떤 의미에서 시간의 제약을 넘어 영원한 정체성을 이루게 된다고 설명했다. "맹세를 하는 것은 꽤 먼 시간이나 장소에 있는 자신과 약속을 하는 것이다."[7]

약속은 자신을 그 미래의 시간에 구속시키는 행위다. 이제 나는 마음대로 다른 여인을 사랑할 수 없다. 내 마음대로 다른 신을 따를 수 없다. 하지만 그렇게 '자유를 반납하면' 오히려 더 깊은 자유가 찾아오고, 약속을 두려워하는 세상에서 마음껏 약속하는 사람으로 살아갈 수 있다.

체스터턴은 약속을 피하려는 세상의 흐름을 "겁쟁이들의 통치"라고 불렀다.[8] '약속하고 믿을 용기'는 겁쟁이들은 상상도 할 수 없는 친밀함을 가능하게 한다. 과정은 이렇다. 우리가 약속을 하고 상대방이 믿음으로 그 약속을 받는다. 우리가 그 약속을 지킴으로써 상대방에게 믿음을 증명하고, 나아가 친밀함이 깊어진다.

내 아내가 바람을 피우지 않을지 내가 어떻게 알까? 아내가 그러기로 약속했기 때문이다. 그리고 나는 그 약속을 믿는다. 물론 몰래카메라를 설치해서 아내의 일거수일투족을 24시간 내내 감시할 수 있을지도 모르겠다. 하지만 설령 아내가 그것을 허락해도 나는 그렇게 할 생각이 없다. 나는 그냥 아내를 믿을 것이다. 약속과 신뢰가 만나면 매사에 눈으로 확인해서 알려는 태도로는 불가능한 수준의 친밀함이 가능해진다.

내면 깊은 곳에서 우리가 약속하기를 원하는 것은, 약속을 하고 지키시는 하나님의 형상을 따라 창조되었기 때문이다. 하나님의 모든 피조물 중에서 오직 인간만이 약속을 할 수 있다. 오직 인간만이 약속을 하고 지킬 수 있다. 오직 인간만이 "다음 주 화요일에 만나." "너와 함께 그 팀에서 섬길게." "비밀을 꼭 지킬게." "네 친구가 되어 줄게." "너를 위해 기도할게." "내가 네 뒤를 받쳐 줄게." "정말이야." "믿어도 좋아"라고 말할 수 있다.

우리를 향한 하나님의 약속

고대 사회에서는 두 당사자가 공식적인 관계를 맺고 싶을 때 '언약'이라는 합의 과정을 거쳤다. 언약은 곧 약속이다. 내가 이것을 할 테니 너는 저것을 하라는 뜻이다. 서로를 믿을 수 있다는 뜻이요, 서로에게 구속되는 것이다.

약속의 상징으로 두 당사자는 양이나 염소 등 짐승을 죽여 반으로 쪼개 절반은 이쪽 바닥에, 다른 절반은 저쪽 바닥에 놓았다. 이처럼 언약 체결의 현장에는 온갖 생명의 죽음의 광경과 피 냄새가 진동했다. 두 당사자는 희생제물의 반쪽들 사이를 지나가면서 무시무시한 맹세를 함으로써 약속을 반드시 지키겠다는 뜻을 표현했다. "이 약속을 지키지 않으면 이 짐승처럼 될 것이다." 구약에서 언약을 맺는다는 뜻으로 사용한 히브리어 표현은 '쪼개다'라는 뜻이다. 표현 자체가 이 소름끼치는 관행을 정확히 묘사하는 셈이다.

하나님은 인류에게 약속을 하고 '지키는' 것이 얼마나 중요한지를 가르치기 위해 이 무시무시한 관습을 선택하셨다. 이 관습은 창세기 15장에서 처음 나타난다. 당시 하나님은 아브람과 언약을 맺으셨고(이때는 아직 '아브라함'이 아니었다-편집자), 아브람은 하나님의 약속을 믿어도 좋은지 알고 싶었다. 이 으스스한 장면에서 아브람이 짐승들을 쪼개 조각들을 땅바닥에 놓은 뒤 "해 질 때에 아브람에게 깊은 잠이 임하고 큰 흑암과 두려움이 그에게 임했다"(창 15:12 참조).

하지만 이상한 부분은 따로 있다. 이어서 하나님을 상징하는 연기 나는 화로가 죽은 짐승들의 조각들 사이로 지나가면서 '혼자' 언약을 진행했다(보통은 두 당사자가 함께 이 의식을 치렀다). 이로써 하나님은 무슨 일이 있어도, 심지어 인류가 일방적으로 언약을 어겨도 깨어진 언약의 저주를 홀로 감당하겠노라 말씀하신 것이다. 그리고 실제로 인류가 깨뜨린 언약을 구속하기 위해 훗날 그리스도가 십자가에 달리심으로 이 약속을 성취하셨다.

하나님을 향한 우리의 약속

열왕기상 19장에 등장하는 엘리사 이야기에 아름다운 약속의 장면이 나온다. 하루는 엘리야라는 노(老)선지자가 다른 사람에게 자리를 물려주고 은퇴하기로 결심했다.

> 엘리야가 거기서 떠나 사밧의 아들 엘리사를 만나니 그가 열두 겨릿소를 앞세우고 밭을 가는데 자기는 열두째 겨릿소와 함께 있더라 엘리야가 그리로 건너가서 겉옷을 그의 위에 던졌더니 그가 소를 버리고 엘리야에게로 달려가서 이르되 청하건대 나

를 내 부모와 입맞추게 하소서 그리한 후에 내가 당신을 따르리이다 엘리야가 그에게 이르되 돌아가라 내가 네게 어떻게 행하였느냐 하니라(왕상 19:19-20).

매우 극적인 순간이다. 나이 많은 선지자 엘리야가 농부들이 가득한 밭 한가운데 서서 열한 쌍의 소가 지나가는 광경을 지켜본다. 그러다 갑자기 자신의 겉옷을 벗어서는 열두째 소를 몰고오는 농부 엘리사에게 그 옷을 던진다. 겉옷은 엘리야의 지위와 소명을 상징했다. 따라서 그 옷을 엘리사에게 던졌다는 것은 "자, 하나님이 너의 일자리를 새로 마련하셨다. 어서 이 모든 것을 다 내려놓고 모험을 시작해 보자"라는 뜻이었다.

엘리사는 열두 쌍이나 되는 소들을 거느리고 있었다. 그 정도면 평생 떵떵거리며 살 수 있었고 마음만 먹으면 마을의 어떤 처자와도 결혼할 수 있었다. 그런데 엘리야는 그 모든 재물을 버리고 고생길이 훤히 보이는 선지자의 삶을 권한다. '곧 있으면 훨씬 더 좋은 기회가 줄을 이을 텐데 나보고 뭘 하라고?'

엘리사는 계약서에 서명을 하기 전에 부탁을 한다. "가서 부모님께 작별 인사를 하고 오게 해 주십시오. 다녀와서 선생님을 따르겠습니다."

이에 엘리야는 엘리사에게 결심할 시간을 준다. "부담 주지 않을 테니 알아서 결정하게."

끝까지 가는 헌신의 약속은 언제나 자발적으로 이루어져야 한다. 일말의 부담이나 강요, 감정적 호소도 없어야 한다. 약속은 언제나 진심에서 우러나와야 한다. 그렇지 않으면 조금만 힘들어도 쉽게 깨지고, 힘든 상황은 반드시 찾아오기 마련이다.

엘리사는 집에 가서 마음을 다잡기 위한 마지막 일을 처리했다. 자신이 몰던 두 소를 잡고 쟁기로 쓰던 나무를 땔감으로 해서 고기를 삶아 직접 송별연을 열었다. 그러고 나서 "일어나 엘리야를 따르며 수종 들었다"(왕상 19:21 참조).

엘리사는 쟁기를 불태웠다. 소도 죽였다. 한마디로, 자신의 전부를 걸었다. 자신이 개인적으로나 영적으로나 무엇을 걸었는지를 '육체적으로' 표현했다. 약속을 끝까지 지키고 싶다면 좋은 방법 하나는 남들에게 공표하는 것이다. 일가친척을 모아 놓고 치르는 결혼식처럼 말이다. 엘리사는 온 동네 사람을 모아 놓고 실로 요란하게 출정식을 치렀다.

나중에 엘리야가 자신만 남겨 놓고 하늘로 올라갔을 때 필시 엘리사는 마음이 약해졌을 것이다. 하지만 그는 이를 악물고 "돌아갈 수 없어. 이미 쟁기를 태워 버렸어"라고 말했을 것이다. 동네 꼬마 녀석들이 놀렸다고 섣불리 곰을 불러 학살극을 벌였을 때 그는 자신의 소명에 회의를 느꼈을 것이다. '나 같은 놈은 하나님의 사람이 될 수 없어. 싹수가 노래.' 하지만 이미 쟁기를 태워 버렸기 때문에 돌아갈 수는 없었다.

왕이 그를 죽이려고 했을 때, 이스라엘의 적들이 그를 에워쌌을 때, 극심한 가뭄에 그는 물론이고 온 백성이 굶어 죽게 생겼을 때, 동포들에게 철저히 외면당하고 비참한 눈물을 흘릴 때 다른 건 몰라도 돌아갈 수는 없었다. 쟁기를 이미 태워 버렸기 때문이다. 옛 삶과의 인연은 이미 끊어 버렸기 때문이다. 쟁기를 태워 버린 헌신의 약속이다.

1519년 에르난 코르테스는 열한 척의 배와 5백 명의 군사, 백 명의 뱃사람을 이끌고 신세계를 탐험하기 위해 멕시코에 상륙했다. 미지의 땅 해변에 처음 발을 내딛었을 때 그들은 극심한 불확실성과 두려움에 휩싸여 있었다. 급기야 이전 기착지였던 쿠바로 돌아가자고 몇몇 사람들이 아우성치자 코르테스는 역사에 길이 남을 명령을 내렸다. "모든 배를 태워 버려라!" 다시 말해 "돌아갈 생각일랑 꿈에도 하지 마라. 성공 아니면 시도하다가 죽는 것뿐이다. 번영하거나 궤멸하거나 둘 중 하나다. 도망은 없다. 우리는 이미 결단했다. 배를 태워 버려라."[9]

이 이야기는 경영 컨설턴트들과 동기부여 강사들이 아주 좋아하는 이야기다. 이처럼 약속을 끝까지 지켜 낸 사람에 관한 이야기가 우리에게 영감을 주기는 하지만, 우리는 아무 약속이나 추구하도록 부름을 받지 않았다. 엉뚱한 것을 추구하면 막대한 피해를 입힐 수 있다. 그런가 하면 좋은 것이라 해도 그것에 대한 열망이 지나쳐서 정말로 좋은 것을 놓치면 주객이 전도된 꼴이다. 축구 선수가 우승에만 집착해서 가정을 소홀히 하면 바람직하지 않다. 사업가가 성공에만 눈이 멀어 가정을 소홀히 하면 그에게 사업은 곧 우상이 된다.

하지만 하나님이 주신 고귀한 소명에는 헌신하기로 다짐하고 약속해야 마땅하다. "절대 뒤를 돌아보지 않겠다!"라고 결단해야 한다. 쟁기를 태워 버려야 한다. 그럴 때 비로소 우리 삶에 하나님의 능력이 나타난다. 우리 부부는 결혼할 때 돈과 성, 갈등, 시댁과 처가와의 관계, 자녀 양육, 목표, 가사 분담, 결혼생활에 대한 기대 등에 관한 결혼예비학교에 한 번밖에 참석하지 못했다. 지금 생각하면 더 많이 찾아다닐 걸 하는 아쉬움이 있다. 어쨌든 당시 강사는 우리에게 이런 질문을 던졌다. "서로에 대한 사랑의 감정이 식으면 어떻게 하시겠습니까?"

그때 아내는 주저 없이 대답했다.

"그래도 헌신의 약속을 지키겠습니다."

당시 나는 그 대답이 영 마음에 들지 않았다. 나처럼 특별하고 매력적이고 훌륭한 남자에 대한 사랑의 감정이 어떻게 사라질 수 있단 말인가. 그런 건 평범한 남자에게나 가능하지 나처럼 대단한 남자에게는 있을 수 없는 일이었다. 오히려 나를 향한 열정은 날마다 더 불타올라야 마땅했다. 아내가 단지 약속 때문에 내 곁을 지킨다는 건 말도 되지 않아 보였다. 나는 입술을 삐쭉 내미는 것으로 마음을 슬쩍 표현했다.

하지만 결과적으로, 아내가 지금까지 나를 사랑하는 비결은 바로 약속을 지키겠다는 굳은 결심이다. 그렇다고 해서 거창한 결심이 필요한 건 아니다. "이 결혼에 이 한 몸을 불살라 순교자가 되리라." 우월감도 옳지 않다. "저 엉망인 인간을 계속해서 참아 주니

내가 얼마나 훌륭한 인간인가!"

하나님의 도우심으로 매일같이 작은 결심을 다시 할 때 가정이 바로 선다. "경청하리라. 내어 주리라. 싸워도 정직하게 싸우리라. 내가 대신 하리라. 음란 사이트를 방문하지 않으리라. 아내가 아닌 다른 여인에게 눈길을 주지 않으리라. 술이나 휴대폰을 도피처로 삼지 않으리라. 나는 비가 오나 눈이 오나 검은 머리가 파뿌리가 될 때까지 이 여인을 사랑하기로 약속했다. 이미 쟁기를 태워 버렸다. 내 전부를 걸었다."

배우자를 향한 약속

심리학자 아론 벡은 부부관계에서 발생하는 문제들을 두 범주로 나누었다. 하나는 "큰 출구"이고, 다른 하나는 "작은 출구"다. 큰 출구는 이혼이나 배신, 버림, 불륜 같은 극적인 상황이다. 부부는 결혼할 때 결코 큰 출구로는 가지 않겠노라 약속한다. 하지만 실은 아론 벡이 말하는 작은 출구에서 더 미묘한 문제들이 발생할 수 있다. 작은 출구에는 갈등 회피, 텔레비전 앞으로의 탈출, 친구들과의 잦은 모임, 잦은 야근 등이 있다. 쇼핑, 알코올 의존, 진정한 대화 없이 몸만 같이 있는 삶, 오랜 무관심과 냉담도 작은 출구들이다.

큰 출구가 나타나기 전에 헌신의 기초를 갉아먹는 수많은 작은 출구가 나타나기 마련이다. 아직 큰 출구까지 가지 않았다고 해서 반드시 약속을 지키고 있다고 말할 수는 없다. 한 지붕 아래에서도 얼마든지 따로 사는 것이 가능하니까 말이다. 결혼이란 단순히 이혼을 피하겠다는 약속이 아니다. 그것은 두 사람이 하나가 되기까지 친밀함을 추구하겠다는 약속이다. 그러기 위해서는 크든 작든 상관없이 그 어떤 출구도 허용하지 않으려고 노력해야 한다.[10]

가족을 향한 약속

가족들은 피가 아닌 약속으로 하나가 된다. 남편과 아내가 서로에게 한 약속을 지킬 때 자녀는 그 모습을 그대로 보고 배운다. 한 학자는 가족을 "서로의 행복에 비이성적으로 헌신하는 사람들의 집단"으로 정의한다.[11] 그렇게 따지면 회사가 '하나의 커다란 가족'이라는 건 얼토당토않은 말이다.

당신이 다니는 회사가 정말로 당신의 가족인지 간단하게 확인할 방법이 있다. 해고통지서가 날아올 때까지 출근을 하지 않다가 그때 사장을 찾아가서 이렇게 따져 보라. "어떻게 저를 해고할 수 있나요? 우리는 가족이잖아요." 그러면 사장은 이렇게 말할 것이다. "물론 예전에는 가족이었지. 하지만 지금은 해고되었으니까 아니야."

진짜 가족은 서로를 해고할 수 없다. 부모로서 나는 끊을 수 없는 끈으로 우리 아이들과 연결되어 있다. 우리 아이들이 아무리 몹쓸 짓을 저지르고 부모의 가르침을 거역하고 하나님을 부인해서 내 마음을 아프게 해도 우리는 끊을 수 없는 끈으로 묶여 있다. 어떤 경우에도 아버지로서 나의 사랑은 사라지지 않는다.

내가 가족에게 진정으로 헌신하지 않았다는 것을 느낄 때가 있었다. 나는 헌신적인 남편이자 아버지의 외양과 자존감만을 추구할 뿐 여전히 쟁기를 태워 버리지 않은 모습을 보이곤 했다. 아내와 결혼할 때 뭐든 반반씩, 아니 내가 더 수고하는 종이 되겠노라 약속했다. 그런데 몇 년 뒤 아이들이 생기고 나서부터 서서히 말과 행동이 일치하지 않기 시작했다.

"설거지와 빨래, 옷 정리, 방 청소, 애들 목욕, 밥 차리기까지 뭐든 백 퍼센트 똑같이 하겠다고 약속했잖아요." 아내가 따질 때면 나는 당장 팔을 걷어붙이면서도 속으로는 딴생각을 했다. '물론 그랬지. 하지만 퍼센트는 잘못 알았군.'

약속을 진정으로 지키는 것과 어쩔 수 없을 때만 지키는 것은 엄연히 다르다. 오래전 윌리엄 로는 이렇게 말했다. "[예수님의 제자는] 어떻게 해야 욕먹지 않을지를 묻지 않고 어떻게 해야 칭찬받을지를 묻는다."[12] 나는 면접 자리에서 "여기서 해고되지 않으려면 어느 정도까지만 하면 됩니까?"라고 묻는 응시자를 한 번도 본 적이 없다. 그리고 나도 가족에게 그런 남편, 그런 아버지가 되고 싶지 않다. 약속과 헌신 속에서 우리는 정체성을 찾는다. 나는 내 아내와 세 자녀, 아버지와 어머니, 형제자매에게 헌신하기로 약속한 사람이다.

친구를 향한 약속

12세기 리보의 엘레드라는 수사는 우정의 힘에 깊이 매료되어 "하나님은 우정이시다"라는 말까지 했다. 또한 그는 키케로의 말을 인용해 이렇게 말했다. "삶에서 우정을 배제하는 자들은 우주에서 태양을 제거하는 것과도 같다. 그보다 더 좋고 기쁜 하나님의 복은 없기에."[13]

널리 알려진 우정인 요나단과 다윗의 관계는 약속 위에 세워졌다. "요나단이 다윗의 집과 언약하기를 …… 다윗에 대한 요나단의 사랑이 그를 다시 맹세하게 하였으니 이는 자기 생명을 사랑함같이 그를 사랑함이었더라"(삼상 20:16-17).

친구끼리는 결혼식처럼 공식적으로 약속을 하는 경우는 거의 없다. 하지만 시인 사무엘 테일러 콜리지가 말한 우정의 "그늘나무"[14] 아래 땅을 파 보면 약속의 뿌리가 나타난다. 주변에 친구가 가득한 사람들은 대개 헌신의 약속을 끝까지 지키는 사람들이다. 그들은 평생 우정을 이어 가는 일이 가능하고 또한 바람직하다고 믿는다. 힘들 때 모두가 떠나가도 그들은 끝까지 동무의 곁을 지켜 준다. "어떤 친구는 형제보다 친밀하니라"(잠 18:24).

내가 나를 믿지 못할 때도 변함없이 나를 믿어 주는 사람, 나도 보지 못하는 나를 발견해 주는 사람, 나와 함께하는 시간을 즐기고, 내 승리에 함께 기뻐하며, 내 생일을 축하해 주는 사람, 끝까지 우정을 지키겠노라 약속하는 사람. 바로 이런 사람이 친구다. 직장 동료들은 상황이 좋을 때만 우리 곁을 맴돌다가 상황이 급박해지면 순식간에 흩어지지만 친구는 위급한 때를 위해 있는 존재다(잠 17:17 참조).

나아가 진정한 친구는 우리가 최상의 모습으로 성장하도록 돕는다. 그래서 아리스토텔레스는 우정을 두고 "덕의 훈련"이라고 말했다.[15] 친구들은 약속을 지킬 줄 아는 사람이 되기 위해 함께 노력하는 사람들이다. 엘레드는 상대방과의 깊은 우정 속으로 들어가기 전에 그의 덕과 인격을 철저히 검증하라고 조언했다.[16] 정치학자 한나 아렌트는 우리를 제한할까 걱정하는 그 약속들이 결국 우리를 정의한다고 말했다. "약속들에 얽매이지 않고서는 자신의 정체성을 유지할 수 없다. 각자 외로운 마음의 어둠 속에서 무기력하고도 방향 없이 헤맬 수밖에 없다."[17]

약속을 어겼다면?

한번은 에니어그램 성격 검사에서 내게 남들을 속이는 성향이 있다는 점이 발견되었다. 그때부터 나는 목에 칼이 들어와도 진실만을 말하기로 스스로에게 약속했다. 틈만 나면 "내가 정직하게 살고 있는가" 묻기로 결심했다.

정직하기로 결심한 첫날, 자동차를 타고 장거리를 이동할 일이 생겼다. 아내와 우리 딸 중 한 명은 차 안에서 지쳐 잠이 들었다. 한편, 나는 설교를 외우기 위해 원고를 무릎에 놓고 수시로 쳐다보았다. 물론 최대한 전방을 주시했지만 이따금씩 재빨리 고개를 숙여 원고를 훑어보았다. 그리고 한 페이지를 다 읽을 때마다 전광석화처럼 페이지를 넘겼다. 한참 그러고 있는데 갑자기 딸이 소리를 쳤다. "아빠, 뭐하시는 거예요? 또 운전하면서 뭘 읽고 계신 거죠?" 알고 보니 딸은 얼마 전부터 깨어 있었다.

"아니야." 나는 재빨리 발뺌을 했다.

"아니긴요. 그러면 왜 첫 페이지가 맨 아래에 있어요?"

이것이 나의 현주소다. 1월 1일에 정직을 약속해 놓고 하루가 가기도 전에 벌써 거짓말을 시작했다. 그렇다면 어떻게 해야 할까? 간단하다. 1월 1일에 약속을 어겼으면 1월 2일부터 다시 시작하면 된다. 10시 정각에 맹세를 어겼으면 10시 1분에 다시 시작하면 된다. 어떻게 그럴 수 있을까? 은혜 덕분이다. 하나님이 약속을 지키시는 분이기 때문이다. 그분이 아들을 십자가에서 죽게 만들면서까지 약속을 지키시는 분이기 때문이다. 우리는 늘 넘어지지만 그분으로 인해 언제나 다시 시작할 수 있다.

눈 앞 에 있 는 옳 은 일 을 시 작 하 라

기독교 강연자나 작가들은 헌신의 결단을 내리라고 감정에 호소하며 촉구하곤 한다. "예수 그리스도께 백 퍼센트 헌신하시겠습니까? 무슨 일이 있어도 무조건 그분을 따르겠습니까?" 이러다 보면 헌신은 곧 경쟁적인 스포츠가 되어 버린다. 덜 헌신적인 사람들에게 나를 비교하기 시작한다. 1분 전에 죄를 지었고 1분 뒤에도 죄를 지을 게 빤하면서도 나의 헌신을 자랑하는 찬양을 부르면서 내가 세상 누구보다도 하나님께 헌신한 신앙인이라는 착각에 빠져든다.

알코올의존증에 시달리는 사람들이 재활 센터에 들어가면 스스로에게 금주를 약속하고 나서 뭔가 대단한 일을 하는 건 아니다. 하지만 작은 실천 하나하나가 온전한 정신과 삶으로 이어진다. 헌신의 삶이 그와 같다.

한번은 어떤 사람이 달라스 윌라드에게 이렇게 물었다. "영적으로 성장하려면 어디서부터 시작해야 합니까? 성경을 읽어야 할까요? 기도를 더 많이 해야 할까요? 교회에 갈까요?" 그런데 윌라드의 대답은 전혀 뜻밖이었다. "지금 눈앞에 있는 옳은 일을 하세요. 그걸 하다 보면 교회에 가게 될 수도 있답니다. 도움이 필요해질 테니까요. 자기 눈앞에 있는 옳은 일을 하는 것만큼 우리를 하나님 나라로 빨리 이끌어 주는 것도 없답니다. …… 도움이 필요해질 테니까요. 그리고 하나님이 그 상황에 계시기 때문에 당신은 필요한 도움을 받을 수 있을 겁니다."[18]

오늘부터 눈앞에 있는 옳은 일들을 시작하라.

- 기쁘게 부지런히 일하라.
- 바로 옆에 있는 사람을 격려하라.
- 누군가의 하루를 밝게 해 주기 위해 이메일에 재미있는 문구를 끼워 넣으라.

○ 다른 사람들의 표정을 유심히 살피며 그들의 마음을 읽으려고 노력하라.

○ 사과하라.

○ 넉넉히 일찍 출발하지 않아서 모임에 늦었을 때, 차가 막혔다는 핑계를 대지 말라.

○ 도로에서 다른 차들이 끼어들 때 양보하라.

○ 까다로운 사람들을 참아 주라.

○ 자녀에게 화를 내지 말라.

때로는 눈앞에 있는 옳은 일을 하는 일이 불가능해 보일 때도 있다. 심지어 전혀 그렇지 않은데도 그렇게 보일 수 있다. 한번은 달라스 윌라드가 '눈앞에 있는 옳은 일'에 관한 강연을 마치고 나서 한 남자가 찾아와 그에게 하소연을 했다. "반항심이 심한 아들이 하나 있습니다. 그 애만 보면 도무지 화를 내지 않고는 배길 수가 없네요." 그러자 윌라드는 집에 가자마자 아내를 불러 아들에게 화를 낼 때마다 아내가 가장 좋아하는 자선단체에 5천 달러씩 기부하겠다는 약속을 하라고 조언했다.[19]

'눈앞에 있는 옳은 일'이 현재 우리에게 없는 힘을 필요로 할 때도 많다. 예를 들어, 알코올의존증 환자가 아무리 술을 입에 대지 않으려고 해도 의지만으로는 결심을 이루기 힘들다. 성공하려면 자신보다 더 강하신 분께 힘을 공급받는 새로운 삶으로 나아가야만 한다. '눈앞에 있는 옳은 일'을 함으로써 얻는 가장 큰 유익은 우리 힘으로는 그것을 할 수 '없다는' 점을 깨닫게 해 준다는 것이다. 그럴 때 우리는 하나님을 찾게 되며, 반드시 그분을 만나게 된다. 하지만 그보다 먼저 우리 '마음'을 분명히 알아야 한다.

시카고에 살 때 몸짱이 되어 보겠다는 주제 넘는 포부를 가졌던 적이 있다. 그렇게 열정으로 불타오르던 차에 전문 트레이너이자 보디빌더인 더그를 만나 함께 운동을 시작했다. 그런데 그를 볼수록 나 자신이 자꾸만 작아지고 열등감마저 느껴졌다. 아내는 "당신과 더그가 함께 운동하는 걸 보러 가도 돼요?"라고 묻곤 했는데, 나는 그때마다 진땀을 흘리며 핑계를 댔다. "오늘은 내가 시간이 없어서. 더그를 보러 가려면 다녀와요."

"그럼 됐어요."

한번은 더그에게 "나도 더그와 같은 몸을 가지면 좋겠어요"라고 말했다. 그러자 그가 정색을 하며 물었다. "온몸을 던지실 수 있겠어요?"

"무슨 뜻이죠?"

"설렁설렁 해서는 어림도 없어요. 저는 팔이 떨어져 나갈 때까지 역기를 들어요. 너무 심하게 운동해서 어쩔 때는 쓰러질 것처럼 어지럽기도 해요. 어떤 날은 아침에 삭신이 너무 쑤셔서 몸을 구부려 신발 끈을 맬 수도 없어요. 매일 칼로리를 챙기는 것도 고역이죠. 한밤중에 억지로 일어나서 단백질을 먹어야 해요. 그때가 몸에 가장 잘 흡수되거든요. 무엇보다도 고통을 참을 용기가 필요해요. 그냥 고통이 아니라 몸이 부서질 것 같은 극심한 고통 말이에요.

자, 이래도 모든 걸 거시겠어요?"

가만히 생각해 보니 나는 온몸을 던질 생각까지는 없었다. 그저 한쪽 발만 담그고 싶을 뿐이었다. 보디빌더와 같은 몸까지는 바라지 않았다. 운동 외에도 나의 삶이 있었다. 나는 제자보다는 팬에 가까웠다.

자, 이제 생각해 보자. 여기 우리의 친구 예수님이 계신다. 지금 그분은 끝까지 지킬 수 없는 돈이며 명예와 지위까지 삶 전체를 내놓을 제자들을 찾고 계신다. 절대 잃을 수 없는 영광스러운 나라의 변화된 인재들을 찾고 계신다. 그분을 우러러보는 팬이 되는 것도 그리 나쁘지는 않다. 하지만 예수님은 제자들을 찾고 계신다. 그리고 예수님은 우리가 잘할 때나 못할 때나 늘 곁에서 도와주겠노라 약속하셨다. 그분께 온전히 헌신하기로 스스로에게 약속하라.

성급한 맹세를 변호하는 G. K. 체스터턴의 글 말미에 영문학사에서 가장 빛나는 문장 하나가 등장한다. "우리는 뒷문과 퇴각로가 가득한 작은 죄들의 성에 둘러싸여 있다. 하지만 곧 항구에서 겁쟁이들의 통치가 끝났음을 알리는 불길이 하늘 높이 치솟고 자신의 배를 태우고 있는 한 남자가 보일 것이다."[20]

아내, 가족, 친구, 무엇보다도 예수님께 온몸을 던질 준비가 되었는가? 당신이 가진 쟁기를 태우라. 배를 태우라.

▲

CHAPTER 8

친밀함의 장벽들

제일 허물기 힘든 담은
'마음의 담'이다

그들은 기분 좋게 친밀함 속으로 들어가 거기서 영원히 나오지 않았다.
-F. 스콧 피츠제럴드, 《낙원의 이편》(*This Side of Paradise*, 펭귄클래식코리아 역간)

1991년에 뉴욕주 북부 뉴베를린이라는 작은 마을에 있는 체이스 메모리얼 요양원에서 있었던 일이다. 당시 그곳에는 80명의 노인 중중 장애인들이 살았는데, 상당수가 치매를 앓았다. 그 노인들은 가족에게서, 요양원 직원들에게서, 서로에게서, 그리고 세상으로부터 철저히 단절되어 있었다. 그곳에 새로 부임한 의사 빌 토머스는 그 노인들이 요양원의 삶을 대표하는 세 가지 역병을 앓으며 죽어

가고 있었다고 회상했다. 세 가지 역병은 바로 권태와 외로움, 무기력이었다.[1]

부임하자마자 요양원 환자들을 유심히 살피던 토머스는 그들에게 정말로 필요한 것이 '보호'가 아니라 생명과의 '연결'이라는 결론을 내렸다. 그는 요양원 원장을 비롯한 관리자들을 만나 방마다 푸르른 식물을 심자고 제안했다.

"좋습니다!"

모두가 흔쾌히 동의하자 토머스는 두 번째 제안을 했다.

"개는 어떨까요?"

그곳은 요양원인지라 나름의 안전 규정이 있었다.

"아, 어쩌면 될지도 모르겠네요."

"이왕이면 두 마리로 합시다."

"그건 규정 위반입니다."

"그냥 그렇게 합시다."

다들 고개를 갸웃거렸지만 토머스는 일이 일사천리로 진행되고 있는 것처럼 마구 밀고 나갔다. "고양이는 어떨까요?"

"개에다가 고양이까지요?" 모든 사람들이 입을 떡 벌렸다.

"개를 별로 좋아하지 않는 사람들도 있잖아요. 각 층에 고양이 두 마리씩, 어때요?"

"개 두 마리와 고양이 네 마리를 들이게 해 달라고 보건부에 건의하라고요?"

"그렇습니다." 토머스가 환하게 웃으며 말했다. "참, 생명의 소

리도 좀 필요할 것 같아요. 뭐가 가장 좋은지 아세요? 바로 새소리
랍니다."

"새는 또 몇 마리나 필요합니까?"

토머스가 잠시 생각에 잠기더니 이내 열정적으로 말했다.

"백 마리로 하죠."

"백 마리요? 이 좁은 곳에요?" 다들 황당한 표정을 지었다.

"제정신이 아니시군요. 개 두 마리와 고양이 네 마리에 새 백
마리가 지저귀는 집에서 살아 보신 적이 있나요?"

"아니요." 토머스가 빙그레 웃었다. "하지만 까짓것 한번 해 보
죠 뭐."

결국 토머스는 요양원 관리자들을 설득시켜 새를 주문했다. 그
러자 그날로 잉꼬 백 마리가 요양원에 도착했다. 그런데 새장이 아
직 도착하지 않아 배달부는 새들을 요양원 미용실에 풀어놓았다.

그 바람에 대혼란이 빚어졌다. 사방에서 깃털이 펄럭이고, 미
용실 창문으로 구경을 하겠다고 노인들이 우르르 몰려들었다. 토머
스 박사는 "그들이 배꼽을 잡고 웃었다"라고 회상했다. 그것은 일종
의 "영광스러운 혼돈"이었다. 그야말로 창세기의 시작과도 같았다.

아툴 가완디는 《어떻게 죽을 것인가》(*Being Mortal*, 부키 역간)에서
이 놀라운 이야기를 소개하면서 이렇게 말했다. "요양원 환자들이
엄청나게 변화했다. [토머스 박사는] 이렇게 말했다. '도저히 말할 수
있으리라 생각지 못했던 사람들이 말을 하기 시작했다. 걷지 못해
방에만 틀어박혀 있던 사람들이 간호실로 찾아와 개를 데리고 산

책을 하겠다고 청했다.'"[2]

요양원의 일상 속으로 새로운 생명의 기운이 유입되면서 죽음의 질주가 거북이걸음으로 변했다. 사망률이 15퍼센트나 떨어졌고, 전체 약물 비용이 비슷한 시설들에 비해 절반 이하로 떨어졌다.[3]

가완디는 사회학자들이 가족과 따로 사는 노인이 증가하는 형태를 묘사하는 표현 하나를 소개한다. "거리를 둬야 친밀해진다."[4] 또한 그는 예전에는 노인들이 워낙 존경을 받고 지위를 누렸기 때문에 사람들이 자신의 나이를 실제보다 높여 말하곤 했지만 지금은 정반대로 거짓말을 한다는 점을 지적했다.[5]

소문이 퍼지자 체이스 메모리얼 요양원으로 수많은 학자들이 몰려들었다. 와서들 보니 새로운 정책이 엄청난 효과를 발휘하는 게 분명히 보였다. 하지만 어떻게 그런 일이 일어났는지 학자들은 도무지 설명할 길을 찾을 수 없었다. 토머스 박사는 그 이유를 잘 알았다. 사람들은 저마다 살아갈 이유가 필요하다. 사람들은 '소속된' 느낌을 원한다. 우리에게는 자신보다 큰 뭔가에 참여하기를 원하는 내적 욕구가 있다. 생명에, 그리고 서로에게 연결될 때 우리는 번영하고, 단절될 때 죽는다.

토머스 박사는 이 실험을 "에덴 대안"(Eden Alternative)이라고 이름 붙였다.[6] 에덴동산으로 돌아가자. 인류가 돌보라는 명령을 받았던 영광스러운 혼란으로 돌아가자. "사람이 혼자 사는 것이 좋지 아니하니"(창 2:18)라는 말씀으로 돌아가자.

사실은, 하나님이 보이지 않는 게 전혀 아니라면? 하나님이 침묵하고 계신 게 전혀 아니라면? 모든 새의 지저귐과 모든 개가 짖는 소리, 모든 석양의 빛, 온 땅에 가득한 생명의 꿈틀거림, 시침이 돌아가는 소리 하나까지도 "만물을 사랑하고 돌보는 일을 나와 함께하지 않겠느냐?"라는 하나님의 초대라면?

에덴은 친밀한 삶의 전형이었다. 남자와 여자가 서늘한 때에 하나님과 함께 거니는 모습. 이 얼마나 친밀한 장면인가. 첫 남녀가 벌거벗었으나 부끄러워하지 않았다는 것은 서로를 향한 친밀한 사랑을 의미한다. 둘이 함께 동물들을 연구하고 이름을 지어 주었다는 것은 피조세계와의 친밀한 연합을 의미한다. 그들이 에덴동산을 돌보았다는 것에서 일하는 중에도 친밀함이 흘렀음을 알 수 있다.

그런데 안타깝게도 인류는 타락으로 에덴동산을 잃으면서 친밀함도 함께 잃어버렸다. 그 후로 그 완벽한 친밀함으로 가는 길은 쭉 차단돼 있었다. 밀턴이 말하는 "낙원의 푸르른 담"[7] 반대편에서 살아왔다. 우리 세상은 그야말로 담의 세상이다. 가장 먼저 만리장성이 생각난다. 수천 킬로미터 길이의 끝도 보이지 않는 담이 수세기에 걸쳐 40만 노동자의 피값으로 세워졌다. 그 안에 수많은 뼈가 묻혀 있다.[8] 철의 장막과 죽의 장막, 베를린 장벽, 높은 담에 둘러싸여 무장 경비원들이 입구를 지키는 마을들도 있다. 하지만 가장 뚫기 힘든 담은 뭐니 뭐니 해도 인간의 마음의 담이다.

자아의 담

인간의 삶에서 가장 침범 불가한 담은 뜻밖에도 커튼이다. 커튼은 비행기에서 일등석 승객과 일반석 승객들을 분리시킨다. 이 두 부류는 서로 전혀 다른 삶을 살며, 두 부류 사이에 친밀함은 없다. 일등석에 앉으면 주문하지 않아도 승무원이 알아서 얼굴을 닦으라며 물티슈를 갖다주고, 먹기 좋게 데운 견과류 접시와 무료 와인을 대령하고 때로는 좋은 실내화까지 제공한다. 하지만 일반석 승객들은 각자 필요한 것을 알아서 챙겨 가야 한다.

나는 일등석에 앉은 승객이 벌떡 일어나 커튼을 반으로 젖히고 "우리 이제 그만 담을 허뭅시다. 이제부터 다 같이 똑같은 음식을 먹고 똑같은 잔에 똑같은 음료를 마십시다. 우리는 다 하나요!"라고 말하는 광경을 단 한 번도 본 적이 없다.

한편, 내가 담의 어느 편에 서야 할지 결정해야 할 때도 있었다. 어느 주일 오후 아내와 함께 비행기를 탔는데 승무원이 다가와 내게 말을 걸었다. "선생님, 좌석이 남아서 좌석 업그레이드를 해드리려고 합니다. 원하신다면 일등석으로 옮기시지요."

문제는 좌석이 하나라는 것이었다. 그날 나는 바울이 예수님의 말씀을 인용한 사도행전 20장 35절 "주는 것이 받는 것보다 복이 있다"를 본문으로 설교를 전한 상태였다. '이를 어쩌나?' 순간 묘안이 떠올랐고, 아내 쪽으로 고개를 돌려 말했다. "여보, 자기가 일등석으로 갈래요? 아니면 더 큰 복을 받을래요? 당신이 더 큰 복을 받는 걸 방해하고 싶지 않구려." 그러면서 막 자리에서 일어서려는

데 결국 아내는 작은 복을 선택했다.

모든 관계에서, 심지어 가장 가까운 관계에서도 나는 임마누엘 칸트가 말한 "소중한 자아"(the dear self)[9]가 세운 담으로 달려가기 일쑤다. 이 자아는 의무에 따라 순수하게 행동하지 않고(칸트는 이것이 도덕적으로 가치가 있는 유일한 행동이라고 믿었다) 언제나 자기애에 따라 행동한다.[10]

나는 로버트 프로스트의 시 "담장 고치기"(Mending Wall)를 너무도 사랑한다. 한 농부의 음성을 담은 시로, 해마다 봄이 오면 이 농부는 담 반대편에 사는 다른 농부와 함께 담을 따라 걷는다. 두 사람이 겨우내 담에서 떨어진 돌들을 주워 다시 제자리에 놓다가 농부는 우주의 어떤 이상한 힘의 작용을 목격한다. 마치 피조세계 자체가 끊임없이 두 이웃 사이의 장벽을 제거하려는 것처럼 보인다. "담장을 좋아하지 않는 뭔가가 있어."

두 사람이 함께 일하다가 문득 농부는 과연 이 담이 정말로 필요한지 큰 소리로 묻는다. 그러자 이웃은 아무 생각 없이 "좋은 담장이 좋은 이웃을 만들죠"라고 말한다.

이에 농부는 혼잣말을 속삭인다. "봄철에 장난기가 발동한 나는 그의 머릿속에 이런 생각을 심어 줄 수 없을까 하는 생각을 해 본다. '어째서 담장이 좋은 이웃을 만드는가? …… 담장을 세우기 전에 생각해 보고 싶다. 내가 무엇을 담장 안에 들이고 무엇을 밖에 내몰려 하는지 그리고 누구의 기분을 상하게 하고 싶은지. 담장을 싫어하는 뭔가가 있어 담장을 자꾸 허물려고 한다.'"[11]

내 자아는 담을 못 보게 내 눈을 가린다. 내 자아는 내게 특권을 누릴 자격이 있다고 속삭인다. 내 자아는 맥도날드 카운터에서 주문을 받는 10대 아이들도, 주유소에서 일하는 직원도, 저렴한 비용으로 미용실에서 내 머리카락을 깎는 그 베트남 여인도 엄연한 인간이라는 사실을 자꾸만 망각하게 만든다.

브렌 브라운은 패스트푸드 전문점의 드라이브 스루 길에서 휴대폰 통화를 하면서 음료 주문을 했던 경험을 자신의 책에 소개했다. 그녀는 전화를 끊자마자 직원에게 사과를 했다. "정말 미안합니다. 막 차를 세우는데 전화벨이 울리기에 아들 학교에서 온 전화인 줄 알고 급히 받았네요."

그 말에 주문을 받던 여자는 눈물을 글썽이며 말했다. "정말 감사합니다. 이 일이 때로는 얼마나 굴욕적인지 정말 모르실 거예요. 손님들은 아예 저희를 쳐다보지도 않는답니다."[12]

외식 산업에 종사하는 친구 하나는 주일이 오는 것이 무서웠다고 말한다. 교인들이 가장 까다로우면서도 가장 인색한 손님들이라는 것이다. 한 교회는 어느 목사가 한 식당의 서빙 직원을 무시할 뿐 아니라 계산서 위에 팁을 놓기는커녕 "하나님께도 10퍼센트를 드리는데 왜 당신에게 18퍼센트나 줘야 하지?"라고 쓴 뒤로 '주일은 최악이다'라는 웹 사이트(SundaysAreTheWorst.com)까지 만들었다.[13]

자아는 나를 나와 같은 부류들만 모인 담 안에 가둔다. 자아는 나를 안전지대에 묶어 둔다. 그러나 담이 허물어져야 친밀함이 솟아난다.

브라이언 피커트는 *When Helping Hurts*(도움이 상처를 줄 때)라는 책에서 자신이 참여했던 소그룹 식구들이 자기 교회 담장 밖으로 나가 그 지역에 가득한 분리의 담들을 허물기 시작했던 이야기를 전해 준다. 소그룹 식구들은 주로 흑인들이 거주하는 빈민가를 찾아가 사람들에게 독특한 질문을 던지기 시작했다. "무엇을 잘하세요?" 그 질문을 시작으로 재능 조사를 벌였다. 빈민가에서는 좀처럼 그런 조사를 하지 않는다. 그들은 "무엇을 도와드릴까요?"라고 질문하지 않고, "당신의 강점은 무엇입니까?"라고 질문했다고 한다. 피커트에게 직접 이야기를 들어 보자.

모든 소그룹 식구들이 한 사람씩 흩어져 집집마다 돌면서 사람들을 만났다. "안녕하세요, 커뮤니티장로교회에서 왔습니다. 저 모퉁이를 돌면 있는 교회가 있습니다. 하나님이 이 지역에 어떤 재능들을 두셨는지 조사하러 나왔습니다. 선생님은 어떤 기술과 능력을 갖고 계십니까?"
솔직히 죽을 만큼 괴로웠다. 우리 도시에는 인종 갈등이 여전히 팽배해서 이 건물에 사는 흑인들이나 나는 모두 어색할 게 뻔했다. 게다가 내 키가 워낙 위협적으로 커서 첫 만남의 어색함을 배가시킬 게 분명했다. 무엇보다 내가 해야 할 말이 너무 부자연스러워 보였다. "안녕하세요, 커뮤니티장로교회에서 왔습니다." 윽, 생각만 해도 어색해서 죽을 것 같았다. 아예 물건을 팔러 다니는 게 속 편하겠다 싶었다. 하지만 내 발로 들어간 소그룹인 것을 어쩌겠는가. 결국 나는 마지못해 밖으로 나가 첫 번째 문을 두드렸다.

이윽고 살짝 열린 문틈으로 서른쯤 되어 보이는 흑인 여성이 보였는데 아담한 키의 그녀는 마치 외계인을 처음 본 듯한 표정으로 나를 올려다봤다. 나는 이를 악물고 첫 번째 대사를 읊었다. "안녕하세요. 커뮤니티장로교회에서 왔습니다. 저 모퉁이만……."

거기까지 말했을 때 여자가 아까보다 더 이상한 표정을 지으며 퉁명스럽게 쏘아붙였다. "뭐예요?"

나는 침을 꿀꺽 삼키고서 계속해서 대사를 이어 갔다. "저기…… 혹시 어떤 기술을 갖고 계신가요? 무엇을 잘하세요?"

"네?"

나는 하나님께 내 연약한 입술에 능력을 더해 달라고 기도하면서 같은 질문을 되풀이했다. 그러자 갑자기 집 안쪽 어둠 속에서 목소리가 들려왔다. "음, 요리는 좀 하는 것 같아요!" "저 여자의 돼지곱창 요리는 둘이 먹다가 한 명이 죽어도 모를 정도지." 곧바로 또 다른 목소리가 쩌렁하게 울려 퍼졌다. "암, 요리 실력만큼은 세계 최고지!"

여자의 얼굴에 서서히 미소가 번졌다. "네, 요리는 좀 해요."

정신을 차리고 보니 어느새 나는 거실에서 대여섯 명의 흑인들에 둘러싸여 앉아 있었다. 내가 사는 남부에서는 흔히 볼 수 있는 광경이 아니다. 뭘 어찌해야 할지 몰라 또다시 외운 대사로 돌아갔다. "안녕하세요. 커뮤니티장로교회에서 왔습니다. 저 모퉁이만……."

내 역할은 거기까지였다.

"여긴 조예요. 자전거를 기가 막히게 고치죠. 여긴 맥이고요. 자동차는 잘 굴러가나요? 문제가 있으면 맥을 찾아가요." 서로에 대한 자랑이 끝없이 이어졌다.

우리는 "무슨 재능을 갖고 계신가요?"라는 단순한 질문 한마디로 사람들에게 용기를 주기 시작했다. 상대방이 스스로를 하찮은 존재로 여길 때 그런 질문 한마디는 거대한 변화의 기폭제가 될 수 있다.[14]

담장을 좋아하지 않는 뭔가가 있다.

첨단 기술의 담

첨단 기술(technology)은 더없이 유용하다. 역사의 강이 흐르는 동안 대부분의 사람들은 글을 읽을 수 없었고, 글을 읽을 줄 아는 사람들도 자신만의 성경책을 가질 수 없었다. 하지만 첨단 기술 덕분에 지금은 상황이 어떻게 달라졌는지 보라.

○ 언제 어디서나 성경을 읽고 들을 수 있다.

o 최고 지성이 나눠 주는 최고의 지식을 읽을 수 있다.

o 최고 음악가의 연주를 아무 때나 들을 수 있다.

o 세상 어느 곳에 있는 사람과도, 심지어 서로 눈을 마주치며 대화를 나눌 수 있다.

o 한 도서관 전체에 다 담을 수 없는 지식을 수시로 열람할 수 있다.

o 수만 가지 계산식을 순식간에 풀 수 있다.

o 지도를 펼치지 않고도 세상 어느 장소나 쉽게 찾아갈 수 있다.

o 의자에서 일어서지 않고도, 자전거를 주문하고 심장 박동 수를 재고 예금 잔고를 확인하고 아이들이 잘 노는지 살필 수 있다.

'테크놀로지'라는 단어는 신약에서도 발견되는 두 헬라어(테크네, 로기아)에서 비롯했다. 그리고 이 두 단어는 예수님을 묘사할 때 쓰인 두 단어(테크톤, 로고스)와 밀접하게 연결되어 있다. '테크톤'은 '기술자'를 뜻하는 단어다. 예수님은 우주를 빚으신 기술자다. 실제로 예수님은 인간이 되셨을 때 기술자로 불리셨다. "이 사람이 마리아의 아들 목수[테크톤]가 아니냐"(막 6:3). '로고스'는 '이성'이나 '말'을 뜻하는 헬라어다. 이 단어는 이해하고 발견하는 인간의 천부 능력을 지칭한다. "태초에 말씀[로고스]이 계시니라 이 말씀[로고스]이 하나님과 함께 계셨으니 이 말씀[로고스]은 곧 하나님이시니라"(요 1:1).

우리가 첨단 기술에 매료되는 것은 그것이 하나님이 그분의 형상을 따라 인간을 만들고 나서 에덴동산을 다스리라고 하셨던 명령을 수행하기 위한 도구이기 때문이다. 원래 다스린다는 것은 하나님과, 서로와, 피조세계와 연결되는 것의 연장선이다. 그런데 우리를 그 어느 때보다도 친밀하게 연결시켜 줄 것만 같던 첨단 기술이 우리를 그 어느 때보다도 서로에게서 단절시키고 있다.

8세 이상의 아이들은 평균적으로 하루에 7시간 이상 스크린 앞에 앉아 있다.[15] 2012년 퓨 조사에 따르면, 12세와 17세 사이 아이들 중 35퍼센트만이 "정기적으로 얼굴을 맞댄 사회 활동을 한다"고 대답했다. 63퍼센트는 주로 문자 메시지로 의사소통을 하며 하루 평균 167건의 문자 메시지를 보낸다고 대답했다.[16] 인디애나대학(Indiana University) 포트웨인 캠퍼스의 연구에서는 실험 참가자의 89퍼센트가 '유령 호주머니 진동 증후군'(phantom pocket vibration syndrome; 휴대폰이 울리지 않는데도 울리고 있다는 착각하는 현상) 증상을 보였다.[17]

우리는 휴대폰을 '이용하고' 있다고 생각하지만 실상은 휴대폰 없이는 못 사는 지경에 이르렀다. 이제는 휴대폰이 우리를 섬기는 것이 아니라 우리가 휴대폰을 섬기고 있다. 다음과 같은 질문으로 자신을 점검해 보라.

○ 침대 위나 잠자리 바로 옆에 휴대폰을 놓고 자는가?
○ 휴대폰을 너무 자주 본다고 친구나 가족들이 불평하는가?

○ 아침에 눈을 뜨자마자 그리고 밤에 잠을 자기 전에 휴대폰을 확인하는가?

○ 깜박 잊고 휴대폰을 화장실에 갖고 오지 않으면 불안한가?

○ 상대방과 눈을 마주치면서 몰래 휴대폰 메시지를 보내는 기술을 연마해 본 적이 있는가?

○ 회의나 친한 사람과의 식사 시간, 설교 시간에 휴대폰을 수시로 확인하는가?

대부분의 질문 혹은 모든 질문에 "그렇다"라고 답했다면 휴대폰 중독이다. 좋은 소식이자 나쁜 소식은, 당신만 그런 것이 아니라는 사실이다.

친밀함의 열쇠는 '경험 나눔'이기 때문에 함께 있는 시간이 중요하다. 몸만 같은 공간에 있다고 해서 함께한다고 할 수 없다. 눈앞에 있는 사람에게 지속적으로 관심을 가지고 집중해야 한다. 그러려면 눈을 마주쳐야 한다. 액정화면에서 눈을 떼고 휴대폰을 내려놓아야 한다.

2015년 어린 쌍둥이를 둔 엄마 브랜디 존슨은 작은 실험을 해보기로 했다. 어느 날 아침 그녀는 1시간 동안 모든 기계의 플러그를 뽑고 아이들이 노는 모습만을 지켜보았다. 그러면서 아이들이 자신을 쳐다볼 때마다 종이에 횟수를 기록했다. 최종 횟수는 스물여덟 번이었다. 존슨이 페이스북에 올린 보고서를 보자.

방 한쪽에 조용히 앉아 아이들이 몇 번이나 내 쪽을 쳐다보는지 세어 보았다. 아이들은 내가 자신들의 멋진 기술을 보고 있는지 확인하기 위해서, 뭔가를 해도 되는지 허락을 구하기 위해서, 내 반응을 보기 위해서, 혹은 그 외에 여러 가지 이유로 내 쪽을 쳐다봤다. 그 횟수를 세면서 내가 기계에 정신을 팔고 있으면 아이들이 그 모습에서 어떤 메시지를 읽을까 생각했다. 스물여덟 번 동안 우리 천사들은 인터넷이 자신들보다 더 중요한지 혼란스러워했을 것이다. 스물여덟 번 동안 우리 아이들은 대부분의 아이들이 갈망하는 관심을 받지 못했을 것이다. 스물여덟 번 동안 사랑하는 우리 아이들은 자신들이 감정적으로 혼자인가 하는 의문에 시달렸을 것이다. 스물여덟 번 동안 우리 아이들은 온라인상의 모습이 가장 중요하다는 점을 재차 확인했을 것이다.

내 진짜 모습이 아닌 겉으로 보이는 모습으로 통하는 세상, '팔로워'나 '좋아요'가 얼마나 많은지에 따라 인정을 받는 세상, 사랑하는 사람들과 함께하는 양질의 시간이 각자 다른 방에 고립되어 문자 메시지를 주고받는 것으로 대체된 세상, 그런 세상에서 당신만큼은 달라지기를 간절히 호소한다.

제발 기계를 내려놓고 가족이나 사랑하는 사람들과 충분한 시간을 보내길 바란다. 다음 세대가 어른이 되는 법을 제대로 배울지는 전적으로 우리에게 달려 있다. 부디 SNS에만 매달리지 말라. 그러는 동안 누가 당신을 바라보고 있으며, 당신이 그에게 어떤 메시지를 보내고 있는지 아는가?[18]

내가 이 실험에 관한 이야기를 처음 접한 웹사이트의 글은 아이러니한 초대로 끝을 맺었다. "이 글을 페이스북의 모든 친구에게 꼭 보내 주시길 부탁드립니다." 우리가 첨단 기술에 얼마나 깊이 중독돼 있는지를 보여 주는 대목이다.

MIT 연구가 셰리 터클은 첨단 기술이 제시만 할 뿐 이루어 주지는 못하는 세 가지 "기분 좋은 환상"을 지적한다.

○ 어디든 우리가 원하는 곳에 관심을 둘 수 있다.
○ 누군가가 항상 우리가 하는 말을 들어 줄 것이다.
○ 절대 혼자 있을 일이 없다.[19]

이런 '환상'에 관해 읽다가 문득 우리가 24시간 연결된 상태에 그토록 끌리는 이유가 처음부터 연결되기 위해 지음을 받았기 때문이라는 생각이 들었다. 그런데 이 꿈이 꼭 이루어질 수 없는 것도 아니다. 수천 년 전의 글에서 희망을 얻는다.

여호와여 주께서 나를 살펴보셨으므로 나를 아시나이다 주께서 내가 앉고 일어섬을 아시고 멀리서도 나의 생각을 밝히 아시오며(시 139:1-2).

나의 관심은 어디로 튈지 나도 모르지만 하나님의 관심은 늘 나를 향해 있다.

> 여호와여 내 혀의 말을 알지 못하시는 것이 하나도 없으시니이다(시 139:4).

언제나 내 말을 들어 주는 분이 계신다.

> 내가 하늘에 올라갈지라도 거기 계시며 스올에 내 자리를 펼지라도 거기 계시니이다 내가 새벽 날개를 치며 바다 끝에 가서 거주할지라도 거기서도 주의 손이 나를 인도하시며 주의 오른손이 나를 붙드시리이다(시 139:8-10).

나는 절대 혼자가 아니다. 나는 언제나 관심을 받고 있다. 언제나 내 말을 들어 주는 분이 계시다. 나는 절대 혼자가 아니다. 오직 하나님만이 가장 깊은 곳의 갈망을 채워 줄 만큼 깊이 우리의 영혼과 닿을 수 있다. 우리는 연결을 갈망하며, 하나님께는 무한대의 연결 능력이 있다.

적대의 담

관계와 친밀함 분야 세계 최고의 전문가 존 가트맨은 부부가 백년해로할지 이혼할지를 90퍼센트 이상 정확히 맞출 수 있다. 그 것도 그들과 대화를 시작한 지 불과 15분 만에 말이다.[20] 그 비결이 무엇인지 아는가? 간단하다. 그가 "묵시록의 네 기수"(요한계시록 6장 1-8에 기록된 네 리더로, 각각 정복, 전쟁, 기근, 죽음을 의미한다)라고 부르는 것이 있는지 없는지를 확인하면 대번에 답이 나온다고 한다.[21]

관계에서 첫 번째 묵시록 기수는 "비판"이다. 비판은 불만과는 다르다. 세상 누구와의 관계에도 불만이 없을 수는 없다. 불만은 단지 문제를 보는 것이고, 불만사항을 솔직히 말하는 것이 문제 해결의 첫걸음이 될 때가 많다. 하지만 비판은 가시가 돋친 불만 표출이다. "도대체 왜 그러는 거야?"라는 말만 붙이면 어떤 불만도 비판으로 바꿀 수 있다.

비판적인 사람은 배우자와 의견 충돌이 발생하면 문제를 해결하려고 애쓰기보다는 자신과 다른 의견을 구제 불능의 인격적 흠으로 본다. 그런 사람은 배우자의 부정적인 면을 확대해서 틈만 나면 그것을 물고 늘어진다. 반대로 배우자의 좋은 면은 최대한 축소하고 좀처럼 칭찬해 주지 않는다. 비판적으로 변하면 남을 비꼬는 버릇이 몸에 배어 버린다. 말끝마다 자신도 모르게 상대방을 공격한다. "누워서 텔레비전만 보지 말고 가서 아이들하고 좀 놀아 주지 그래요."

가트맨이 규명한 두 번째 기수는 그가 넷 중에서 최악이라고 말한 "경멸"이다. 경멸은 표정이나 눈을 굴리는 동작, 목소리 톤 등을 통해 상대방을 깎아내리는 것을 말한다. 경멸은 말이나 행동으로 "너는 내게 짜증나는 존재야"라고 말하는 것이다. 주로 말로 상대방을 깔아뭉개거나 상대방의 말을 무시한 채 듣지 않거나 일부러 고통을 가하는 형태로 나타난다. 모든 사람은 경멸의 말이나 행동에 깊은 상처를 입는다. 실제로 서로를 경멸하는 사람들은 감기 같은 전염병에 더 쉽게 걸린다. 반대로 공감 능력이 뛰어난 의사를 만나면 남들보다 하루라도 더 빨리 병이 낫고 콧물도 덜 분비된다는 연구 결과들이 있다.[22] 공감은 그야말로 콧물까지도 줄어들게 만든다.

세 번째 기수는 "방어 자세"다. 우리는 자신의 잘못을 인정할 수 없을 때 방어적으로 군다. 어떻게든 합리화하고 축소하고 회피하고 외면한다.

네 번째 기수는 "돌담 쌓기"다. 몸은 떠나지 않고 정신만 떠나는 것이다. 눈을 마주치지 않고 아무 말도 없이 바닥만 쳐다보며 상대방에게 거리를 둔다. 내 친구는 아내가 잔소리 폭격을 하기 시작하면 정말이지 무하마드 알리가 조지 포먼에게 사용했던 상대의 진을 빼는 '로프 어 도프'(rope-a-dope) 전술을 사용할까 진지하게 고민하게 된다고 말했다. "링의 코너로 후퇴해서 상대방이 지칠 때까지 펀치를 날리게 놔두는 거지."

비교의 담

사울왕이 아무것도 할 수 없을 정도로 낙심해 있을 때 그를 공황의 수렁에서 건져 준 사람은 바로 다윗이라는 젊은 수금 연주자였다. 그로 인해 사울은 다윗을 누구보다도 총애하게 되었다. 그러던 차에 다윗이 사울의 최대 적 골리앗까지 제거해 주니 이제 둘의 우정은 바위처럼 굳어질 수밖에 없었다.

그런데 다윗의 맹활약으로 승리한 군대가 돌아오자 "여인들이 이스라엘 모든 성읍에서 나와서 노래하며 춤추며 소고와 경쇠를 가지고 왕 사울을 환영하는데 여인들이 뛰놀며 노래하여 이르되 사울이 죽인 자는 천천이요 다윗은 만만이로다"(삼상 18:6-8) 했다. 사울은 심한 불쾌함과 분노를 느꼈다. 비교 의식 때문이었다. 자신을 다윗과 비교한 사울은 다윗이 더 큰 성공과 인기를 얻었고, 자신에게 위협이 된다라는 결론을 내렸다. 그가 친구들과 했을 법한 대화를 상상해 보자.

"사울, 왜 그렇게 화가 나 있나?"

"기분 나빠서 원, 저들이 다윗이 만 명을 죽이고 나는 고작 천 명을 죽였다고 떠들어 대잖아."

"뭘 그런 걸 가지고 그래? '저들'이 누군데?"

"전부!"

"사울, 남들이 뭐라 그러든 뭣 하러 신경을 써. 자네는 왕이잖아. 다윗은 자네의 부하에 불과하고 말이야. 다윗이 이기면 결국 자네가 이긴 거지."

"그렇게 잘나가다가 놈이 내 나라를 넘보면 어떻게 해?"

시기는 언제나 중요한 뭔가가 걸려 있을 때 발동한다. 그리고 그 뭔가는 대개 자신의 나라다. 따라서 자신의 것이 아니어서 잃을까 걱정할 필요가 없는 나라를 찾는 편이 낫다.

내 삶을 타인의 삶과 비교하면 질투가 밀려오고 가슴이 답답해진다. 소셜 미디어를 할수록 더 풀이 죽고 불안해진다는 연구 결과가 계속 나온다. 근사한 식당에서 비싼 요리를 먹으며 웃고 떠드는 사람들의 사진을 보면 배가 아파진다. 우리는 남들이 페이스북에 올린 삶을 자신의 진짜 삶과 비교한다. 그러니 당연히 낙심할 수밖에 없다. 하지만 알다시피 사람들은 고르고 골라서 가장 행복해 보이는 사진만 페이스북에 올린다. 우리는 첨단 기술을 사용해 진짜 삶이 아닌 포장된 이미지를 투영한다.

앞서 했던 크리스마스 카드 이야기가 기억나는가? 가족 사진이 담긴 크리스마스 카드만 보면 다들 자녀를 의사로 키우고 심지어 기르는 개까지 하버드대학에 보낸 것처럼 보인다. 그런데 기가 죽기 위해 크리스마스까지 기다릴 필요도 없다. 잠시 인스타그램 피드만 훑어봐도 우리가 상대적으로 열등하다는 증거가 쏟아져 나온다.

'**얘**가 결혼했어?'

'휴가 때 **여길** 갔어? **나**는 아직 못 가 봤는데.'

'**이렇게** 돈을 많이 벌어?'

'**이렇게** 재미있게 살아?'

'이 집 자식들이 그 대학에 갔어?'

질투에 관한 프레드릭 비크너의 날카로운 글이 있다. "질투는

다른 모든 사람이 자신처럼 성공하지 못하기를 바라는 강렬한 욕망이다."[23]

소셜 미디어에 화를 내는 것도 문제지만 하나님께 화를 낸다면 더더욱 문제다. 영화 〈아마데우스〉(Amadeus)에서 극단적인 사례를 발견할 수 있다. 이 영화는 질투로 인해 인생을 망친 안토니오 살리에리라는 궁중 음악가 이야기다. 살리에리는 나름대로 꽤 뛰어난 자신의 음악적 재능을 모차르트의 천재적인 재능과 비교했다. 그러다 결국 하나님이 자신을 농락했다고 확신하여 이런 기도 같지도 않은 기도를 드린다.

> 지금부터 우리는 적입니다. 당신은 거만하고 음란하고 유치한 녀석을 도구로 선택하고 제게는 겨우 그것을 알아볼 능력이나 주셨습니다. 당신처럼 부당하고 불공평하고 고약한 신과는 앞으로 절대 상종을 하지 않겠습니다.[24]

사실 살리에리는 남부럽지 않은 삶을 누렸다. 궁중에서 호화로운 생활을 했고, 그의 재능도 상위 0.1퍼센트에 해당했다. 그는 얼마든지 모차르트의 친구요 후원자가 될 수도 있었다. 하지만 살리에리는 결국 모차르트의 적이 되었다.

영화 제목은 모차르트의 중간 이름인 '아마데우스'에서 따왔는데, 아마데우스는 '하나님의 친구'라는 뜻이다. 영화는 살리에리가 정신병원에서 하나님이 자신을 어떻게 속였는지 사제에게 하소연하는 모습을 보여 주며 끝을 맺는다. "신부님, 나는 당신의 대변자요. 모든 평범한 인간들의 대변자지요. 나는 그들의 옹호자요. 나는 그들의 수호성인이오."[25] 마침내 그는 휠체어를 타고 정신병원 뜰을 지나며 모든 환자들에게 말한다. "모든 평범한 자들이여, 너희 죄를 용서하노라."[26]

이런 태도로는 친밀함을 누리기가 불가능하다.

거짓 친밀함의 담

두 커플이 한 식당에서 각자 다른 테이블에 앉아 있다. 한 커플은 연인 사이가 분명해 보인다. 단정한 머리와 옷차림이 눈에 띈다. 두 테이블 건너까지 은은한 향수 냄새가 풍긴다. 말이 끊겨 어색한 순간이 오래 가지 않도록 두 남녀는 끊임없이 웃고 제스처를 취하고 이야기를 하고 서로의 음식에 관해 묻는다. 두 사람은 항상 다음 말을 미리 준비해 놓고 있다.

다른 커플은 결혼한 부부가 분명해 보인다. 풍기는 냄새라곤 오직 음식 냄새뿐이다. 패션이라기보다는 그냥 편한 옷을 입고 있다. 아까 커플에 비해 말을 하거나 눈을 마주치는 횟수가 확연히 적다. 몇 분간 각자 허공을 응시하는 모습도 자주 보인다. 두 사람은 오랜 친밀함에서 오는 편안함을 누리는 것일까, 아니면 서로에 대한 심각한 권태에 빠진 것일까? 겉으로만 봐서는 정확히 알 수 없다.

침체의 진정한 지표는 관계 '안'에 있다. 첫 끌림의 강력한 아드레날린 분비는 시간이 가면 잠잠해질 수밖에 없다. 여기에는 합당한 이유가 있으며, 그렇게 된다고 해서 반드시 사랑이 식은 건 아니다. 관계 초기에 솟아나는 감정의 대부분은 강한 불확실성에서 기인한다. '저 사람이 나를 진심으로 사랑하는가?' 이 물음에 확실한 답을 얻었을 때 행복감이 물밀듯이 밀려온다. 이 같은 걷잡을 수 없는 아드레날린 분출은 사람들이 롤러코스터를 타거나 공포 영화를 보는 이유기도 하다. 하지만 관계가 깊어질수록 아드레날린 분비는 잠잠해지며, 이것은 좋은 신호다. 관계가 그만큼 좋아진 것이다.

편안하기만 한 것은 게으르다는 증거다. 관계가 정체기에 빠졌는지를 알고 싶다면 다음과 같이 물으면 금방 답이 나온다.

- 관계가 여전히 자라고 있는가?
- 여전히 서로에 관한 새로운 것을 알아 가고 있는가?
- 서로가 더 나은 사람이 되도록 서로 밀고 당겨 주는가?
- 시간과 노력을 들여 특별한 선물을 준비하는가?
- 상대방의 존재를 감사하는가, 아니면 상대방의 존재를 당연하게 여기는가?

스캇 펙은 인간관계에서 가장 큰 위험 가운데 하나가 "거짓 공동체"(pseudo-community)라는 말을 했다. 거짓 공동체에서는 사람들이 서로에게 친절하고도 예의바르게 굴며 절대 싫은 소리를 하지 않는다. 뭐든 좋은 게 좋다는 식으로 넘어가고 늘 서로에게 악의 없는 작은 거짓말들을 한다. 모두가 가면을 쓰고 살아가며 절대 지적하지 않는다. "그것은 매력적으로 보이지만 막다른 골목으로 가는 잘못된 지름길이다."[27]

그런 관계에서 벗어나는 유일한 길은 혼돈 속으로 들어가는 것이다.[28] 진짜 공동체라면 상대방이 어떻게 나올지 몰라 두려울 때도 자신의 생각을 솔직히 말할 수 있는 용기가 필요하다. 혼돈 속으로 들어가는 것은 차가운 수영장 속으로 다이빙하는 것과도 비슷하다. 하지만 친구나 자녀, 배우자, 부모에게 진실을 말하면 서로를 더 깊고도 진정하게 알 기회를 얻을 수 있다. 그럴 때 비로소 관계가 성장한다. 친밀함은 언제나 혼돈과 평안의 균형점 위에 놓여 있다.

너무 많은 할 일의 담

친밀함을 가로막는 가장 높고 두꺼운 담 가운데 하나는 바로 '압박감'이다. 사람들을 실망시키지 않으려고 완벽한 직장에서 완벽한 성공가도를 달려야 한다는 강박관념이 우리를 숨도 못 쉬게 압박한다. 부모에게 완벽한 아들딸이 되고 동생에게 완벽한 형(오빠, 누나, 언니)이 되며 아내(남편)에게 완벽한 배우자가 되고 자녀에게는 완벽한 부모여야 한다는 압박감이 우리를 짓누른다.

나도 완벽한 목회를 하려니 압박감이 이루 말할 수 없다. 자칫 교회 복도에서 체통 없이 뛰어다니기라도 한 날이면 한참을 자책

한다. 교인들에게 좋은 리더십을 발휘하려고 정신없이 뛰어다니다 보니, 친구들이 전화를 걸어오면 내 목소리에서 나도 모르게 자꾸·만 짜증과 조급함이 묻어 나온다.

목회만이 아니라 개인 재정도 잘 관리해야 한다. 가족도 잘 챙겨야 한다. 때마다 평생 기억에 남는 휴가를 계획해야 한다. 물론 그러면서도 계속해서 내 설교 기술도 다듬어야 한다. 훌륭한 책도 많이 읽어야 하는데, 아직 펴 보지도 않은 책이 산더미다. 수많은 해야 할 일로 인한 압박감은 이루 말할 수 없고, 그중 하나라도 제대로 하지 않으면 곧바로 죄책감이 밀려온다.

하지만 생각해 보라. 결국 우리가 기억하는 것은 수많은 성과들이 아니라 삶에서 이루어지는 친밀한 순간들이다. 아내가 첫아이를 임신했을 때 우리는 기억에 남는 이벤트를 통해 우리 부모님께 그 사실을 알리고 싶었다. 그래서 좋은 레스토랑을 예약하고 매니저에게 뚜껑을 덮은 접시에 아기 신발 한 켤레를 넣어서 가져다 달라고 부탁했다. 우리 부모님은 뚜껑을 열어 그 신발을 보고서 뛸 듯이 기뻐하셨다.

시간이 날 때마다 그 작은 신발을 신은 아가와 놀고 싶었지만 현실은 그렇게 만만하지 않다. 그 작은 발은 너무 빨리 자라 버린다. 그래서 시간이 날 때까지 기다리지 말고 '오늘' 당장 시간을 만들어 내야 한다. 아니, 시간을 '만들어 낸다'는 표현도 맞지 않다. 시간은 이미 있다. 하나님은 할 시간도 주시지 않고 하라고 명령하시는 분이 아니다.

바쁨은 친밀함의 적이다. 압박은 친밀함의 적이다. 스트레스는 친밀함의 적이다. 그래서 악마는 우리로 죄를 짓게 할 수 없다면 대신 바쁘게 한다는 옛 속담도 있다. 관계는 효율적이지 않다. 사람들은 효율적이지 않다. 관계와 사람들은 시간을 잡아먹는다. 그렇다면 어떻게 친밀함을 추구해야 할까? 작가 앤 라모트는 열 살짜리 남동생이 새에 관해 글을 써 오는 숙제로 압박감에 시달렸던 이야기를 한 적이 있다. 글쓰기 마감 기한은 3개월이었는데 미루고 미루다 보니 어느새 마감일 전날이 되었다.

> 볼리나스에 있는 우리 가족의 오두막집으로 모두가 놀러 갔는데, 녀석이 종이와 연필, 펴 본 적 없는 새에 관한 책들에 둘러싸인 채 해야 할 일의 거대한 무게 앞에 그저 멍하니 앉아만 있었다. 금방이라도 울 것 같았다. 그때 아버지가 동생 옆에 앉아 어깨에 팔을 두르고 말씀하셨다. "차근차근 해. 한 자씩 쓰면 되는 거야."[29]

늦은 밤의 대화, 친구와의 전화 통화, 학창 시절 친구들과의 여행, 양로원 방문, 사랑하는 사람과 한가롭게 영화 보기, 잠시 일을 멈추고 옆자리의 동료에게 병원에 있다는 배우자의 안부 묻기……. 이럴 시간이 없다면 너무 많은 할 일의 담에 갇혀 있는 것이다. 충분한 시간은 오지 않는다. 언제나 시간은 충분하다.

가만히 하나님께 나아가는 시간

우리가 가장 갈망하는 연결은 기술적인 연결이 아니라 영적인 연결이다. 인터넷 접속이 아닌 하나님과의 연결이다. 그런데 때로는 하나님과 연결되기 위해 다른 모든 것과의 연결을 끊어야 할 때가 있다. 성경에서 가장 중요한 명령 가운데 하나이기도 하다. "가만히 있어 내가 하나님 됨을 알지어다"(시 46:10). 요즘은 가만히 있기가 그 어느 때보다도 힘들어진 세상이다.

〈사이언스〉(Science)지에 발표한 한 연구에서 학자들은 실험 참가자들에게 두 가지 선택 사항을 제시했다. 6-15분간 가만히 앉아 생각에 잠기든가 직접 자신에게 전기 충격을 가하든가. 그런데 뜻밖에도 여성의 사분의 일과 남성의 삼분의 이가 전기 충격을 선택했다. 한 남자는 15분 사이에 자신에게 무려 190번의 전기 충격을 가했다. 가만히 있느니 전기 충격의 고통을 감내하는 편을 선택하는 사람들이 있다. 아니, 꽤 많다.[30]

하지만 가만히 있지 않으면 하나님이 하나님이심을 절대 알수 없다. 가만히 있지 않으면 진정으로 기도할 수 없다. 가만히 있지 않으면 참된 평안을 알 수 없다.

몇 주 전에 '기계 안식일'을 시도해 보았다. 금요일 밤 해가 떨어지는 동시에 내 컴퓨터며 휴대폰과 텔레비전까지 모조리 전원을 끄고 24시간 동안 통화와 문자 메시지, 트윗, 이메일, 댓글, 블로그 활동을 일절 하지 않았다. 대신 여유롭게 걷고 사랑하는 사람들과 오랫동안 맘 편히 대화를 나누었다. 아무런 이유 없이 단지 읽기의 즐거움을 위해 책을 읽었다. 기도도 많이 하고 피아노도 쳤다. 더없이 알찬 시간이었다.

구약에서 하나님은 레위 족속에게 한 가지 놀라운 명령을 주셨다. "아침과 저녁마다 서서 여호와께 감사하고 찬송하며"(대상 23:30). 우리의 하루를 시작하는 첫 말과 하루를 마치는 마지막 말이 휴대폰 메신저나 문자 메시지가 아닌 하나님을 향한 감사와 찬송이라면 어떨까? 연결에 대한 우리의 욕구 이면에는 우리가 하나님과의 끊임없는 연결 속에서 살아가도록 지음을 받았다는 사실이 있다. 엄마가 지켜보는 동안 놀고 있었던 그 쌍둥이들을 생각해 보라. 내면 깊은 곳에서 인간은 끊임없이 묻는다. '누군가 나를 지켜봐 주는 이는 없는가? 누군가 내 말을 들어 주는 이는 없는가?' 물론 있다. 하나님의 종이에 틈이 없을 정도로 빼곡히 체크가 되어 있다.

하나님은 "내가 보고 있다! 내가 듣고 있다!"라고 말씀하신다. 인터넷이 처음 나올 당시 거기에 접속할 수 있다는 사실이 너무 놀라웠다. 물론 전화선으로 접속되기까지 한나절을 기다려야 했다. 게다가 유료였다. 하지만 요즘은 커피숍이나 호텔, 도서관에 가면 빛과 같은 속도의 무제한 인터넷에 무료로 접속할 수 있다.

사도 바울은 '접속'(access)이라는 단어를 매우 좋아했다. "이는 그로 말미암아 우리 둘이 한 성령 안에서 아버지께 나아감[access, NIV]을 얻게 하려 하심이라"(엡 2:18).

항상 우리를 지켜보는 분이 계시다. 항상 우리 말을 들어 주는 분이 계시다. 우리는 절대 혼자가 아니다. 우리는 언제든지 하늘 아버지께 접속할 수 있다. 그분께 나아갈 수 있다. 바로 이것이야말로 에덴의 대안이다.

담장을 좋아하지 않는 뭔가가 있다.

▲

CHAPTER 9

약함과 권위의 역설

'약함'과 '권위'가
건강하게 어우러질 때
관계가 깊어진다

모든 것에 …… 틈이 있다. 그래서 빛이 들어올 수 있다.
- 레너드 코헨, 〈앤섬〉(Anthem)

내 평생 잊을 수 없는 부끄러운 순간이 있다. 당시 우리 교회는 전
국 사역자들을 불러 모아 대대적인 집회를 열었고, 집회 장소는
발 디딜 틈도 없이 꽉 찼다. 나는 마지막 순간에 연단에 올라 시편
150편을 선포하는 임무를 맡았다. 앞서 가스펠 힙합 그룹이 현란
한 춤을 선보였고, 집회 분위기는 한껏 고조되었다. 장내가 떠나갈
듯 박수갈채가 쏟아졌다. 내 역할은 그 뜨거운 분위기를 더 크고도

신나는 찬양으로 그대로 옮기는 것이었다. 나는 빠른 속도로 목청껏 시편을 외쳤다.

> 할렐루야 그의 성소에서 하나님을 찬양하며
> 그의 권능의 궁창에서 그를 찬양할지어다!
> 그의 능하신 행동을 찬양하며
> 그의 지극히 위대하심을 따라 찬양할지어다!

이 폭발적인 서문 이후로 시편 150편은 기본적으로 악기들의 나열이라고 할 수 있다.

> 나팔 소리로 찬양하며
> 비파와 수금으로 찬양할지어다!
> 소고 치며 춤추어 찬양하며
> 현악과 퉁소로 찬양할지어다!
> 큰 소리 나는 제금으로 찬양하며
> 높은 소리 나는 제금으로 찬양할지어다!

어느새 나는 거의 고함을 지르고 있었다. 그야말로 젖 먹던 힘까지 다 쏟아부었다. 그렇게 발악을 하다 마지막 대목에서 살짝 혀가 꼬이고 말았다.

젖가슴(breasts; 호흡[breathes]이라고 했어야 했는데)이 있는 자마다……

침묵…….

'이런! 방금 내가 뭐라고 말한 거야!'

장내가 떠나갈 듯한 박수갈채, 아니 웃음소리가 터져 나왔다. 나는 완전히 발가벗겨진 채로 연단 위에 서서 웃음소리가 그치길 기다렸다. 도무지 무슨 말을 해야 할지 생각이 나질 않았다. 웃음소리는 그칠 줄 몰랐다. 결국 나는 낭독을 중단하고 조용히 연단에서 내려왔다.

강한 동시에 약한

이번에는 내 평생에 가장 뜨거운 우정을 느꼈던 순간에 관한 이야기를 해 보겠다. 내가 대학원에서 사귄 최고의 친구는 릭이다. 나는 릭을 처음 만난 순간부터 흠모했다. 운동이면 운동, 공부면 공부, 정말이지 못하는 것이 없었다. 패션 감각도 뛰어나고 상담 능력도 나보다 월등했다. 뭐니 뭐니 해도 나와는 비교도 되지 않는 만점짜리 남편이었다. 둘 다 신혼 초였을 때 한번은 릭이 우리 집에 찾아와 내 아내에게 다리미를 빌려 갔다. 자기 셔츠를 스스로 다리기 위해서였다. 아내가 다리미를 건네자 릭은 급하다며 달려갔다. 저녁 식사를 준비하던 도중에 왔다는 것이었다. 그날 내가 퇴근해서 집에 오니, 우리 집의 좋은 남편 기준이 한껏 높아져 있었다.

릭과 10년쯤 우정을 나누었을 때 나는 친밀함에 관해서 한 번도 시도해 본 적이 없는 실험을 해 보고 싶어졌다. 그것은 바로, 고백해야 할 모든 것을 남김없이 그에게 고백하는 것이었다. 그리하여 나는 알코올의존증 환자 재활센터에서 "두려움 없는 도덕적 조사"(a fearless moral inventory)라고 부르는 글을 완성했다. 나는 거짓말부터 질투, 정욕, 분노, 교만, 상처까지 모든 것을 적나라하게 적은 종이를 들고 릭을 찾아가 그대로 읽었다. 개중에는 단순한 사실도 있었지만 읽는 동안 릭을 쳐다볼 수 없을 만큼 창피한 내용도 있었다. 내가 할 수 있는 거라고는 그저 종이에 시선을 고정하는 것뿐이었다. 그런데 릭의 반응은 실로 뜻밖이고 놀라웠다.

이걸 고백한 뒤 릭이 뭐라고 말할지 전혀 생각해 보지 않은 상태였다. 고백이 끝나고 나서도 창피해서 아무 생각도 나지 않았다. 한 가지, 이제 그가 나를 예전처럼 가까운 친구로 여기지 않을 거라는 점만큼은 분명했다. 릭은 내게 고개를 들라고 한 뒤 내 평생 잊을 수 없는 한마디를 했다. "존, 네가 지금처럼 사랑스러웠던 적은 없었어."

Strong and Weak(강한 동시에 약한)이라는 책에서 앤디 크라우치는 우리 대부분이 '권위'와 '약함'을 한 선상의 두 점으로 생각한다고 말한다(크라우치는 '번영'이라는 주제와 관련해서 이 둘을 다루었지만 여기서 나는 '친밀함'의 관점에서 그것들을 살펴보고자 한다).[1] 즉 우리는 스스로를 강하거나 약하게 여긴다.

약함   권위

흔히 우리는 권위를 극대화하고 약함을 최소화해야 한다고 생각한다. 하지만 크라우치의 생각은 다르다. 그는 우리 삶을 향한 하나님의 뜻은 전혀 그렇지 않다고 주장한다. 하나님은 인류가 큰 권위와 큰 약함을 '동시에' 갖도록 창조하셨다.

하나님은 그분의 형상대로 인간을 지으셨다. 그에 따라 일단, 인간은 "바다의 물고기와 하늘의 새와 가축과 온 땅과 땅에 기는 모든 것을 다스리게" 되었다(창 1:26). 하지만 아울러 인간은 하나님을 전적으로 의지하는 존재로 지음을 받았다. 인간은 유혹에 빠질 수 있는 존재였다. 벌거벗은 존재였다. 이 상황을 다음과 같은 표로 나타낼 수 있다.

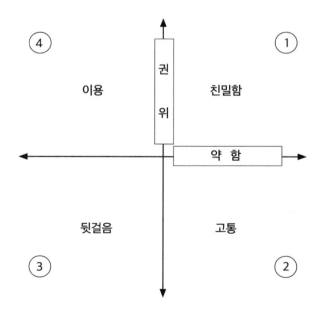

크라우치는 '권위'를 "의미 있는 행동을 할 능력"으로 정의했다.[2] 교실의 선생님과 수술실의 의사, 법원의 판사는 권위를 갖고 있다. 권위를 가진 사람이 명령이나 요구를 하면 무슨 일이든 다 된다.

다윗왕은 인간이 받은 권위에 놀라워했다.

> 그를 하나님보다 조금 못하게 하시고 …… 주의 손으로 만드신 것을 다스리게 하시고 만물을 그의 발아래 두셨으니(시 8:5-6).

하지만 우리는 단지 권위 있는 존재로만 창조되지 않았다. 우리는 약함을 자유롭게 노출시키는 존재로도 창조되었다. "아담과 그의 아내 두 사람이 벌거벗었으나 부끄러워하지 아니하니라"(창 2:25). 벌거벗었다는 것은 자신의 약함을 드러냈다는 뜻이다.

> 세상 모든 피조물 중에서 오직 인간만이 벌거벗을 수 있다. 다른 모든 피조물은 성체가 되면 자연스럽게 털이든 비늘이든 가죽이든 자신을 환경으로부터 보호할 수 있는 것이 생긴다. 자연적인 상태에서는 그 어떤 피조물도, 심지어 벌거숭이 두더지쥐나 마이크 마이어스의 영화에 나오는 악당 이블 박사의 단짝인 털 없는 고양이 미스터 비글스워스도 인간처럼 뭔가 불완전해 보이지는 않는다.[3]

우리의 인생은 약함으로 시작해서 약함으로 끝난다. 앤디 크라우치는 우리의 '약함'을 "큰 위험에 노출되는 것"으로 표현했다.[4] 무엇보다도 우리의 육체는 언젠가 기능이 멈출 것이다. 월러스 스테그너는 이런 유명한 말을 했다. "지질학적인 관점에서 보면 우리는 화석이 되어 가는 중이다. 우리가 땅에 묻혔다가 나중에 발견되면 다음 세대들의 생명체들이 당혹해할 것이다."[5]

예수님에게서 약함과 권위의 궁극적인 조합을 볼 수 있다. 한편으로 예수님은 여느 인간들처럼 무기력한 갓난아기로 태어나 가난한 부모의 손에 의해 더러운 구유 위에 누이셨다. 곧이어 헤롯왕이 죽이려고 손을 뻗치는 바람에 부모의 품에 안겨 피난길에 올라야 했다. 예수님은 배고픔과 피로, 갈증을 느끼셨으며 피를 흘리고 울기도 하셨다. 그러다 결국은 십자가에 못 박혀 죽으셨다.

하지만 다른 한편으로 예수님은 이 땅에 사시는 동안 세상 누구도 행하지 못한 기적들을 행하셨다. 그리고 놀라운 가르침을 통해 그 누구보다도 역사의 흐름에 큰 영향을 미치셨다. 나아가 제자들에게 세상 모든 사람을 단 한 명도 빠짐없이 제자로 삼으라는 어마어마한 명령을 내리셨다. 또한 마지막으로 기록된 예수님의 말씀에 "하늘과 땅의 모든 권세를 내게 주셨으니"(마 28:18)라는 부분이 있다.

궁극적인 약함. 궁극적인 권위. 이것이 예수님이 우리에게 궁극적인 친밀함을 제시하실 수 있는 이유다. 친밀함은 우리처럼 고난을 당하고 우리처럼 시험을 당하며 우리처럼 고통을 느끼신 예수님의 약함에서 흘러나온다. 아울러 친밀함은 그 무엇도 "우리를 우리 주 그리스도 예수 안에 있는 하나님의 사랑에서 끊을 수" 없게 하시는 권위에서 흘러나온다(롬 8:39).

약함과 권위의 오용

구약학자 월터 브루그만은, 첫 남자가 첫 여자를 보고서 한 말인 "내 뼈 중의 뼈요 내 살 중의 살이라는 두 표현은 함께 쓰여서, 다른 누군가와 완전히 연결된 사람을 지칭한다"라고 진술했다.[6]

친밀함은 (강하고 단단한) "뼈"와 (부드럽고 유연하고 약한) "살"의 역설 위에서 꽃을 피운다. 뼈와 살. 힘과 약함. 권위와 약점 노출. 나아가 브루그만은 이 두 상반된 개념의 관계를 설명한다.

> 육체의 물리적 특징을 표현할 때 흔히 사용하는 이 두 단어(뼈와 살)는 유기체 전체의 기능으로 해석해야 마땅하다. …… 둘이 합쳐지면 각각 따로 쓰일 때와 다른 의미가 있다. 둘은 정반대이기 때문에 양극단과 그 사이에 있는 모든 것을 의미한다고 보아야 한다. 다시 말해, 하나부터 열까지 상호작용의 모든 육체적, 정신적 차원을 두루 아우르는 것이다.[7]

앞서 보았던 그림(202쪽)은 권위와 약함이 어떤 식으로 조합될 수 있는지를 보여 준다. 둘 중 하나가 희미하거나 아예 사라지면, 더 나쁘게는 둘 다 실종되면 관계는 고통이나 이용, 뒷걸음질로 흐른다. 반면 둘 다 건재하면 친밀함이 자랄 수 있다.

성경에서 권위와 약함의 문제로 친밀함을 잃은 고통을 가장 극명하게 보여 주는 이야기는 바로 야곱과 에서의 이야기다. 우리에게 처음 소개될 때 이 쌍둥이 형제는 자궁 안에서 서로 치열하게 싸우고 있었다.

> 그 해산 기한이 찬즉 태에 쌍둥이가 있었는데 먼저 나온 자는 붉고 전신이 털옷 같아서 이름을 에서라 하였고 후에 나온 아우는 손으로 에서의 발꿈치를 잡았으므로 그 이름을 야곱이라 하였으며(창 25:24-26).

이 둘은 왜 싸우고 있었을까? 분명 태아 야곱은 태아 에서를 보고 위기감을 느꼈을 것이다. '저 녀석이 나보다 입구에 더 가까이 있어서 이러다간 먼저 나가겠어. 그러면 저 녀석이 상속자가 되겠지. 아빠의 사랑을 독차지하겠지. 녀석은 권위를 얻고 나는 약해지겠지. 해결책은 간단해. 녀석의 발꿈치를 잡아 끌어당겨서 내가 일등을 하고 녀석을 이등으로 만들면 끝이야.'

하지만 야곱은 너무 약했다. 결국 야곱은 먼저 태어나는 데 실패했다. 야곱은 실패한 태아가 되었고, 그 약점은 오랫동안 그를 따라다녔다. 또 다른 약점이 그를 '구해 줄' 때까지.

어릴 적 에서가 안방에 들어갈 때마다 야곱은 아버지의 눈에 생기가 도는 걸 보았다. 하지만 야곱이 들어오면 에서가 아닌 걸 알고 아버지의 얼굴에 곧바로 실망한 빛이 떠올랐다. '음, 에서가 아니구나!' 오래지 않아 '에서가 아닌 자'가 야곱의 정체성이 되었다. 그리고 살다 보면 누구나 그런 경험을 할 수 있다.

나는 내 _____ 에게 사랑을 받지 못하는 사람이다.
(아버지)
(어머니)
(배우자)
(자녀)
(애인)

야곱이 느끼는 자신의 권위는 낮을 대로 낮았다. 반면에 자신이 약하다는 열등감은 지극히 강했다. 그래서 그는 두 번째 사분면인 '고통' 속에서 살았다.

하지만 야곱에게는 동맹군이 있었다. 그를 에서보다 더 사랑하는 어머니 리브가였다. 리브가에게는 야곱에게 에서를 사칭해서 아버지의 축복을 빼앗을 계책을 알려 주었다. 야곱이 걸리면 큰일이라고 손사래를 쳤지만 리브가는 "너의 저주는 내게로 돌리리니 내 말만 따르고 가서 가져오라"라며 아들을 종용했다(창 27:13). 리브가는 자신의 의지가 남편 이삭보다 훨씬 강하다는 것을 알았다. 그래서 리브가는 네 번째 사분면인 '이용'(높은 권위 지수, 낮은 약함 지수)의 태도로 살았다. 이처럼 인간은 네 번째 사분면의 삶으로 관계를 다루려는 유혹에 빠지기 쉽다.

앤디 크라우치는 다음 예로 이런 삶을 설명했다. 당신이 전혀 모르는 사람들이 바글거리는 공간에 들어가서 그들에게 말을 걸어야 한다고 해 보자. 어떻게 대처하겠는가? 내성적인 교인들에게 예배 시간 중에서 가장 곤혹스러운 순간은 좌우에 앉은 사람들과 인사를 나누는 그 짧은 30초다. 그 시간이 싫어서 주일마다 본당 밖 로비에 앉아 예배를 드리는 사람들이 꽤 많다.

그런가 하면 극도로 외향적인 사람들은 만남의 시간이라면 사족을 못 쓴다. "오늘도 수많은 새 친구를 사귈 수 있겠어!"(우리 모두는 자신이 어떤 유형인지 안다. 그리고 우리는 '어떻게 저럴 수 있지?'라며 서로 자신과 다른 유형을 부러워한다)[8]

어릴 적에 학교나 파티에 가서 이방인처럼 느꼈던 순간을 생각해 보라. 당신 앞에 술이 가득한 잔 하나가 놓여 있다. 그 술을 마실수록 점점 긴장감이 사라진다. 마치 술의 권위가 자신에게 들어오는 것 같다. 자신의 약점을 해결하기 위해 술에 의존하기 시작하면 그것은 곧 네 번째 사분면의 삶으로 들어가는 것이다. 당장은 더없이 기분이 좋다. 문제는 시간이 지날수록 그 기분이 줄어들고, 처음과 같은 기분을 만들어 내기 위해 점점 더 많은 술을 마셔야 한다는 것이다. 결국 그 술이 우리의 권위를 빼앗고 우리를 고통 속으로 밀어 넣는다.

네 번째 사분면은 인류가 당한 첫 시험의 사분면이다. 뱀은 하와에게 이렇게 말했다(창 3:4-5 참조).

"너는 하나님처럼 될 수 있다"(권위 지수가 높아질 것이다).

"너는 죽지 않을 것이다"(약함 지수가 낮아질 것이다).

하지만 결과는 전혀 달랐다.

그들은 하나님과 다르게 되었다(낮아진 권위 지수).

그들은 반드시 죽게 되었다(높아진 약함 지수).

죄는 '약함이 없는 권위'를 약속하지만 실제로는 '권위가 없는 약함'으로 인도한다. 리브가는 야곱에게 에서의 옷을 입히고 살에 염소 털을 붙여 에서처럼 느껴지게 만들었다. 이삭은 눈이 어두웠기 때문에 굳이 여기서 더 에서처럼 분장을 할 필요는 없었다. 단순히 에서처럼 말하고 행동하기만 하면 들킬 염려가 없었다. 야곱이 아버지 이삭을 속이는 장면은 마치 영화 속의 한 장면과도 같다.

야곱이 아버지에게 나아가서 내 아버지여 하고 부르니 이르되 내가 여기 있노라 내 아들아 네가 누구냐 야곱이 아버지에게 대답하되 나는 아버지의 맏아들 에서로소이다(창 27:18-19).

"저는 에서입니다"가 아니라 "저는 아버지의 맏아들, 아버지의 마음속 넘버원, 아버지가 가장 좋아하는 에서입니다." 순간, 이삭의 멀어 버린 눈에 생기가 돈다. 야곱은 자기 자신으로서 원하는 것을 얻을 수 없다면 남의 흉내라도 내서 원하는 것을 손에 넣을 수 있다는 점을 배운다.

브렌 브라운이 연구를 하면서 발견한 가장 뜻밖의 사실 가운데 하나는 '소속되는 것'과 '끼는 것'이 다르다는 점이었다. '소속되는 것'은 자기 자신으로서 받아들여지는 것이다. 반면에 '끼는 것'은 남의 흉내를 내서 받아들여지는 것이다.[9] 소속되면 나 자신으로서 살 수 있다. 끼려고 하면 나 자신으로서 살 수 없다.

캘리포니아주로 이사하고 얼마 안 돼 한 친구를 따라 어느 영화 시상식장 밖에서 할리우드 스타들의 사인을 받으러 간 적이 있다. 그런데 가만히 보니 각 순서가 시작된 뒤 15분쯤이면 보안이 느슨해졌다. 그래서 나는 패서디나의 한 중고 상점에서 10달러짜리 턱시도를 사서 걸쳐 입고 행사장으로 잠입했다. 거기서 나는 지미 스튜어트와 사진을 찍고 캐리 그랜트와 담소를 나누었다. 그날 연설을 한 엘리자베스 테일러에게 연단으로 올라가는 계단을 알려주기도 했다. 나는 그 모임에 꼈다. 하지만 거기에 소속되지는 않았다. 그 대가로 언제 발각되어 쫓겨날지 몰라 전전긍긍했다.

교회 다니는 아이로 사는 것이 내게는 소속되기보다는 척하고 끼는 것에 가까울 때가 많았고, 나는 그런 척하기의 달인이었다. 나는 실제보다 더 착한 척을 했다. 실제보다 더 행복한 척을 했다. 교회 어른들의 말을 속으로는 인정하지 않으면서 겉으로는 인정하는 척했다. 술을 먹고 싶으면서도 먹고 싶지 않은 척했다(하지만 걸릴까 봐 무서워 엄두도 내지 못했다). 나는 성숙하고 고상한 척을 했다. 이를테면 공부와 봉사활동, 스포츠를 좋아하고 여자애들한테는 관심이 없는 척했다.

소속되지 않고 끼어서 어울리면 초대장도 없이 중고 턱시도를 입고 몰래 들어왔다는 사실을 들킬까 봐 한순간도 마음 편할 날이 없다. 인간관계에서 두려움이 찾아올 때 우리는 그 두려움을 다루거나 갈등을 피하기 위해 약함을 오용하곤 한다. 하나님이 주신 권위를 일부러 내던지는 것이다.

우리는 백스터라는 다섯 살짜리 누런 래브라도 리트리버를 키우는데, 백스터는 덩치도 크고 근육질에다 이상한 소리로 으르렁거리는 것이 정말 권위 있게 생겼다. 하지만 누군가가 집에 들어오기만 하면 발라당 뒤집어져서 자신의 급소를 노출시킨다. "저는 전혀 위험하지 않아요. 저를 사랑해 주세요. 제발요." 살인자가 칼과 몽둥이를 들고 우리 집에 들어와도 발라당 뒤집어질 게 분명하다. 나는 이런 사람들을 많이 안다.

몇 년 전 백스터를 조련사에게 데려간 적이 있다. 첫 훈련이 끝나고 나서 조련사는 내게 몇 가지를 지적했다. "개한테 명령을 내릴 때는 웅크리고 앉아서 개의 눈높이에서 명령해서는 안 됩니다. 항상 위에서 내려 보세요. 개가 뒷문을 긁으며 나가고 싶다는 신호를 보내도 그냥 내보내지 마세요. 먼저 한두 가지 명령을 내려서 복종하면 문을 열어 주세요. 주인의 권위를 세워야 한다는 걸 항상 잊지 마세요." 나는 이런 사람들도 많이 안다.

우리는 인간관계에서도 때로 이 조련사처럼 굴고 때로는 백스터처럼 군다. 하지만 나와 상대방이 모두 진정한 권위와 약함을 동시에 나타낼 때 비로소 진정한 친밀함이 싹튼다.

약함이 선물이었다

야곱과 에서의 이야기로 돌아가 보자. 야곱의 인생에서 가장 중심이 되는 사건을 꼽으라면 하나님과의 씨름이라는 기이한 사건일 것이다. 그가 씨름한 대상이 정말로 하나님이셨을까? 아니면 천사였을까? 성경은 정확히 말해 주지 않는다. 왜 하나님은 야곱을 축복하시기 전에 먼저 고생을 시키셨을까? 역시 성경은 말해 주지 않는다. 우리가 아는 것은 하나님의 축복을 받고야 말겠다는 야곱의 집념이 실로 대단했다는 사실뿐이다.

결국 야곱은 그 치열한 씨름으로 절뚝거리게 되었고, 우리가 알기로 그 상처는 끝까지 낫지 않았다. 야곱은 복을 원했는데 엉뚱하게도 장애를 얻었다. 하지만 그 장애가 바로 그의 복이었는지도 모른다.

야곱이 자신이 속였던 형을 만나러 갔을 때 성경은 "에서가 달려와서 그를 맞이하여 안고"라고 말한다(창 33:4). 보다시피 야곱이 에서에게 달려가지 않았다. 다리를 절뚝거렸기 때문이다. 어쩌면 야곱이 절뚝거리는 모습을 보고 형의 마음이 누그러졌던 건 아닐까? 성공이나 부가 아닌 장애가 두 형제에게 친밀함을 회복할 길을 열어 주었던 건 아닐까? 그렇다면 야곱의 장애는 결국 하나님의 선물이었던 셈이다. 하지만 이것은 아무도 원하지 않는 선물이다.

브렌 브라운은 상담자를 만나 약함에 대한 자신의 애증(주로 증오)을 똑똑히 확인했던 이야기로 《마음 가면》(*Daring Greatly*, 더퀘스트 역간)이라는 책의 포문을 연다.

> 다이애나를 똑바로 쳐다보며 말했다. "나는 나약해지는 기분이 정말 싫어요." 상담자인 만큼 나보다 더한 환자도 다뤄 봤을 거라고 생각해서 거침없이 털어놓았다. 게다가 환자를 빨리 알수록 이 지긋한 치료가 빨리 끝날 거라고 생각했다. "불확실한 건 정말 싫어요. 결과를 모른다는 건 정말 싫어요. 상처를 받거나 실망하는 상황이 정말 싫어요. 너무 힘들어요. 견디기 힘들 만큼 힘들어요. 어떤 심정인지 아시겠어요."
>
> 그녀가 고개를 끄덕였다. "알아요. 잘, 알죠. 나약해진 느낌, 정말 아름답죠." 그러더니 고개를 들어 보일락 말락 미소를 짓는데, 그 모습이 마치 지독히 아름다운 뭔가를 상상하는 듯했다. …… "아름다운 게 아니고 고통스럽다고요. …… 그 느낌이 정말 싫어요."
>
> "정확히 어떤 느낌이죠?"
>
> "피부가 완전히 발가벗겨져서 내 속살이 드러나는 느낌이라고나 할까요. 그런 상황이 오면 어서 빨리 문제를 해결해서 그 느낌에서 벗어나고 싶다는 생각밖에 안 들어요."
>
> "해결할 수 없으면요?"

"그러면 누구든 면상을 갈기고 싶어져요."

"그래서 그렇게 하시나요?"

"그야 당연히 아니죠."

"그러면 어떻게 하시나요?"

"집 청소를 해요. 땅콩버터를 먹기도 하고요. 남들에게 책임을 돌리고요. 주변을 완벽하게 정리해요. 뭐든 내가 할 수 있는 걸 통제하는 거죠. 뭐든 흐트러진 걸 바로잡아요."[10]

브렌은 걱정, 불확실성, 비판받는 것, 불편한 일을 하는 것, 무서운 일을 경험하는 것, 뭔가가 너무 좋아서 사라질까 두려운 감정 등 자신의 약함이 노출되는 상황을 쭉 나열한다. 그러는 동안 상담자는 더 많은 약함을 꺼내 보라는 의미로 계속해서 고개를 끄덕인다. 점점 짜증이 난 브렌은 결국 폭발한다. "약하다는 기분을 느끼지 않고 그냥 아름답게만 살 수는 없나요?"[11]

없다. 그건 불가능하다. 헨리 클라우드는 하나님이 우리의 눈에 눈물길을 두신 것이 우연이 아니라고 말한다. 눈물길을 눈에 띄지 않는 곳에 두면 얼마나 좋을까? 하지만 하나님은 그것을 굳이 우리 눈에 두셨다. 하나님은 우리의 눈물이 우리의 바람과 달리 남들이 다 볼 수 있는 부분에서 나오게 만드셨다.[12] 우리의 약함이 노출되는 것은 우연이 아니라 설계의 결과다.

당신이 절뚝거리는 원인은 무엇인가? 이혼인가? 사업 실패인가? 신체적 장애인가? 체형인가? 학력인가? 분노 조절 실패인가?

214

계속된 관계 실패인가? 중독인가? 전과인가? 학대를 가하거나 당한 기억인가? 비겁함인가? 공황 발작 같은 감정적 질병인가? 외로움인가? 그 약함이 끝까지 사라지지 않는다면? 하나님이 그 약함을 사용하길 원하신다면?

이상하게도 남들이 약함을 솔직히 드러내는 것은 존경스러워 보이지만 정작 나 자신의 약함이 노출되는 것은 싫다. 매들렌 렝글은 이런 글을 남겼다. "어린아이였을 때는 어른이 되면 더 이상 약하지 않을 거라고 생각한다. 하지만 어른이 된다는 건 자신의 약함을 받아들인다는 것이다. …… 살아 있다는 것은 곧 위험에 노출되어 있다는 뜻이다.[13]

우리는 자신의 약함을 인정하고 받아들이는 사람들에게 끌린다. 수수하기로 유명한 에이브러햄 링컨은 두 얼굴을 가졌다는 비난을 받자마자 즉시 이렇게 응수했다. "얼굴이 또 하나 있으면 왜 이 얼굴을 하고 나왔겠소?"[14]

"미안합니다." "잘못했습니다." "모르겠습니다." "도와주세요." "힘듭니다." 리더가 어깨의 힘을 풀고 그렇게 말하면 친밀함이 싹트고 팀이 가족으로 변한다.

웬디 팔리도 *The Wounding and Healing of Desire*(갈망의 상처와 치료)이라는 책에서 우리가 약하게 설계되었다는 점을 지적한다. 그녀는 엄마와 아기의 약함이 하나님에 관해 무엇을 가르쳐 주는지를 조명한 글에서 이렇게 말한다. "엄마가 아기의 고통을 마치 자신의 고통인 것처럼 기꺼이 받아들일 때 친밀함이 솟아난다."[15] 자신의 고통보다 아기의 고통을 먼저 줄여 주고 싶은 것이 엄마 마음이다. 그런 마음으로 아기의 고통까지 자신의 고통으로 느끼는 것을 보면 고통을 참아 내는 엄마의 능력은 일반인의 두 배가 아닌가 생각될 정도다.

이것이 하나님에 관해 무엇을 말해 주는가? 다음 말씀을 보라. "여인이 어찌 그 젖 먹는 자식을 잊겠으며 자기 태에서 난 아들을 긍휼히 여기지 않겠느냐 그들은 혹시 잊을지라도 나는 너를 잊지 아니할 것이라"(사 49:15). 우리는 다른 사람의 몸 안에서, 즉 불확실하고 위험한 공간에서 삶을 시작한다. 그런데 하나님도 예수님을 아기로 이 세상에 보냄으로써 우리와 똑같은 위험을 감수하기로 (그리고 똑같은 친밀함을 경험하기로) 선택하셨다.

엘리자베스 간돌포는 저서 *The Power and Vulnerability of Love*(사랑의 힘과 약함)에서 이렇게 말했다. "하나님의 사랑에서 비롯한 성육신의 삶은 피 웅덩이에서 시작된다. …… 성육신이 피에서 비롯했다는 사실은 하나님의 사랑이 더없이 강할 뿐 아니라 마리아 자궁의 붉은 물에서 약해지기도 했다는 점을 늘 기억하게 해 준다. 약 네 명 중 한 명의 태아가 유산된다. 얼마든지 잘못될 수 있었다. …… 마리아는 덜덜 떨리는 손으로 인터넷에 '유산'이라는 단어를 검색하지 않아도 이 점을 분명히 알고 있었다."[16]

예수님은 주로 가장 약한 모습으로 나타나신다. "너희가 여기 내 형제 중에 지극히 작은 자 하나에게 한 것이 곧 내게 한 것이니라"(마 25:40).

라헬이 아닌 자, 레아

야곱과 에서의 이야기에서 약한 사람은 야곱만이 아니다. 야곱은 형에게서 장자의 권리를 빼앗은 뒤에 선조들의 고향으로 도망을 쳤다. 거기서 그는 삼촌 라반 밑에서 일했다. 라반에게는 두 딸이 있었는데 둘째인 라헬은 '곱고 아리따웠으나'(창 29:17 참조) 그에 반해 맏딸 레아는 '시력이 약했다'(창 29:17 참조).

야곱은 라헬과 사랑에 빠졌고, 그녀와 결혼하기 위해 삼촌 밑에서 7년을 일하기로 약속했다. 그런데 손꼽아 기다린 결혼식, 첫날밤을 치른 방에 문제가 생겼다. "야곱이 아침에 보니 레아라"(창 29:25).

야곱이 '에서가 아닌 자'로 자랐던 것처럼 레아의 정체성은 '라헬이 아닌 자'였다. 라헬은 뭇 사내들의 관심을 한 몸에 받을 만큼 예뻤다. 하지만 외모를 따지는 남자들은 레아에게는 눈길도 주지 않았다. 여성의 가치를 외모로만 매기는 문화를 상상해 보라. 마음씨와는 전혀 상관이 없는 몸매와 얼굴, 피부색, 인종, 나이 같은 외적인 특징으로만 관심을 받을지 무시를 당할지가 결정된다. 그런 문화에서 여성의 삶은 고달파진다.

결혼해서 자식을 낳는 것이 어릴 적부터 여성의 유일한 꿈인 문화권에서 결혼하기 위한 유일한 방법으로 동생의 약혼자를 속여 잠자리를 가질 수밖에 없었던 여인의 심정을 상상해 보라.

"아침에 보니 레아라!"

이 말 이면의 고통을 상상해 보라. 레아가 결혼생활의 첫날 아침에 눈을 뜬다. 하지만 걱정이 이만저만이 아니다. 야곱이 뭐라고 말할까? 넓은 아량으로 자신을 봐 줄까? 소속되기 위해 자신이 아닌 남인 척해야 했던 비참한 심정을 이해해 줄까? 하지만 그것은 헛된 바람이었다. "그가 레아보다 라헬을 더 사랑하여"(창 29:30). 라헬과 결혼하기 위해 라반의 밑에서 7년을 더 일하기로 약속할 정도로 라헬을 향한 야곱의 사랑은 오히려 더 활활 타올랐다.

이 시점에서 이 이야기의 주인공이 무시와 냉대를 당하는 레아를 위한 응답을 들고 처음 무대에 등장한다. "여호와께서 레아가 사랑받지 못함을 보시고 그의 태를 여셨으나"(창 29:31). 여성의 가치가 출산 능력으로 정해지던 사회에서 하나님은 레아에게 말할 수 없이 큰 복을 주셨다. 그런데 이야기는 점점 더 슬퍼지기만 한다.

"레아가 임신하여 아들을 낳고 그 이름을 르우벤이라 하여 이르되 여호와께서 나의 괴로움을 돌보셨으니 이제는 내 남편이 나를 사랑하리로다 하였더라"(창 29:32). '이제 남편의 눈이 라헬을 볼 때처럼 내게도 반짝일 거야. 나를 꼭 안고 사랑을 속삭여 줄 거야. 이 아기가 우리의 관계를 회복시켜 줄 거야.' 하지만 그런 일은 일어나지 않는다. 레아는 두 번째 아들을 낳아 시므온이라 이름 지었다. "여호와께서 내가 사랑받지 못함을 들으셨으므로 내게 이 아들도 주셨도다 하고 그의 이름을 시므온이라 하였으며"(창 29:33).

이어서 세 번째 아들은 레위로 이름을 지었다. "내가 그에게 세 아들을 낳았으니 내 남편이 지금부터 나와 연합하리로다 하고 그의 이름을 레위라 하였으며"(창 29:34). 네 번째 아들은 유다로 이름을 지었다. 유다가 태어난 후에 레아는 출산을 멈추었다(하지만 몇 년 뒤 다시 출산을 시작해 두 사내아이와 한 명의 딸을 더 낳았다). 야곱이 자신을 라헬처럼 사랑할 거라는 희망을 버렸던 건 아닐까? 사랑 말고 텅 빈 마음을 채울 다른 것을 찾기로 결심했던 건 아닐까? 하지만 평생 남편의 사랑을 받지 못하는 가운데서도 레아는 하나님만큼은 자신을 계속 지켜보고, 신경 쓰고 계신다는 사실을 알았다.

사랑받지 못하는가? 아직 치유를 경험하지 못했는가? 강하지 못해서 속상한가? 자신이 예쁘지 않다고 생각하는가? 똑똑하지 않다고 생각하는가? 실패자로 느껴지는가? 혼자라고 생각하는가? 하나님이 당신을 보고 계신다. 하나님이 당신을 신경 쓰고 계신다. 하나님이 다 아신다. 하지만 하나님이 보고 계신다고 해서 일이 술술 풀리는 건 아니다. "라헬이 자기가 야곱에게서 아들을 낳지 못함을 보고 그의 언니를 시기하여 야곱에게 이르되 내게 자식을 낳게 하라 그렇지 아니하면 내가 죽겠노라"(창 30:1). 남편의 사랑을 독차지한 여자의 입에서 나온 말이다.

인간이라는 존재는 남이 조금만 잘되면 배가 아프기 마련이다. 이야기는 유치하고 우스꽝스럽게 흐른다. 켄트 휴즈는 레아와 라헬이 서로 자식을 더 낳으려는 "출산 전쟁"에 돌입했다고 진술한다.[17] 심지어 상대방을 이기기 위해 둘 다 자신의 여종들까지 남편의 침실에 넣었다.

그러던 중 레아의 아들 르우벤이 합환채를 발견해 어머니에게 주었다. 옛 사람들은 합환채를 최음제처럼 사용했다. 합환채가 있다는 첩보를 입수한 라헬은 레아에게 조금만 나눠 달라고 사정을 했다. 당연히 레아의 반응은 싸늘했다. "네가 내 남편을 빼앗은 것이 작은 일이냐 그런데 네가 내 아들의 합환채도 빼앗고자 하느냐"(창 30:15).

그러자 라헬이 거래를 제안한다. "그러면 언니 아들의 합환채 대신에 오늘 밤에 내 남편이 언니와 동침하리라"(창 30:15). 그날 밤 레아는 야곱과 잠자리를 했고, 임신하여 다섯 번째 아들을 낳았다.

야곱 같은 인물이 족장의 반열에 오른다고? 그리고 이스라엘의 열두 지파가 출산 전쟁의 결과물이라고? 정말이지 이 이야기에서 누구 하나 영웅처럼 보이는 인물이 없다. 그런데 어쩌면 이것이 이야기의 핵심인지도 모른다. 친밀함은 절뚝거리는 사람들을 위한 것이다. 친밀함은 거부당한 사람들, 척하는 사람들, 소속되기 두려워서 끼려고 하는 사람들을 위한 것이다. 친밀함의 이야기는 멀쩡한 사람들에 관한 이야기가 아니다. 그것은 망가진 사람들과 그들을 치유하는 사랑에 관한 이야기다.

에덴동산에서 '인간의 약함'은 아름다웠다

학자들은 아기들이 6개월쯤 되었을 때 아무런 문제가 없어도 단지 관심을 끌기 위해 "가짜로 우는" 법을 배운다고 말한다.[18] 사실이라면 우리는 말을 배우기도 전에 거짓말을 배운 것이다.

우리 아이들이 아주 어렸을 때 하루는 한 녀석을 침대에 눕히

다가 침대 아래 나무에 코딱지가 덕지덕지 묻은 것을 발견했다.

"이건 뭐니?"

"새가 그랬어요."

천연덕스럽게 둘러대는 대답에 할 말을 잃었다. 이 아이가 이런 거짓말을 금방 졸업해서 얼마나 다행인지 모른다. 하지만 이 아이는 이내 '훨씬 더' 능수능란한 거짓말쟁이로 성장했다. 요지는, 우리가 거짓말하고, 척하고, 내면에서 일어나는 일을 잘못 해석하는 법을 일찍부터 배운다는 것이다. 하지만 친밀함을 누리고 싶다면 약점을 포함해 자신의 진짜 모습을 온전히 드러낼 수 있어야 한다.

켄트 더닝턴에 따르면 많은 사람이 그 정도의 친밀함까지는 원하지 않는다. "그렇게 되려면 굴욕스러울 뿐 아니라 남들에게 자신의 약점을 드러내 보여야 하는데, 대부분의 사람들이 그럴 생각이 없다. 우리는 죄를 고백하면 남들이 만날 때마다 기도해 준다고 하고 어떻게 되었냐고 물으면서 귀찮게 할까 봐 걱정한다. 대부분의 사람들은 그런 교회에서 그런 활동에 참여하기를 부담스러워한다."[19]

얼마 전에 스즈키 미국 지사 고위 경영진이었다가 현대 미국 지사의 사장으로 영입된 더그 마짜를 만났다. 마짜는 자신감이 넘칠 이유가 꽤 많은 사람이다. 하지만 딱 하나, 그에게는 중증장애를 안고 태어난 아들 라이언이 있다. 라이언은 두개골이 잘못 접합되는 바람에 뇌가 자라면서 양쪽 눈이 안구 밖으로 튀어나왔다. 그로 인해 눈도 멀고 말도 하지 못하는 몸으로 휠체어 안에 갇혀 산다.

마짜는 그 아들을 통해 자신도 한없이 약해지는 것을 경험했다.

자동차 업계에서 성공적인 커리어를 마무리한 뒤 마짜는 현대를 떠나 6억 명의 장애인들을 사랑하고 돕는 사역단체인 '조니와 친구들'(Joni and Friends)의 회장 겸 COO(최고운영책임자)가 되었다. 마짜는 세계 곳곳을 누비며 장애인들을 돕는다. 그는 그 일에서 자신의 아들 라이언을 "후배 사원"으로 여긴다고 말했다. 아들의 약함은 아버지의 복이 되었고 아버지의 권위는 아들의 복이 되었다. 그렇게 큰 권위와 큰 약함이 아름답게 어우러진 덕분에 한 공동체가 나날이 성장한다. 라이언은 말을 할 수 없지만 들을 수는 있다. 마짜는 아들에게 틈만 나면 성경을 읽어 주는데 그럴 때면 라이언은 더없이 해맑은 미소를 짓는다.

잠시 예수님의 약함에 관해 생각해 보라. 크리스마스 이야기를 기억하면서 하나님이 열 달 동안 여인의 자궁 속에서 사셨다는 것이 무엇을 의미하는지 곰곰이 묵상해 보라. 엘리자베스 간돌포의 표현을 빌리자면, "전능하신 하나님이 배고프다고 숨이 넘어갈 듯이 울고, 대소변을 못 가리고, 코를 질질 흘리는 작고 쭈글쭈글하고 불그스레한 인간이 되셨다."[20]

예수님이 한낱 인간처럼 굶주리고, 갈증을 느끼고, 눈물을 흘리고, 잠을 자고, 피를 흘리셨다는 사실을 기억하라. 배신을 당하셨을 때, 그리고 지독히 얻어맞고 지칠 대로 지친 몸으로 십자가에 달리셨을 때, 그때의 예수님의 약함에 관해 생각해 보라. 십자가의 고통은 우리가 감히 상상도 할 수 없을 정도로 지독했다.

태초에 에덴동산에서 인간의 약함은 아름다웠다. 그러다 타락과 함께 숨기와 수치가 찾아왔다. 그때부터 인간의 약함은 고통스러워졌다. 그러다 예수님이 우리의 약함 속으로 들어오셨다. 그로 인해 언젠가 우리의 약함은 다시 아름다워질 것이다. 이것이 우리의 소망이다.

Part 3.

드디어
통하다 !

'서로 다름'의 행복

I'd like you more
if you were more like me

CHAPTER 10

고통과 친밀함

고난의 경험,
공감을 배우다

누구도 하나님의 얼굴을 보고서 살아남을 수 없다고들 한다. 나는 그것이 누구도
하나님의 영광을 보고서 살아남을 수 없다는 뜻이라고만 생각했다.
그런데 한 친구는 누구도 하나님의 슬픔을 보고서 살아남을 수 없다는
뜻일지 모른다고 말했다. 아니면 하나님의 슬픔이 곧 영광인지도.
- 니콜라스 월터스토프, *Lament for a Son*(아들을 위한 애가)

헥터 토바는 *Deep Down Dark*(칠흑 같은 땅속 깊은 곳에서)라는 책에서
69일간 땅속 600미터 아래에 갇혀 생사를 헤맸던 33명의 칠레 광
부들 이야기를 소개했다.[1] 당시 이 사건은 신문과 방송마다 대서특
필되었다. 이 광부들은 세상과 완전히 단절된 채 음식도 거의 없이
어둠 속에서 살았다. 그러다 보니 하루가 다르게 살이 빠져 갔다.
과연 살아서 다시 햇빛을 보게 될지 미지수였다. 산티아고의 한 신

문은 그들의 생존 확률을 겨우 2퍼센트로 잡았다.

임박한 죽음 앞에서 광부들은 지난 세월을 찬찬히 돌아보다가 후회할 일을 너무 많이 했다는 사실을 깨달았다. 그러다 어느 한 사람이 신앙심이 강하기로 주변에 잘 알려졌던 호세 엔리케즈에게 동료들을 위해 기도해 줄 수 있는지 물었다. 그리하여 몇몇 사람이 함께 무릎을 꿇자 엔리케즈가 기도를 시작했다. "주님, 저희는 착한 사람들이 못 됩니다. 하지만 긍휼히 여겨 주십시오."

듣는 사람으로서는 조금 기분이 나쁠 수도 있는 표현이지 않은가? '착하지 않다고? 누굴 말하는 거야?' 하지만 칠흑 같은 땅속 깊은 곳에서는 아무도 토를 달지 않았다. 솔직히 전혀 틀린 말이 아니었기 때문이다.

계속해서 엔리케즈는 구체적인 잘못을 나열하기 시작했다. "빅터 세고비아는 술을 너무 많이 마십니다. 빅터 자모라는 화를 너무 잘 내고요. 페트로 코르테즈는 어린 딸에게 좋은 아빠가 되어 주지 못한 것을 깊이 후회하고 있습니다."

이번에도 아무도 이의를 제기하지 않았다. 그런데 이것이 전혀 예기치 못한 특별한 뭔가, 바로 친밀함이 싹트는 출발점이었다. 그 칠흑 같은 땅속 깊은 곳에서 죽음이 눈앞에서 노려보는 가운데 그들 사이에서 특별한 우정이 태동했다. 그때부터 그들은 매일 한 끼 식사(참치 한 스푼, 가끔 쿠키 하나, 소량의 물)를 마치면 호세 엔리케즈나 오스만 아라야가 짧은 설교를 한 뒤에 모두 무릎을 꿇고 기도를 시작했다. "하나님, 아내와 아들에게 험한 소리를 했던 걸 용서해 주십시오." "하나님, 마약으로 제 몸의 성전을 더럽혔던 걸 용서해 주십시오."

놀랍게도 이런 기도 시간은 자연스럽게 서로에게 잘못을 고백하고 사과하는 시간으로 발전했다. "저번에 화를 내서 미안하네." "물을 구하는 걸 도와주지 못해 미안하네."

친밀함의 열쇠는 경험을 나누는 것이다. 고난을 정의하자면 '고통이나 상실, 실망스러운 일, 절망스러운 일처럼 경험하고 싶지 않은 것을 경험하는 것'이다. 본래 무정하기 짝이 없던 이 광부들은 고통을 나누는 가운데 서로를 걱정했다. 그렇게 고통 '없이는' 결코 싹트지 않았을 결속감이 그들 사이에서 움트기 시작했다. 쾌락과 돈, 술을 구할 길이 끊어지자 비로소 그런 것을 추구하는 삶이 얼마나 어리석은지 똑똑히 눈에 들어왔다.

한편, 땅 위에서는 구조팀이 그들을 구하기 위해 드릴로 땅을 뚫을 준비를 했다. 드릴팀의 책임자는 곧 뚫을 구멍을 위해 기도해야 한다면서 이렇게 말했다. "[십자가 위의] 그 비쩍 마른 양반을 믿어 보자고."

모두가 고개를 숙이자 한 팀원이 "반장님, 다 함께 손을 잡고 기도하는 게 어때요?"라고 말했다. 그리하여 여덟 명의 우락부락한 드릴 기사들이 서로 손을 잡고 예수님께 도움을 구하기 시작했다. 드디어 구조 작업이 시작되었다. 전 세계에서 물심양면의 도움이 쇄도하고, 기도의 불길이 일어났다.

안타깝게도 이 이야기에서 가장 기쁜 순간은 가장 슬픈 순간이기도 하다. 마침내 드릴이 바위에 좁은 구멍 하나를 뚫었다. 광부들은 거기로 식량을 비롯한 물품을 받았다. 그들은 이제 곧 구조되어 명예와 돈을 거머쥘 생각에 한껏 들떴다. 그때부터 고백의 행렬은 멈췄다. 더 이상 기도 소리는 들리지 않았다. 돈과 명예의 유혹은 고통을 나누는 가운데 탄생한 아름다운 공동체를 단번에 와해시켰다. 오히려 삶이 최악일 때 그들은 최상의 모습이었다.

깊은 고난 속에서 만나 주시는 분

칠흑 같은 땅속 깊은 곳은 내 힘으로는 도저히 버틸 수 없는 곳이다. 하나님이 필요함을 절실히 깨닫는 곳이다. 의사의 입에서 "악성"이라는 말이 나온다. 애지중지하는 딸이 가출해서 어디에 있는지조차 모른다. 아니, 내 손으로 키운 자식이지만 이제는 그 아이가 어떤 '사람인지'조차 모르겠다. 과연 다시 집에 올지도 모르겠다. 그 남자가 떠나겠단다. 그녀가 더 이상 나를 사랑하지 않는단다. 남편이 한 번도 나를 사랑한 적이 없단다. 직장에서 쫓겨난다. 무일푼으로 길바닥에 나앉는다. 술이 통제가 되지 않는다. 매일 아침 눈을 뜨자마자 걱정부터 밀려온다. 집을 나서기가 지독히 두렵다. 지독한 불공평의 희생자로 전락한다. 이곳이 칠흑 같은 땅속 깊은 곳이다.

고난이 저절로 친밀함으로 이어지는 건 아니다. 데이비드 브룩스는 유명한 가톨릭 운동가이자 작가 도로시 데이가 고난을 통해 변화된 과정을 다룬 글에서 이렇게 말했다. "우리 대부분에게 고난 자체는 아무런 고귀함이 없다. 실패가 때로는 스티브 잡스와 같은 성공으로 가는 길이 아니라 그냥 실패인 것처럼, 고난도 때로는 그저 파괴적이기만 하다."[2] 하지만 때로는(항상은 아니다) 뭔가 기이하고도 구속적인 현상이 벌어진다.

나치 독일 체제 아래서 디트리히 본회퍼는 소수의 신학생들을 한 지하 학교에 모아 놓고 영성 훈련을 시켰다. 그렇게 열악하고 위험한 환경에서 그들은 태평성대에는 누릴 수 없는 깊은 우정과 친밀함을 경험했다.

나는 평생 술판에서 뒹굴다가 직장과 가족까지 잃고 나서 자신의 힘으로는 도저히 안 된다는 걸 깨닫고 결국 알코올의존증 재활센터 문을 두드렸다는 사람의 이야기를 수도 없이 들었다. 그곳에서 그들은 자신의 힘으로 발버둥 칠 때는 한 번도 보지 못했던 공동체를 발견한다.

"고난은 사랑처럼 자제의 환상을 산산이 깨뜨린다. 고난에서 회복되는 것은 병에서 회복되는 것과 다르다. 많은 경우, 치유되지 않은 채로 남는다. 단, 전과는 달라진다. …… 고난당하기 쉬운 사랑의 일을 두려워하지 않고 그 속으로 깊이 온몸을 던지게 된다."[3]

사우스캐롤라이나주 찰스턴 소재 엠마뉴엘교회에서 끔찍한 총기 난사 사건이 벌어진 뒤, 나는 우리 딸아이 한 명과 그곳으로 가 주일 예배에 참석했다. 2시간 동안 그 교회 안은 함께 위로하기 위해 몰려든 인파들의 찬양과 기도, 통곡, 절규, 예배 소리로 가득했다. 예배 중에 이토록 큰 슬픔과 분노를 경험하기는 처음이었다. 동시에 예배 중에 이토록 깊은 사랑과 넘치는 기쁨을 경험하기도 처음이었다. 지금도 이해가 가지 않지만 직접 경험하고 목격했다. 하나님은 고난 속에서 사람들을 만나 주신다.

엠마뉴엘교회의 생존자 가운데 펠리샤 샌더스라는 여성이 있는데, 피를 너무 많이 흘려서 범인이 죽은 줄 알고 그냥 지나치는 바람에 목숨을 건질 수 있었다. 그의 아들 티완자는 총에 맞아 결국 목숨을 잃었다. 〈타임〉(Time)지는 이 잔학무도한 인종 테러 이후 희생자들이 보여 준 용서의 힘을 표지 기사로 다루었다. 기사 일부를 보자. "펠리샤 샌더스는 FBI에 한 가지를 요청했다. 성경책 두 권을 돌려 달라는 것이었다. FBI는 너무 더러워서 버리는 편이 낫겠다고 했지만 샌더스의 거듭된 요청에 그녀의 성경책과 아들 티완자의 성경책을 버지니아주 콴티코에 있는 FBI 첨단 기술 실험실로 보내 한 장 한 장 최대한 세척했다. 샌더스는 지금도 그 성경책들을 고이 간직하고 있다. 페이지들은 지워지지 않는 피로 새빨갛게 얼룩져 있다. 하지만 여전히 읽을 수는 있다."[4]

타인의 고통을 감지하고 함께 나눌 수 있는가

어떤 이들은 공감 능력을 타고났다. 그들은 다른 인간에게서 아주 작은 고통의 낌새까지도 포착해 낸다. 그런가 하면 절망적인 비극이 바로 눈앞에서 펼쳐지는데도 전혀 눈치 채지 못하는 이들도 있다.

대니얼 시겔은 *The Developing Mind*(개발하는 마음)라는 책에서 한 부부의 이야기를 전해 준다. "짜증난 아내가 어리둥절해 있는 남편을 보며 말한다. '도대체 무슨 말인지 알아듣지를 못하는군요. 그저 책에서 배운 것밖에 몰라요. 내 얼굴은 죽어도 못 읽는군요!' 아내의 짜증에도 남자는 태연하게 대답한다. '가만히 들어보니까 내가 마음에 들지 않나 보군. 참, 그건 그렇고 세상에는 두 부류의 사람들이 있어. 하나는 너무 가난한 사람들이고 다른 하나는 그렇지 않은 사람들이야.' 답답해진 아내는 벌떡 일어나 방을 나가 버린다."⁵

성경의 요셉 이야기는 고난을 통해 공감을 배울 수 있다는 사실을 보여 준다. 요셉은 어린 시절 아버지의 사랑을 한 몸에 받았다. 성경은 형들이 그를 시기했다고 계속해서 말하지만 그는 형들의 고통을 조금도 눈치 채지 못했다. 그로 인해 요셉은 자신도 칠흑 같은 땅속 깊은 곳으로 기나긴 고난의 여정을 떠나게 된다. 형들에게 배신을 당해 노예로 팔려 간 것이다. 그렇게 가족들과 생이별을 한 뒤에는 부패한 자로 모함을 당해 경찰서에 끌려갔다. 결국 두 명의 왕실 관리와 함께 머나먼 타지의 감옥에 갇힌다. "요셉이 그 주인의 집에 자기와 함께 갇힌 바로의 신하들에게 묻되 어찌하여 오늘 당신들의 얼굴에 근심의 빛이 있나이까"(창 40:7).

어떤 이들은 비극을 알아보고 어떤 이들은 알아보지 못한다. 인간의 얼굴에는 43개의 근육이 있다. 얼굴을 찡그리는 것보다 웃을 때 근육을 더 적게 사용한다는데, 확인된 바는 없다. 확실한 사실은 얼굴이 마음을 표현하기 위해 그토록 많은 근육을 갖고 있다는 것이다. 우리 몸에서 얼굴만큼 우리 마음을 잘 표현해 주는 기관도 없다. 대니얼 시겔은 "우리는 …… 얼굴을 통해 감정 상태를 표현하도록 설계되었다"라고 말했다.[6]

얼굴은 우리 내면에서 일어나는 일을 말보다 훨씬 더 강력하고도 날카롭게 표현해 줄 때가 많다. '슬프다' 혹은 '화가 난다'와 같은 말이 표현할 수 있는 데는 한계가 있다. 하지만 우리 얼굴이 표현할 수 있는 감정의 종류와 강도는 거의 무한대다.

부모는 기상학자들이 일기도를 살피듯 아기 얼굴을 자세히 뜯어본다. 애인들은 시간 가는 줄 모르고 서로의 눈을 쳐다본다. 좋은 친구들은 서로의 얼굴에서 남들은 쉽게 놓칠 수 있는 미묘한 기쁨이나 슬픔, 염려의 빛을 즉시 알아챌 수 있다. 누군가를 사랑하면 그의 얼굴을 뜯어보게 되어 있다. 칠흑 같은 땅속 깊은 곳에서 요셉은 공감의 기술을 배웠다. 그래서 오랜 세월이 지난 뒤 그가 형들과 상봉했을 때 우리는 놀라운 반응을 볼 수 있다.

요셉이 그들을 떠나가서 **울고**(창 42:24).

요셉이 아우를 사랑하는 마음이 복받쳐 급히 울 곳을 찾아 안방으로 들어가서 **울고**(창 43:30).

요셉이 …… 그 형제들에게 자기를 알리니 그때에 그와 함께한 다른 사람이 없었더라 요셉이 **큰 소리로 우니** 애굽 사람에게 들리며 바로의 궁중에 들리더라(창 45:1-2).

자기 아우 베냐민의 목을 안고 **우니** 베냐민도 요셉의 목을 안고 **우니라** 요셉이 또 형들과 입맞추며 안고 **우니** 형들이 그제서야 요셉과 말하니라(창 45:14-15).

요셉이 그의 아버지 얼굴에 구푸려 **울며** 입맞추고(창 50:1).

요셉에게 말을 전하여 이르되 당신의 아버지가 돌아가시기 전에 명령하여 이르시기를 너희는 이같이 요셉에게 이르라 네 형들이 네게 악을 행하였을지라도 이제 바라건대 그들의 허물과 죄를 용서하라 하셨나니 당신 아버지의 하나님의 종들인 우리 죄를 이제 용서하소서 하매 요셉이 그들이 그에게 하는 말을 들을 때에 **울었더라**(창 50:16-17).

요셉은 성경 인물 가운데 최고 울보다. 우리 시대에는 눈물을 약함의 증거로 보는데 성경의 첫 책에서는 눈물을 거대 제국의 권력 중심에 선 인물의 특징으로 묘사하니 얼마나 아이러니한가. 고난 속에서 요셉은 성공과 권력을 통해서는 얻을 수 없는 놀라운 친밀함의 능력을 연마했다. 이것이 칠흑 같은 어둠 속 깊은 곳에서 형성되는 우정이 주는 선물이다.

신음하는가, 불평하는가

성경은 고난에 반응하는 사람들의 자세를 탄식과 원망 두 가지로 표현한다.

첫 번째 반응부터 살펴보자. "이스라엘 자손은 고된 노동으로 말미암아 탄식하며 부르짖으니 그 고된 노동으로 말미암아 부르짖는 소리가 하나님께 상달된지라 하나님이 그들의 고통 소리를 들으시고 …… 하나님이 이스라엘 자손을 돌보셨고"(출 2:23-25). 이스라엘 백성의 탄식은 하나님께 접수되었다. "이제 애굽 사람이 종으로 삼은 이스라엘 자손의 신음 소리를 내가 듣고 나의 언약을 기억하노라"(출 6:5).

탄식은 시편에도 등장한다. 다윗은 몸이 피곤할 정도로 탄식했다.

> 나의 영혼도 매우 떨리나이다 여호와여 어느 때까지니이까
> …… 내가 탄식함으로 피곤하여(시 6:3, 6).

에스겔서에서는 탄식하라는 명령까지 나온다. 그래서인지 다음 같은 에스겔서 말씀이 결혼식에서 낭독되는 경우는 좀처럼 없다.

인자야 탄식하되 너는 허리가 끊어지듯 탄식하라 그들의 목전
에서 슬피 탄식하라(겔 21:6).

성경에는 원망도 탄식만큼이나 자주 나타난다. 하지만 탄식과
같은 반응을 얻지는 못한다.

백성이 모세에게 원망하여 이르되 우리가 무엇을 마실까 하매
(출 15:24).

나중에 모세는 이스라엘 백성에게 그들이 전에 원망했던 사건
을 상기시켰다.

장막 중에서 원망하여 이르기를 여호와께서 우리를 미워하시
므로 아모리 족속의 손에 넘겨 멸하시려고 우리를 애굽 땅에서
인도하여 내셨도다(신 1:27).

원망은 시편에서도 언급된다.

그들의 장막에서 원망하며 여호와의 음성을 듣지 아니하였도
다(시 106:25).

하지만 탄식하라는 명령은 있지만 원망하라는 명령은 없다.

원망은 오히려 금지되었다.

모든 일을 원망과 시비가 없이 하라(빌 2:14).

원망하는 사람들은 큰 곤혹을 치렀다.

그들 가운데 어떤 사람들이 원망하다가 멸망시키는 자에게 멸망하였나니(고전 10:10).

하나님은 탄식을 명령하고 원망은 금하셨다. 둘의 차이는 무엇인가? 탄식은 '하나님께' 불평하는 것이고 원망은 '하나님에 관해' 불평하는 것이다. 탄식은 하나님의 면전에서 이루어지지만 원망은 하나님의 등 뒤에서 이루어진다. 성경을 보면 사람들은 슬픔과 고통을 견디다 못해 무릎을 꿇고 하나님 앞에서 탄식했다. 반면에 원망은 장막 안에서 은밀히 한다. 원망하는 자들은 아무도 보지 않는다고 착각하여 제멋대로 자신의 시각에서 상황을 과장하고 엄연히 자신의 불순종으로 찾아온 결과인데 오히려 남을 탓했다.

탄식과 원망의 이런 차이는 상대가 하나님이든 사람들이든 친밀함에 대해서도 큰 차이를 만들어 낸다. 탄식은 친밀함을 증폭시키지만 원망은 친밀함을 파괴한다. 원망은 또한 전염성이 강하다. 부정적인 원망을 일삼는 사람들은 필연적으로 함께 원망할 사람들을 찾게 되어 있다.

한 연구에서 연구가들은 두 사람을 서로 마주보게 의자에 앉혀 놓고 서로 한마디도 하지 않게 했다. 그런데 그중 한 명이 부정적인 기분을 느끼면 5분쯤 뒤에 다른 한 명의 분위기도 눈에 띄게 어두워졌다. 단지 부정적인 사람 옆에 앉아 있는 것만으로 그렇게 된다는 사실이 놀랍다. 원망하는 사람은 자신의 고통을 과장하여 자신의 부정적인 태도를 정당화한다.

엠마뉴엘교회에서 추도 예배를 드리고 집으로 돌아오는 길이었다. 비행기를 타고 새벽 1시에 공항에 도착했다. 졸려서 얼마나 원망을 했는지 모른다. 게다가 휴대폰까지 실종되어 나의 원망은 극에 달했다(안 그래도 쓰던 휴대폰을 화장실 변기에 떨어뜨리고 나서 새 휴대폰을 산 지 얼마 되지도 않았다. 그때도 떨어뜨린 사람은 나인데 변기를 탓하며 한참을 투덜거렸다). 모든 승객이 비행기에서 내리고 나서 승무원이 내게 다가왔다.

"혹시 선생님 컴퓨터 가방에 있지 않을까요?"

"거긴 당연히 가장 먼저 찾아봤지요."

주머니란 주머니는 죄다 뒤졌고, 좌석 바닥도 다 훑은 상태였다. 승무원이 좌석도 하나하나 다 들추어 보았다. 화장실로 달려가 좌변기 위도 살펴보았다. 자리로 돌아왔을 때 퍼뜩 머리를 스치고 지나가는 생각이 있었다. '맞아, 내 옆에 앉았던 남자가 내내 수상했어. 내가 잠자는 사이에 슬쩍해 간 게 분명해.'

"선생님, 열에 아홉은 컴퓨터 가방 안에서 발견됩니다."

승무원의 말에 나는 발끈했다. "샅샅이 뒤졌다니까요!"라고 쏘아붙이며 가방 옆 주머니를 열자 승무원이 그곳을 가리키며 말했다. "선생님, 저기 휴대폰처럼 생긴 물건은 뭔가요?"

이럴 수가! 내 탕자 휴대폰이 어느새 집에 돌아와 있었다. 하지만 나는 전혀 기쁘지 않았다. 나는 "이 휴대폰을 잃었다가 찾았으니 살찐 송아지를 잡아 잔치를 엽시다"라고 말하지 않았다. 그저 입을 꾹 다문 채로 조용히 짐을 챙겼다.

그 순간, 그 옛날 원망을 일삼던 모세 진영의 이스라엘 백성 한 명이 시공을 초월해서 내 앞에 나타난다고 상상해 보라. 그는 아마도 내게 이렇게 말하지 않았을까? "당신은 인생을 전에 없이 되돌아보게 만드는 전국적인 행사에 참여하고서 사랑하는 아내와 자녀가 있는 포근한 집에 거의 다 왔습니다. 게다가 여기까지 온 과정도 생각해 보세요. 거대한 원통의 옆면에 달린 문으로 들어가 의자에 앉았고, 다시 일어섰을 때는 평생 동안 걸은 거리보다도 훨씬 먼 거리를 하늘길로 이동했지요. 하늘에서 구름을 구경하며 식사를 하고 말이에요. 그런데 세상 어디 있는 사람에게나 실시간으로 말하고 편지를 쓰게 해 줄 뿐 아니라 우리 시대의 모든 정보를 합친 것보다 훨씬 많은 정보를 단번에 찾아 주는 이 작고 얇은 상자를 낯선 사람이 친절하게 찾아 주었는데 원망하다니, 이 무슨 해괴한 상황입니까? 그러고도 나더러 배은망덕하다고 말할 수 있습니까?"

성경에 실리지 않은 말 중에 꼭 실려야 하는 말을 딱 하나만 꼽는다면 "인정해! 여호와의 말이니라"가 아닐까 하는 생각을 해 본다. 원망할 때 우리는 짜증과 화를 주변 모든 사람에게 표출한다. 하지만 탄식은 괴로운 심정을 하나님께 직접 아뢰는 것이다. 그분

앞에 우리의 마음을 남김없이 쏟아 내는 것이다.

아울러 탄식할 때 우리는 고통 중에 있는 모든 사람이라는 더 큰 배경에서 자신의 고통을 바라본다. 또한 성경에서 탄식은 자신의 죄를 자각하는 것을 포함한다. 이것이 비탄의 시편들에 주로 고백이 포함되어 있는 이유다. 탄식은 더 나은 사람이 되고 싶은 갈망을 담고 있다. 그것이 잘되지 않을 때 하나님을 부여잡고 답답한 마음을 솔직하게 쏟아 내는 것이 탄식이다. 탄식은 하나님이 느껴지지 않을 때조차 하나님 중심으로 안타까워하는 것이다.

인간관계에서 탄식은 둘 사이에 문제가 있을 때 제삼자를 찾아가 상대방에 '관해' 말하는 것이 아니라 '상대방'을 찾아가 '우리'에 관해 이야기를 나누는 것이다.

차이를 존중할 때 친밀함이 싹튼다

데보라 태넌 박사는 여성과 남성이 자신의 문제를 다른 방식으로 이야기하며 그런 차이를 이해하고 존중하지 않으면 부부나 이성 친구 사이에 친밀함이 사라질 수 있다고 말한다.[7]

여성들은 '문제에 관한 잡담'을 나누면서 결속을 다진다. 한 여자가 자신의 문제를 고백하면 으레 다른 여자도 자신의 문제를 고백한다. 그럴 때 두 사람 사이에 동질감이 싹튼다. 둘 사이 대화의 핵심은 문제 해결이 아니다. 이 문제가 해결되면 그들은 이야깃거리로 또 다른 문제를 찾아낸다. 대화 자체가 핵심이며, 문제는 대화를 시작하기 위한 수단일 뿐이다.

반면, 남자들은 다른 남자들에게 자신의 능력을 과시해 보이면서 자존감을 얻는다. 남성 문화에서 문제를 인정하는 것은 곧 자신의 무능력을 인정하는 것이기 때문에 남자들은 웬만해선 그렇게 하지 않는다. 남자가 문제를 이야기하면 그에게 해결책을 제시할지 대화 주제를 바꿀지 잘 판단해서 결정해야 한다.

남자들끼리는 여자들보다 문제에 관해 덜 이야기하는 경향이 있다. 남자끼리는 서로의 일을 잘 이야기하지 않는다. 그러니 남녀가 대화할 때 서로 답답할 수밖에 없다. 하지만 조금만 서로를 이해해서 서로의 세상 속으로 들어가려고 노력한다면 남녀 사이에서도 얼마든지 친밀함이 싹틀 수 있다.

누군가의 고난에 함께한다는 것

데이비드 브룩스는 도로시 데이가 "남들이 트라우마에 빠졌을 때 세심한 사람들이 어떻게 하는지"를 배웠다고 말한다. "일단, 그들은 그냥 찾아온다. 그들은 그냥 곁을 지켜 준다."[8]

욥기에서 욥이 극심한 고난을 당하는 7일 동안 친구들은 묵묵히 곁을 지켜 주었다. 나중에 말로 우정을 깎아 먹긴 했지만 처음 얼마 동안의 침묵만큼은 욥에게 최고의 위로였을 것이다.

세심한 사람들은 절대 비교를 하지 않는다. 고난을 당하는 사람 입장에서는 자신의 고난이 가장 힘들기 때문이다. 비교는 아무런 도움도 되지 않는다.

세심한 사람들은 실질적인 도움을 준다. 자녀를 돌봐 주고, 식사를 챙겨 주고, 집을 청소해 주고, 심부름을 해 준다. 병문안을 마치고 나올 때 많은 사람들이 "필요한 게 있으면 꼭 연락해요"라고 말한다. 하지만 그 말만큼 쓸모없는 말도 없다. 정말로 도와줄 생각이 있는 사람이라면 상대방이 전화할 때까지 기다리지 않는다.

세심한 사람들은 섣불리 위로하려고 하지 않는다. 답을 알고 있는 척하지 않는다. 어쭙잖은 설명으로 고통을 누그러뜨리려고 하지 않는다. 그들은 고통에 주어진 시간을 인정할 줄 안다. 세심한 사람들은 예기치 못한 감사의 순간들을 찾는다. 말기 암으로 죽어 가던 한 여성과 나눴던 대화가 지금도 생생하게 기억난다. 잠시 가벼운 대화를 나누다가 내가 물었다. "괜찮으세요?"

그러자 여성이 천천히 말했다. "저는 정말 운이 좋은 편이에요. 말기 암이라면 당연히 괴로울 정도로 아파야 하는데 저는 통증이 거의 없거든요. 게다가 사랑하는 가족들이 늘 제 곁을 지켜 주고요."

혹자는 고난에 두 종류가 있다고 말했다. 하나는 내가 당하는 고난이고 다른 하나는 '함께' 당하는 고난이다. 일단 우리는 병이나 상처, 모기로 인해 고통을 겪는다. 그런가 하면 친밀함의 행위로써, 경험을 나누는 행위로써 상대방의 고통 속으로 들어가서 함께 고난을 당할 수도 있다. 엄마는 아픈 자식과 '함께' 고통을 겪는다. 아들은 아픈 부모와 '함께' 아파한다. 친구는 배우자를 잃은 친구와 '함께' 슬퍼한다. 고난을 '함께' 당하는 것은 말할 수 없이 깊은 친밀함의 행위다.

바울은 상처받은 사람, 가난한 사람, 상실을 경험한 사람과 '함께' 고난을 당하는 것이 곧 인간이 되어 온 인류의 고통을 '함께' 겪으신 예수님과 '함께' 고난을 당하는 것이라고 말했다. 루이스 스미디즈에 따르면 "작은 고난이라도 다른 누군가와 함께하면 그것은 하나님의 흐름을 따라 움직이는 것이다. 하나님이 하시는 일을 하는 것이다."[9]

'다섯 번째 시도의 하나님'께 소망을 둘 때

'고난 나누기'와 '함께 절망하기' 사이에는 하늘과 땅만큼의 차이가 있다. 내 친구 댄 알렌더가 겪은 일에서 이 점이 극명하게 나타난다. 알렌더는 몬태나주에서 열린 한 집회에 강사로 가면서 아내와 열 살배기 아들 앤드류를 데리고 갔다. 영화 〈흐르는 강물처럼〉(A River Runs Through)을 여러 번 봤던 그는 이번에 꼭 아들과 함께 플라이 낚시를 하겠다고 마음을 먹고 있었다. 나머지 이야기는 그에게 직접 들어 보자.

그곳에 도착한 첫날에는 강연이 없었기 때문에 저녁 8시쯤 낚시 장비를 잔뜩 챙겨서 낚시 보트를 타고 강으로 나갔다. 기분이 날아갈 것만 같았다. 땅거미와 산들, 물, 석양이 눈부시도록 아름다웠다. 그런데 문득 내 주변을 날아다니는 새들이 보였다. 나는 야외 활동을 썩 좋아하지 않아 조류에 관해 별로 아는 바가 없었지만 이 새들은 왠지 기분이 나빴다. 특히, 그때쯤 잠자리에 들었어야 할 녀석들이 나다니는 것이 꺼림칙했다. 그랬다. 내 머리 위와 주변을 전광석화와 같은 속도로 날아다니는 그 무리들은 새가 아니었다. 박쥐였다! 나는 박쥐가 소름끼치게 무섭다.

그때부터 나는 일종의 비행금지구역을 만들기 위해 내 낚싯대를 마구 휘둘렀다. 그러다 박쥐 한 마리를 쳐서 물속에 떨어뜨렸다. 놈이 물 위로 떠올라 나를 향해 다가오자 나는 다시 세차게 때렸다. 그리고 또다시. 좀 끔찍한 이야기지만 계속해서 때리니까 마침내 하나님의 피조물 하나가 익사했다.

그즈음 나는 완전히 공포에 질려 있었다. 어서 강가로 나가고 싶었는데 뜻밖에도 바로 이 순간을 위해 저 깊은 바닥에서 창조된 물고기 한 마리가 내 낚싯밥을 물었다! 내가 신이 났을까? 전혀 아니다. 나는 물고기를 잡고 싶지 않았다. 그저 빨리 물 밖으로 나갈 생각뿐이었다. 그때까지 내 평생에 잡아 본 물고기라곤 송어가 전부였다. 하지만 이 물고기를 끌어올려 보니까 송어가 아니었다. 거대하고 흉한 회색 물고기였는데 집채만 한 입을 쩍 벌리고 있었다. 놀라서 간이 떨어지는 줄 알았다. 나는 물고기 만지는 걸 질색하지만 그 괴물 물고기를 바늘에서 떼어 내야 했다. 하지만 만지려니 도무지 엄두가 나질 않았다. 결국 물고기를 마구 흔들기 시작했다. 어찌나 세차게 흔들었던지 물고기의 입술이 찢어져 몸통이 말 그대로 하늘을 날아 물속에 풍덩 빠졌다.

물 밖으로 나오자 한 남자가 내게서 한 15미터쯤 떨어진 선착장 거의 끝에 앉아 있었다. 내가 다가가자 그가 느닷없이 손을 뻗어 내 팔을 잡더니 나를 자신의 얼굴 바로 앞까지 끌어당겼다. "형씨, 여기서 50년 넘게 낚시를 했지만 방금 전과 같은 놈은 처음 봤소. 좋은 구경을 시켜 줘서 고맙소."

나는 집회가 끝날 때까지 이 남자를 피하려고 최선을 다했다. 한편, 그 주 내내 나는 점심 식사 직후에 아들을 데리고 강으로 나가 두어 시간 낚시를 했다. 그런데 삼일 연속으로 한 마리도 잡지 못했다.

세 번째 날, 내가 피해 왔던 그 남자가 내게 다가와 말을 걸었다. "아들을 데리고 물고기를 잡으러 가는 걸 봤소. 한 마리도 잡지 못한 것 같던데."

"네."

"1시에서 3시 30분 사이에는 물고기가 미끼를 잘 물지 않는 걸 아오?"

"몰랐습니다."

"아들이 물고기를 잡았으면 좋겠소?"

"물론이죠."

"그렇다면 내일 새벽 5시 30분에 나가 보시오."

이튿날 아침 아들과 나는 새벽 5시 30분에 강으로 나갔다. 하지만 7시 45분까지 물고기를 한 마리도 구경하지 못했다. 아내에게 8시까지 돌아간다고 말해 놓았던 터라 아들에게 "그만 가자"라고 말했다. 속으로 하나님께 부아가 났다. 홍해를 가르신 분이 어찌 우리 아들에게 피라미 한 마리 주시지 않는단 말인가!

아들은 하소연하는 표정으로 나를 보며 기어 들어가는 목소리로 말했다. "아빠, 제발 한 번만 더 하면 안 돼요?"

속에서는 화가 났지만 순간 성령의 음성이 느껴졌다. "아들의 희망을 짓밟을 테냐?"

결국 나는 아들에게 말했다. "좋아. 다섯 번만 던지고 가자."

첫 번째 시도는 실패로 돌아갔다. 두 번째도. 세 번째도. 낚싯줄을 던질 때마다 속으로 '주님, 이번만큼은 아들에게 물고기 한 마리만 주세요!'라고 기도했다. 하지만 네 번째로 던질 때는 다시 부아가 치밀었다. '희망은 무슨 희망!'

돌아가기 위해 막 노를 젓는데 아들이 다섯 번째로 낚싯줄을 던졌다. 그리고 갑자기 소리를 질렀다. "아빠! 멈춰요!"

고개를 돌려 보니 녀석의 낚싯줄이 부러질 듯 구부러져 있었다. 그때부터 5-6분간 아들은 물고기와 사투를 벌였다. 마침내 물고기를 건져 올리고 보니 거대한 강꼬치고기였다. 가슴 벅찬 순간이었다. 아버지로서 내 인생에서 가장 중요한 순간 중 하나였다. 강가에 거의 이르자 아들이 말했다. "아빠, 하나님이 도와주셨어요. 맞죠?"

"그래, 맞다, 맞아."

잠시 후 아들이 다시 말했다. "아빠, 난 하나님 이름을 알아요."

"그게 무슨 말이야?"

"하나님의 이름은 '다섯 번째 시도의 하나님'이에요."[10]

고난은 우리를 참을성 없게 몰아간다. 장인어른이 돌아가셨을 때 내 아내는 아버지를 잃은 극심한 슬픔을 겪었다. 게다가 당시 우리에겐 밤낮으로 돌봐야 할 네 살 아래 아이들이 있었다. 두 상황이 겹치니 나로서는 죽을 맛이었다. 아내가 넋을 놓고 있는 동안 나 혼자 육아를 맡느라 육신이 고될 뿐 아니라 육체적 친밀함과 혼자만의 공간에 대한 내 이기적인 욕심이 채워지지 않자 짜증이 나기 시작했다. 그로 인해 나는 슬픔에 빠진 아내를 잘 보듬어 주지 못했다. 우리가 "다섯 번째 시도의 하나님"을 섬기고 있다는 사실을 알면 고난 중에 조용히 앉아 있을 인내심이 생긴다.

남편이나 아내가 암 진단을 받으면 절반 이상의 부부들이 일주일 내로 서로의 감정에 관해 솔직한 이야기를 나누지 못한다. 서로 상대방에게 상처를 줄까 두려워 그 이야기를 꺼내지 못한다. 그런가 하면 거짓 낙관론으로 서로를 위로하려고 하기도 한다. 하지만 거짓 낙관론은 진정한 친밀함으로 이어지지 않는다. 서로에게 자신의 진짜 감정을 말하고 다섯 번째 시도의 하나님께 소망을 둘 때만이 비로소 진정한 친밀함이 자라난다.

우리의 소망, 부활의 아침이 온다

철학자 니콜라스 월터스토프는 등반 사고로 스물다섯 살 난 아들 에릭을 잃었다. 월터스토프의 책 *Lament for a Son*(아들을 위한 애가)은 아버지의 찢어지는 가슴에서 터져 나온 고통스러운 절규다. 그 절규에서 그는 고난을 '설명해 주는' 하나님이 아닌 고난 속으로 '들어오시는' 하나님을 발견했다.

"하나님은 사랑이시다. 이것이 그분이 고난을 당하시는 이유다. …… 하나님은 고난을 당하는 사랑이시다. 따라서 고난은 만물의 깊은 중심에 있다. 그곳에 의미가 있으며 …… 하나님의 눈물이 곧 역사의 의미다.[11]

하나님과 탄식에 관해 우리가 꼭 알아야 할 사실이 있다. 인류 문학사에서 가장 뛰어난 구절 하나에 그 사실이 기록되어 있다. "피조물이 허무한 데 굴복하는 것은 …… 피조물이 다 이제까지 함께 탄식하며 함께 고통을 겪고 있는 것을 우리가 아느니라"(롬 8:20, 22).

피조세계 자체가 탄식한다. 탄식은 말보다 더 깊은 고통에서 우러나온다. 탄식은 지독한 고통에 드러내는 날것 그대로의 반응이다. 딸 로라가 한 살일 때 예방 접종을 하러 갔던 기억이 난다. 내가 움직이지 못하게 꼭 안고 있는 동안 의사가 그 작고 보드라운 팔에 거대한 바늘을 쑥 찔러 넣었다. 순간, 녀석의 눈이 똥그래지면서 눈물이 가득 고이고 입술이 파르르 떨리며 울음이 터져 나왔다. 그 얼굴이 마치 나를 원망하는 듯했다. '아빠, 지금까지 매일 나를 고통에서 보호해 주었는데 지금은 내게 왜 이러시나요?'

나는 화들짝 놀라 아이에게 말했다.

"우리 아가, 알아, 알아……. 엄마가 시켜서 한 거야."

고통이 너무 지독하면 말조차 나오지 않고 그저 신음 소리만 터져 나온다. 그런 일을 겪으면 평생 잊지 못한다.

"그뿐 아니라 또한 우리 곧 성령의 처음 익은 열매를 받은 우리까지도 속으로 탄식하여 …… 이와 같이 성령도 우리의 연약함을 도우시나니"(롬 8:23, 26). 성령이 어떻게 우리의 연약함을 도우실까? 우리 삶을 편하게 만드시는 건 아니다. 우리 마음을 더 강하게 단련시키시는 것도 아니다. 고난당하는 기간을 줄여 주시는 것도 아니다. 바로, 직접적인 중보를 통해서 도우신다. "이와 같이 성령도 우리의 연약함을 도우시나니 우리는 마땅히 기도할 바를 알지 못하나 오직 성령이 말할 수 없는 탄식으로 우리를 위하여 친히 간구하시느니라"(롬 8:26).

하나님이 우리의 극심한 고뇌와 고통, 수치, 고난을 직접 경험하고 토로하신다. 성경의 하나님은 탄식하는 하나님이시다. 이런 하나님과 친밀한 자는 칠흑 같은 땅속 깊은 곳에서도 희망을 잃어버리지 않는다. 지하에 갇혀 있던 그 칠레 광부들은 정오만 되면 점심 식사를 나누고 죄를 고백하고 기도하기 위해 한자리에 모였다. 그리고 그들은 "목사"가 전해 주는 성경 이야기를 들었다. 그들이 가장 좋아한 성경 이야기가 뭔지 아는가? 바로 요나와 큰 물고기 이야기였다. 그들은 마치 자신들이 그 이야기 속에 있는 것처럼 느껴졌다고 말했다. 그들은 요나를 구해 주신 하나님이 자신들도 구해 줄 거라고 믿었다. 그들은 그 이야기가 전해 주는 희망이 좋았다.

소망의 이상한 점은 움켜쥐려고 하면 빠져나가고 사랑하는 마음으로 남들에게 나눠 주면 자기 자신이 가장 많이 받게 된다는 것이다. 우리는 거짓 희망을 사고팔 때가 너무도 많다. "원하는 걸 가질 수 있을 거야. 상황이 좋아질 거야." 우리는 그런 공허한 희망으로 서로를 격려하려고 한다. 우리 희망은 그보다 더 깊이 들어가야 한다.

어느 날, 큰 기쁨을 약속하는 동시에 "간고를 많이 겪었으며 질고를 아는 자"였던(사 53:3) 선생을 중심으로 작은 공동체가 탄생했다. 그 선생은 심령이 가난한 자와 마음이 온유한 자, 애통하는 자 같은 고난을 당하는 자들이 사실은 복 받은 자들이라고 말했다(마 5:3-11 참조). 그러다 이 남자는 십자가에서 처형을 당했다. 그렇게 (겉으로 보기에는) 실패한 사람으로 인생을 마감했다.

십자가 위에서 그는 철저히 혼자였다. 하지만 그 십자가를 통해서 우리는 그와 하나가 되었다. 십자가 위에서 그는 우리 인간들을 가장 고립시키는 경험들인 죄책감과 고통, 절망, 죽음을 자신이 함께 '나누기로' 선택했다. 그 결과, 우리는 그런 경험들의 한복판에서도 더 이상 혼자일 필요가 없다. 더 이상 그런 경험들을 두려워할 필요가 없다.

그의 시신은 십자가에서 내려져 무덤 속에 놓였다. 하늘 아버지께서 죽음이 노려보는 땅속 깊은 곳, 십자가에 못 박혀 죽은 아들에게로 내려오셨다. 거기서 '칠흑 같은 땅속 깊은 곳에서의 우정'이 첫 모임을 열었다. 예수님은 "음부에 내려가셨다."[12] 만약 당신이 그곳에서 그분을 찾을 수 있다면, 어디서든 그분을 찾을 수 있다.

며칠 뒤 첫 부활절 아침이 왔다. 그리고 또 다른 부활의 날이 오고 있다. 이것이 우리의 소망이다. 우리의 죄를 위해 돌아가셨다가 다시 살아나신 예수님이 언젠가 그분의 백성을 데려가기 위해 오실 것이다. 지난 2천 년 동안 그분의 공동체는 오직 한 가지 사실에 모든 희망을 걸었다. 그것은 바로 우리 죄를 위해 십자가에서 돌아가신 예수님이 죽음에서 살아나셨고, 언젠가 우리도 그렇게 될 것이라는 사실이다. 우리는 그 "비쩍 마른 이"에게 모든 희망을 걸고 있다.

▲

CHAPTER 11

수용과 거부

'은혜' 안에서
'깊은 수치심'을 치료받다

하나님이 우리를 받아 주셨으니 우리 안에
다른 이들을 위한 공간을 만들어 그곳으로 그들을 초대해야 한다.
- 미로슬라브 볼프, 《배제와 포용》*(Exclusion and Embrace*, IVP 역간)

그러므로 그리스도께서 우리를 받아
하나님께 영광을 돌리심과 같이 너희도 서로 받으라.
- 로마서 15장 7절

교인 가운데 지아 장이라는 남자 성도가 있다. 장은 중국에서 태어
나 16세에 교환학생으로 아는 사람 한 명 없는 미국으로 건너왔다.
그는 루이지애나주 시골에 있는 한 가정에 배정되었는데 그곳에서
세상의 쓴맛을 톡톡히 보았다. 그는 자신을 받아 주는 가정을 원했
지만 알고 보니 그 가족은 범죄자 집단이었다. 장은 주인 아들이 살
인범인 줄도 모르고 그와 같은 방을 썼다. 몇 주 만에 그 가족은 장

의 돈을 남김없이 훔쳐 갔다.

이후 장은 다시 다른 가정에 배정되었는데, 이번 가족은 하나님의 성회(Assemblies of God; 미국 최대의 오순절 교단) 교회에 다녔다. "활기가 넘치는 교회였어요. 우리 교회와는 분위기가 꽤 달라요." 한번은 그가 내게 그렇게 말했다. 그 가족이 노래하고 춤추고 기절하고 때로는 알아듣지 못하는 말까지 하는 모습이 생소했다. 하지만 그 가족의 진심 어린 사랑 덕분에 장은 거기서 하나님을 만났다. 장은 학교를 무사히 졸업하고 결혼한 뒤에 회사를 세우기로 결심했다. 하지만 창업 자금 대출로 은행 문을 두드릴 때마다 번번이 거절을 당했다.

이런 거부는 다른 시련들과는 차원이 달랐다. 장은 그야말로 아무것도 할 수 없을 정도로 심한 무기력에 빠졌다. 장은 거부가 실패와는 다르다는 사실을 깨달았다. 실패는 우리의 계획에서 일어나는 일이다. 하지만 거부는 '우리 자신'에게 일어나는 일이다. 거부는 우리의 내면을 건드린다. 거부는 우리를 움츠러들게 만든다. 그리고 그렇게 움츠러들면 선뜻 남들에게 다가가지 못한다. 친밀함을 힘들게 만든다. 거부에 대한 두려움은 온갖 모험을 하지 못하게 만든다.

○ 데이트 신청을 하지 못한다.
○ 친구를 사귀지 못한다.
○ 속 이야기를 털어놓지 못한다.

○ 남을 신뢰하지 못한다.

○ 결혼하지 못한다.

○ 소그룹에 들어가지 못한다.

장은 거부를 이겨 내지 못하면 평생 무기력하게 살 수밖에 없다는 것을 깨달았다. 그러던 차에 '거부 치료법' 이야기를 들었다. 치료법이라고 해서 복잡한 것은 아니다. 그저 무조건 거부당할 수밖에 없는 요청을 해서 점점 거부에 면역이 되어 나중에는 거부를 당해도 아무렇지도 않은 경지에 오르는 것이다.

장은 낯선 사람에게 백 달러를 빌려 달라고 부탁하는 것으로 "백 일간의 거부 대장정"을 시작했다. 당연히 거부가 날아왔다. "미쳤습니까?"

이튿째는 한 패스트푸드 전문점에 가서 햄버거 리필을 요청했다. "뭐라고요?"

"햄버거 리필을 좀 해 달라고요."

"헛소리 하지 말고 꺼져!"

한번은 애견 미용실에 가서 "저 먼 셰퍼드처럼 제 머리카락을 깎아 주세요"라고 말했다.

"뭐 이런 사람이 다 있어!"

그는 이런 경험을 동영상으로 찍어 보면서 거부에 대한 면역력을 길렀다. 나아가 그는 그런 동영상을 인터넷에 올려 자신의 굴욕을 만천하에 공개했다.[1] 그러자 처음에는 수십 명, 나중에는 수백

명이 그의 기이한 대장정에 동참하기 시작했다.

자신의 동영상을 보며 남들이 아무리 자신을 거부해도 하나님은 자신을 사랑하신다는 사실을 묵상하던 중에 장은 자신을 무기력에 빠뜨린 범인이 사실은 '거부'가 아니라 '거부에 대한 두려움'이라는 사실을 발견했다. "안 돼!"는 단순히 대답의 한 종류일 뿐이지만, 그것이 두려움을 비롯해서 우리 내면을 건드리면 따끔한 가시로 돌변할 수 있다.

○ 나는 천성이 선하지 못한 것이 분명해.
○ 나는 매력적이지 않아. 똑똑하지 않아.
○ 나는 사기꾼이야.
○ 나는 인간관계 기술이 형편없어.
○ 평생 외톨이로 살겠지.

그러던 어느 날, 한 도넛 가게가 장의 인생을 송두리째 변화시켰다. 하루는 장이 한 크리스피 크림 도넛 매장에 들어가 다섯 개의 도넛을 올림픽 심벌처럼 연결한 '특별 도넛'을 요청했다. 그러고 나서 당연히 "그건 어렵습니다"를 기다리는데 카운터 뒤의 여성이 뜻밖에도 얼마나 빨리 필요하냐고 묻는 것이 아닌가. 뜻밖의 질문에 장은 뭐라고 말해야 할지 몰라 잠시 머뭇거리다가 겨우 대답했다. "음…… 한 15분쯤이요?"

직원은 손을 턱에 대고 고민을 하더니 이내 종이 한 장을 꺼내 올림픽 도넛 모양을 그렸다. "알겠습니다. 여기서 기다리세요."

잠시 후, 그녀가 각각 다른 색의 다섯 개 링이 서로 연결된 올림픽 심벌 모양의 도넛을 들고 나타났다. 장은 떡 벌어진 입을 다물 수 없었다. "얼마죠?" 한참 만에 그가 정신을 차리고서 물었지만 그녀는 손사래를 쳤다. "괜찮습니다. 제가 사는 거예요."

이게 꿈인가 생시인가? 장은 거부만을 예상했다. 불편을 감수하면서까지 호의를 베풀어 주는 사람에 대해서는 전혀 준비가 되어 있지 않았다. 장이 도넛 동영상을 인터넷에 올리자 삽시간에 산불처럼 번져 나갔다. 세계 곳곳에서 거부에 대한 두려움과 싸울 용기를 얻었다는 사람들의 이메일이 쇄도했다. 지상파 방송에서 케이블 방송까지 인터뷰 요청도 줄을 이었다. 동영상이 퍼진 지 일주일 만에 크리스피 크림 도넛의 주가는 7.23달러에서 9.32달러로 치솟았다. 장은 이때부터 "거부를 속삭이는 자"(Rejection Whisperer)라는 별명을 얻었다.[2]

두려움, 거부, 수치심의 악순환

더글러스 스톤과 쉴라 힌은 《하버드 피드백의 기술》(*Thanks for the Feedback*, 21세기북스 역간)에서 우리가 매 순간 거부를 마주한다고 말한다.

○ 해마다 약 2백만 명의 청소년들이 SAT(미국의 대학입학자격시

힘)를 치르는데, 그중 상당수가 원하는 대학에서 거부를 당한다.

○ 해마다 최소한 4천만 명이 온라인 소개팅 사이트에서 서로를 평가하는데, 대부분이 퇴짜를 맞는다.

○ 해마다 50만 명 이상이 처음으로 개업을 하고, 60만 명 이상이 완전히 사업을 접는다.

○ 해마다 25만 건의 결혼식이 취소되고, 87만 7천 쌍이 이혼 소송을 벌인다.[3]

팀에 지원을 하지만 떨어진다. 회사에 지원을 하지만 낙방한다. 프로젝트를 제안하지만 거절당한다. 촌스럽다는 말을 들을까 봐 자신이 좋아하는 옷을 입지 못한다. 무시당할까 봐 두려워 하나님이 주신 재능을 사용하겠다는 말을 하지 못한다.

태어나는 순간부터 우리의 생존은 남들이 우리를 얼마나 받아들이느냐에 달려 있다. 우리의 존재가 환영을 받거나 환영받지 못할 때, 도와 달라는 우리의 외침에 남들이 달려오거나 모른 체할 때, 남들이 우리와 함께 기뻐해 주거나 신경도 쓰지 않을 때, 우리는 그 현실을 경험한다. 남들이 우리를 수용하느냐 수용하지 않느냐는 그야말로 생사의 문제다. 그래서 우리는 거부의 신호에 지독히 예민하다.

아기는 연결되려는 욕구를 안고 태어난다. 두렵거나 외롭거나 위협을 느낄 때 아기는 본능적으로 엄마나 아빠를 보며 사랑과 위로를 찾는다. 보통 아기는 부모와 떨어졌다가 다시 보면 기뻐서 어쩔 줄 몰라 한다. 달려가 껴안고서 부모에게서 새로운 힘을 얻는다.

하지만 연결의 욕구가 매번 거부 반응을 만나면 아이의 내면에서는 가슴 아픈 일이 벌어진다. 이런 아이는 부모와 떨어졌다가 다시 만나도 아무런 관심을 보이지 않는다. 부모에게 달려가지도 않고 전혀 기뻐하는 내색도 하지 않는다. 심지어 부모 쪽을 쳐다보지도 않는다. 하지만 표면 아래서는 작은 지진이 일어난다. 맥박이 빨라지고 혈압이 상승한다. 거부의 고통을 더 이상 견딜 수 없어 아이의 몸이 연결의 욕구를 드러내지 않도록 저절로 훈련되었을 뿐이다. 아이들은 특별히 배우지 않아도 저절로 그리고 무의식적으로 그런 반응을 보이게 된다.

거부의 경험이 내면 깊은 곳까지 파고들어 정체성의 일부로 자리를 잡으면 수치심이 된다. 그런 면에서 수치심은 자기 거부다. 루이스 스미디즈는 "수치는 매우 무거운 감정이다"라는 말을 했다.[4] 죄책감은 '우리가 저지른 짓'을 나쁘게 보는 것인 반면, 수치심은 '우리 자신'을 나쁘게 보는 것이다. (적어도, 독성이 있는 유형의) 수치심은 누구도 우리를 받아들 수 없다는 거짓 확신을 심어 준다. 수치심은 우리 정체성의 중심을 건드린다.

고등학교 2학년 때 나는 고교 테니스 연맹 토너먼트에서 뛰게 되었다. 그런데 전염성 단핵중으로 시즌 내내 쉰 탓에 첫 시합부터 마구 깨졌다. 한번은 더블 폴트를 범하자 감독이 주변 모두가 들을 정도로 고함을 질렀다. 나는 창피해서 새빨개진 얼굴로 감독 쪽을 힐끗 쳐다보았다. 시합이 끝나고 팀 전체가 모였을 때 감독은 다시 내게 불같이 화를 내며 내 뺨을 세차게 때렸다. 요즘 같으면 소송감이겠지만 당시는 그런 일이 당연시되던 시대였다. 그래서 그 일을 아무에게도 말하지 않고 혼자서만 속으로 끙끙 앓았다. 내 얼굴에서는 수치의 빛이 잠시 스치고 지나갔을 뿐이지만 내면 깊은 곳에서는 상처의 속삭임이 계속해서 울려 퍼졌다. '약자! 패배자!'

달라스 윌라드는 이런 말을 했다. "상대방을 정죄하는 것은 그가 전반적으로 지독히, 돌이킬 수 없이 나빠서 거부할 수밖에 없다고 말하는 것이다. 그야말로 버림받은 존재로 취급하는 것이다."[5]

우리는 완벽한 외모를 갖춰야 한다고 생각한다. 완벽한 아내요 엄마, 친구, 인간이 되어야 한다고 생각한다. 모든 사람의 눈에 들어야 한다고 생각한다. 시합에 져서 뺨이나 맞는 소년처럼 되어서는 안 된다고 생각한다. 저명한 학자 게르센 카우프만은 이렇게 말했다. "수치심은 유례없는 영혼의 질병이다. …… 우리의 본질적인 존엄을 침해한다."[6]

좋은 소식은, 얼마든지 치유할 수 있다는 것이다. 단, 우리가 당한 가장 큰 거부의 기억을 더듬어 곱씹지 말고 기꺼이 받아들여졌던 기억을 찾아야만 한다.

위대한 치료자, 예수

성경에서 가장 많은 거부를 당한 인물에 관한 이야기를 살펴

보자. 요한복음 4장 5-6절을 보면 예수님이 "사마리아에 있는 수가라 하는 동네에 이르시니 야곱이 그 아들 요셉에게 준 땅이 가깝고 거기 또 야곱의 우물이 있더라 예수께서 길 가시다가 피곤하여 우물곁에 그대로 앉으시니 때가 여섯 시쯤 되었더라."

여기서 눈에 띄지 않는 작은 사실 하나에서 수치심에 관한 첫 번째 교훈을 발견할 수 있다. 그것은 바로 예수님이 피곤하셨다는 사실이다. 보통 리더들은 자신이 여느 팀원들보다 에너지가 넘친다는 점을 과시하길 좋아한다. 그들은 '리더의 속도가 곧 팀의 속도다'라고 말한다. 때로 리더들은 우월한 추진력과 끈기로 팀원들의 기를 꺾어 놓는다. 하지만 예수님은 그러시지 않았다.

이 이야기를 기록할 당시 요한은 백발이 성성한 노인이었다. 하지만 그는 팀 전체에서 앉아서 쉴 만큼 피곤했던 사람은 예수님뿐이었다는 사실을 똑똑히 기억했다. 예수님이 피곤하신지 제자들은 어떻게 알았을까? 십중팔구 예수님이 직접 말씀하셨을 것이다. "피곤하구나. 너희 먼저 가거라. 나는 여기서 좀 쉬었다 가야겠다."

수치심은 숨는 것을 좋아한다. 하지만 예수님은 그러시지 않았다. 그분은 창피해할 것이 하나도 없다는 것을 아셨다. 그분은 메시아로 보이기 위해 활력이 넘치는 척해야 할 필요성을 느끼지 못하셨다. 그분은 팀에서 체력이 약한 편이셨고, 그 점을 전혀 개의치 않으셨다. 예수님은 슈퍼히어로가 아니셨다. 우리처럼 피곤을 느끼는 보통 인간이셨다. 하지만 잠깐, 여기서 끝이 아니다.

하나님은 예수님의 피곤을 사용하셨다. 하나님은 예수님의 약함을 사용하셨다. 예수님이 피곤해서 무리에서 뒤처지지 않았다면 많은 사람의 인생을 변화시키는 대화는 이루어지지 못했을 것이다. "때가 여섯 시[지금 시간으로 낮 12시]쯤 되었더라 사마리아 여자 한 사람이 물을 길으러 왔으매"(요 4:6-7).

요즘에도 그런 곳이 더러 있지만 옛날에는 물을 긷는 것이 여자들의 몫이었다. 부유한 집에서는 주로 여종이 그 일을 했고, 가난한 집에서는 부인이나 딸이 직접 했다. 어쨌든 마을 여자들이 주로 꼭두새벽이나 해질녘에 우물가에 모여 물도 긷고 수다도 떨었다.

사마리아 여인이 우물 쪽으로 다가오고, 한 남자는 우물 턱 위에 있다. 그 남자는 랍비다. 여자는 어떤 상황이 벌어질지 잘 알았다. 자신이 다가가면 남자는 스무 발자국쯤 뒷걸음을 칠 것이다. 그러고는 자신 쪽을 쳐다보지도 않을 것이다. 그러면 여자는 서둘러 물을 길어 그곳을 뜰 것이다. 그런데 전혀 뜻밖의 상황이 벌어진다. 여자가 다가가는데도 남자는 움직일 생각을 하지 않는다. 고개를 돌리지도 않는다. 오히려 스스럼없이 말을 걸어온다. "물을 좀 달라"(요 4:7).

이것은 단순히 물을 달라는 말이 아니라 관계로의 초대다. 이 간단하지만 파격적인 접근이 없었다면 이 이야기의 나머지 사건은 일어나지 않았을 것이다. 사마리아 여인이 어리둥절한 표정으로 묻는다. "당신은 유대인으로서 어찌하여 사마리아 여자인 나에게 물을 달라 하나이까"(요 4:9).

이것은 법도에 어긋나는 요청이다. "유대인이 사마리아인과 상종하지 아니함이러라"(요 4:9). 지금 예수님은 거절당할 수밖에 없는 요청을 하셨다. 오히려 올림픽 심벌 모양 링 도넛을 요구하는 편이 나을 정도다.

지금부터 이야기가 흥미진진해진다. 히브리 학자 로버트 알터는 이 이야기에 생각보다 훨씬 많은 의미가 숨어 있다고 지적한다. 옛 문학에서는 모두가 상황을 쉽게 예상할 수 있도록 특정 이야기에 특정 배경을 사용한다. 예를 들어, 옛 서부영화를 볼 때마다 손놀림이 엄청 빠른 악당과 그보다 더 재빠른 주인공이 등장할 줄 뻔히 안다. 영화 속에서 버려진 야영장에 10대 아이들이 모여 있다. 그러면 벌써 우리는 뭔가 사건이 벌어질 거라는 걸 직감한다. 아니나다를까, 갑자기 보트 창고에서 작은 외침이 들려오고, 어둠 속에서 아이들이 창고를 향해 달려가다 말고 누군가가 말한다. "얘들아, 지미는 어디 있지? 방금 전까지도 우리와 같이 있었는데." 그러면 우리는 앞으로 지미의 대사를 들을 일은 없다는 걸 안다.

옛날 시대에는 남녀의 만남이 주로 우물가에서 이루어졌다. 이삭이 아내 리브가를 발견한 곳도 우물가였다(창 24장 참조). 야곱이 라헬을 만난 곳도 우물가였다(창 29:1-30 참조). 모세가 십보라를 만난 곳도 우물가였다(출 2:15-21 참조).

요한복음의 이 이야기를 읽는 사람마다 "우물"이라는 단어를 보는 순간 남녀의 만남 이야기라는 것을 직감한다. 문제는 엉뚱한 장소(사마리아)와 엉뚱한 시간(낮 12시), 엉뚱한 여자(여러 번 이혼한 사마리아 여인), 엉뚱한 남자(예수님)가 등장한다는 것이다. 당시에는 남자가 집 밖에서 여자에게 말을 거는 법이 좀처럼 없었다. 심지어 남편도 아내에게 말을 거는 것을 자제했다. 그러니 미혼 남자, 그것도 랍비가 여자, 그것도 사마리아 여자와 말을 섞거나 접촉하는 일은 절대 있을 수 없었다. "사마리아 여인들은 어린 시절부터 생리를 하는(즉, 불결한) 여자들로 여겨졌다."[7] 하지만 예수님은 매번 사마리아 사람들을 받아 주셨다.

- ○ 예수님의 비유 중 하나에서는 '선한 사마리아인'이 주인공이다(눅 10:25-37 참조).
- ○ 누가복음 17장 11-19절에서 예수님이 치료해 주신 열 나병 환자 가운데 돌아와서 감사를 표한 유일한 사람은 사마리아인이었다.
- ○ 예수님이 사마리아의 한 마을에서 박대를 당하시자 야고보와 요한은 하나님께 불벼락을 요청해 마을을 초토화시켜야 한다고 주장했다. 하지만 예수님은 자신의 제자들을 꾸짖으며 사마리아인들을 보호하셨다(눅 9:51-55 참조).
- ○ 예수님이 매번 사마리아인들을 거부하시지 않자 거짓 소문이 퍼졌다. "우리가 너를 사마리아 사람이라 또는 귀신이 들렸다 하는 말이 옳지 아니하냐"(요 8:48). 당시로써 이건 최대 모욕이었다.

예수님은 사마리아 여인과 신학적 대화를 나누면서 하나님이 거부당한 영혼의 깊은 목마름을 유일하게 채워 줄 수 있는 영적 물이라고 말씀하셨다.

> 여자가 이르되 주여 그런 물을 내게 주사 목마르지도 않고 또 여기 물 길으러 오지도 않게 하옵소서 이르시되 가서 네 남편을 불러오라 여자가 대답하여 이르되 나는 남편이 없나이다 예수께서 이르시되 네가 남편이 없다 하는 말이 옳도다 너에게 남편 다섯이 있었고 지금 있는 자도 네 남편이 아니니 네 말이 참되도다(요 4:15-18).

"남편이 없나이다." 맞는 말이지만 약간 얼버무린 감이 없지 않은 말이다. 그 문화권에서는 여자가 이혼 소송을 제기할 수 없었다. 따라서 이 여인은 사실 여러 번 거부를 당한 것이다. 이 여인은 매번 이번만큼은 행복할 것이라는 희망을 품고 다섯 번이나 결혼을 했다. 하지만 다섯 번이나 관계가 무너지는 아픔을 겪었다. 다섯 번이나 남자에게서 "더 이상 너를 원하지 않아"라는 말을 들었다. 그리고 지금 만나는 사람이 남편이 아니었다면 십중팔구 남편의 권리로 성관계를 강요당하는 반노예 상태에 있었을 것이다. 온 동네 사람이 그 여인을 보며 수군덕거렸을 것이다. "얼마 못 가서 또 남자를 갈아치우겠지."

이제 그 여인이 사람들을 피해 정오에 우물가에 온 이유가 분명해진다. 정죄와 거부의 고통보다는 작열하는 태양의 고통이 그나마 나은 까닭이었을 것이다. 거부는 고통스럽다. 정말 너무도 고통스럽다. 미국 국립 과학 아카데미의 연구에 따르면 감각운동계에서 육체적 고통을 접수하는 부분과 거부의 고통을 접수하는 부분이 동일하다고 한다.[8]

예수님은 여인의 이혼 이력에 관한 진실을 언급하시되 조금도 정죄의 뉘앙스를 풍기시지 않았다. 진실을 언급하는 것과 정죄하는 것은 엄연히 다르다. 좋은 치과 의사는 충치에 관한 진실을 밝히되 그것으로 인해 우리를 비난하지는 않는다. 정죄는 단순히 상대방의 상태를 있는 그대로 진술하는 것이 아니다. 그것은 악의를 담아서 말하는 것이다. "치실질을 한 번도 안 했군요. 그러니 당연히 썩죠. 아주 자~알 하셨습니다!"

예수님은 여인의 과거를 밝힘으로써 그녀의 수치를 드러내셨다. 하지만 여인은 방어적으로 굴거나 자리를 피하지 않고 대화에 참여했다. 그리하여 사복음서에 기록된 예수님과의 대화 중 가장 긴 대화가 탄생했다.

나중에 "제자들이 돌아와서 예수께서 여자와 말씀하시는 것을 이상히 여겼으나 무엇을 구하시나이까 어찌하여 그와 말씀하시나이까 묻는 자가 없더라"(요 4:27). 제자들은 여자에게 한마디도 하지 않았다. 그들의 경험으로 볼 때 그녀는 거부해야 할 '남'이었다. 하지만 동시에, 그들의 경험으로 볼 때 예수님께는 거부해야 마땅한 사람들을 거부하지 않는 이상한 습관이 있었다.

호주의 거대한 목장들에서는 가축을 특정 장소에 모아 두기 위해 울타리를 두르고 우물을 파는 방법을 병행한다. 그런데 우물에는 가축만이 아니라 사람들을 모으는 힘도 있다.

예수님 시대 랍비들은 '율법을 중심으로 울타리를 둘러야' 한다고 주장했다. 예를 들어, 율법에서 간음을 저지르지 말라고 하면 규칙을 확장해서 더 안전한 경계를 설정해야 한다. 여인을 건드리지 않는 정도가 아니라 아예 말도 섞지 않는 편이 안전하다. 거부는 울타리를 치는 것인 반면, 수용은 우물을 파는 것이다. 예수님은 자신이 생수의 우물이라고 말씀하셨다. "네가 만일 하나님의 선물과 또 네게 물 좀 달라 하는 이가 누구인 줄 알았더라면 네가 그에게 구하였을 것이요 그가 생수를 네게 주었으리라"(요 4:10).

사마리아 여인은 수치의 대명사였다. 잘못된 성, 잘못된 인종, 잘못된 종교, 잘못된 도덕적 성적표, 잘못된 관계적 성적표, 남편들의 거부, 같은 여자들의 거부. 그러던 차에 우물가에서 한 남자를 만난다. 우물가에 그토록 자주 갔던 여인이 또다시 우물가에 온다. 여인은 예수님과의 연결에 푹 빠져들어, 제자들이 자신에게 말을 걸지 않는다는 사실조차 눈치 채지 못한다.

예수님은 여인에게 마을로 돌아가 딱 한 사람, (정식 결혼을 하지 않은) 남편만을 전도하라고 말씀하신다. 하지만 마을로 돌아가던 중에 여인은 속으로 생각한다. '굳이 딱 한 명에게만 말할 필요가 있을까? 그래. 온 마을 사람들에게 말하자. 한번 해 보는 거야. 모두 함께 가서 예수님의 말씀을 듣자고 해야. 어차피 거절밖에 더 당하겠어? 거절할 테면 거절하라지. 이젠 이골이 났어. 그리고 이젠 상관없어.

나는 이미 생수를 마셨으니까. 나는 예수님을 만났으니까.'

여인은 심지어 물동이도 가져가지 않는다. 물동이를 이고 우물 앞에 왔던 여인이 아예 살아 있는 우물과 함께 집으로 간다.

> 여자가 물동이를 버려두고 동네로 들어가서 사람들에게 이르되 내가 행한 모든 일을 내게 말한 사람을 와서 보라 이는 그리스도가 아니냐 하니(요 4:28-29).

이것이 예수님이 시작하신 운동을 통해 선포된 최초의 설교였다. 다섯 번이나 결혼하고 나서 결국 남부끄럽게 동거나 하며 물을 길어다 줄 여종 한 명 없는 가난한 사마리아 여인의 간단하면서도("와서 보라") 강렬하고 열정이며 자신을 내던지는("내가 행한 모든 일을 내게 말한 사람을 와서 보라") 예수님 중심의 말할 수 없이 효과적인 설교였다. 그런데 거부가 날아오지 않고 열화와 같은 호응이 돌아온다.

> 여자의 말이 내가 행한 모든 것을 그가 내게 말하였다 증언하므로 그 동네 중에 많은 사마리아인이 예수를 믿는지라 사마리아인들이 예수께 와서 자기들과 함께 유하시기를 청하니 거기서 이틀을 유하시매(요 4:39-40).

이 여인이 온 마을 사람들을 예수님께로 데려오는 장면을 상상해 보았다. 물론 그녀의 전남편들도 따라온다. 혹시 다음과 같은 대화가 오가지 않았을까?

"예수님, 이쪽은 제 첫 번째 남편과 두 번째 남편이에요. 그런데 서로 잘 지내질 못해요. 원수를 사랑하고 다른 편 뺨까지 대라는 식의 좋은 말씀 좀 부탁드려요. 이번에는 예수님, 세 번째 남편을 소개할게요. 무슨 생각으로 이이와 결혼했는지 모르겠어요. 이혼의 아픔 속에서 심심풀이로 만나다가 아무 생각 없이 결혼한 사람이죠. 이 사람에게도 좋은 말씀 좀 해 주세요.

네 번째 남편은 데려오려고 했는데 아직도 저한테 화가 나 있네요. 저랑은 말도 섞지 않으려고 해요. 하지만 달래 보려고 애쓰는 중이에요. 다음에 꼭 데리고 올게요. 다섯 번째 남편은…… 음, 솔직히 아직 이이와는 완전히 정리하지 못했어요. 만나면 제 마음이 어지러워서 찾아가지 못했어요. 나중에 예수님이 좀 만나 주세요.

아, 여기는 여섯 번째 남편, 아니 남자예요. 아직 결혼을 하지 못했어요. 이이에게 성경의 그 구절을 읽어 주었어요. 왜 '원하면 반지를 끼워라'라는 구절 있잖아요. 비욘세전서에 있었던 것 같은데. 아무튼 이이에게 결혼예비학교에 참석하자고 했어요. 참, 전남편들과 그 남편들의 전부인들을 다 모아서 이혼 회복 사역을 시작할까 해요? 괜찮겠죠?"

하나님은 우리만의 독특한 실수와 상처, 아픔을 사용하여 남들은 다가갈 수 없는 사람들에게 예수님을 전하게 하신다. 우리는 우리가 당한 거부보다 더 큰 수용을 필요로 한다. 이 이야기에서 사마리아 여인은 자신을 받아 주는 분이 누구인지를 점점 깨닫는다.

처음 그녀가 우물가에 와서 본 것은 한 유대인 남자가 전부였다. 그러다가 약간 특이한 유대인 남자를 본다. 그다음에는 선지자를 본다. 그다음에는 메시아를 본다. 그리고 마침내 사복음서를 통틀어 가장 중요한 표제(title) 하나가 여기서 등장한다. "세상의 구주"(요 4:42).

이 만남을 묘사한 오랜 글이 있는데, 대체로 시리아인 에프렘이 썼다고 알려져 있다. 읽을 때마다 새로운 감동이 있다.

> 먼저 그녀는 목마른 한 남자를 보았다. 그다음에는 한 유대인, 그다음에는 한 랍비, 그다음에는 한 선지자, 마지막으로 메시아를 보았다. 그녀는 그 목마른 남자를 이기려고 했다. 그다음에는 유대인에 대한 반감을 표출했다. 그다음에는 랍비에게 질문 공세를 퍼부었다. 그다음에는 선지자에게 마음을 빼앗겼다. 그다음에는 그리스도를 예배하게 되었다. [9]

은혜, 하나님이 나를 받아 주신다

그렇다면 어떻게 해야 수치심을 치유할 수 있을까? 루이스 스미디즈는 세 가지 일반적인 반응을 소개한다.

○ 자신의 능력에 맞게 자신의 이상을 낮춘다.
○ 기존의 이상에 맞게 자신을 개발한다.

○ 지금 이대로도 괜찮다고 스스로를 설득한다.

하지만 이 방법들은 다 통하지 않는다. "힘들 때마다 자신의 이상을 희석시킬" 수는 없다. 아무리 자신을 개발해도 끝이 없다. "도덕적인 스타들이 오히려 가장 수치심에 시달리는 사람인 경우가 많다." 이대로 괜찮다고 아무리 말해 봐야 자신의 양심을 설득시킬 수는 없다. 애초에 수치심을 일으킨 것이 우리의 양심이기 때문이다.

스미디즈에 따르면 유일한 답은 "은혜라는 영적 경험이다. …… 누군가가 나를 받아 주는 경험이 아무도 나를 받아들일 수 없다는 감정을 치유하는 출발점이다."[10] 누군가가 나를 받아 줄 때 가면 뒤에 숨어 있던 내 '가짜 자아'가 빛 가운데로 나올 수 있다. 그럴 때 나를 지으신 분이 내 '실제 자아'(나의 실제 삶과 선택, 승리, 수치)를 아시고 사랑하시게 내어맡길 수 있다. 그럴 때 하나님이 나를 지으실 때 원래 뜻하셨던 내 '진정한 자아'가 태어날 수 있다.

내가 아무리 나를 받아 준다 해도 자기 거부의 힘을 극복할 수는 없다. 나를 속속들이 알고도 사랑하시는 분이 은혜로 나를 받아 주실 때 비로소 진정한 자유가 찾아온다. 사도 요한은 이 점을 이렇게 표현했다. "보라 아버지께서 어떠한 사랑을 우리에게 베푸사 하나님의 자녀라 일컬음을 받게 하셨는가 우리가 그러하도다 …… 우리가 …… 장래에 어떻게 될지는 아직 나타나지 아니하였으나"(요일 3:1-2).

십자가는 메시아를 절대 받아들일 수 없다는 로마의 궁극적인 거부 의사 표현이었다. 아울러 십자가는 예수님을 십자가에 못 박으라고 고함을 지르던 모든 이들의 거부를 의미하기도 했다. 더 넓은 시각에서 보면 십자가는 온 인류가 하나님을 거부한다는 것을 의미하는 궁극적인 상징이다. 성경에서 가장 거센 거부를 당한 사람은 사마리아 여인이 아니라 바로 예수님이셨다.

예수님은 멸시를 받고 사람들에게 버림받으셨다(사 53:3 참조). 그분은 당신과 나의 고통을 포함해서 우리가 당하는 모든 거부의 고통을 아신다. 십자가 위에서 하나님을 향한 우리의 거부와 우리를 향한 하나님의 수용이 기적적으로 만났다. 위대한 성경 이야기의 핵심은 하나님이 세상을 지으시고 잃으셨다가 되찾으시는 것이다. 우물가에서 그분을 만나 보라.

▲

CHAPTER 12

친밀함의 회복

틀어진 관계도
회복될 수 있다

우주 전체가 반쪽으로 크게 갈라지는 분열 중 하나는
우리 각자가 일으키는 분열이다. 그 분열의 이름은 바로 '나'와 '내가 아닌 자들'이다.
- 윌리엄 제임스, 《심리학의 원리》(*The Principles of Psychology*, 아카넷 역간)

가족끼리는 용서하지 못할 죄가 없다.
- 팻 콘로이, *The Prince of Tides*(조류의 왕자)

어느 날 우리 아이가 화가 단단히 났다. 작은 눈을 흘기며 잔뜩 못
마땅한 표정으로 나를 쳐다봤다. "때릴 거야!" 아내와 나는 그런 식
으로 화를 다루어서는 안 된다고 짐짓 엄한 얼굴로 설명했다. 그랬
더니 다음번에는 녀석이 이를 드러내며 으르렁거렸다. "물어 버릴
거야!" 당시는 이가 겨우 세 개밖에 없는 아이가 그러니 귀여워서
무는 건 안 된다고 설명하는 내내 웃음을 참느라 고생했다.

그런데 이번에는 녀석이 손을 총처럼 만들어 집게손가락을 내게 향했다. "쏴 버릴 거야. 빵빵!" 역시 한바탕 교육을 늘어놓았다. 그것을 졸업하고 나니까 이번에는 녀석이 "꼬집을 거야"라며 작은 두 손가락으로 나를 꼬집었다. 녀석이 그 버릇을 고쳤다고 생각했는데 어느 날 어린 남동생 방에서 나오다가 우리를 보고 소스라치게 놀랐다. 그것도 잠시, 장난 가득한 얼굴로 씩 웃었다. "아기를 꼬집으면 안 되죠?"

벌써 30년 전 일이다. 장담하건대 녀석은 필시 요즘도 가끔씩 사람들을 꼬집고 다닐 것이다. 때리고 물고 쏘고 꼬집는 것이 안 된다면 어떻게 해야 갈등과 분노가 친밀함을 파괴하지 않도록 막을 수 있을까? 비밀 병기라도 있을까? 그렇다. 이 병기에 관한 하버드 대 정신과 교수 윌리엄 베처의 설명을 들어 보자.

진은 대장 노릇을 하려는 경향이 있다. 아버지 해롤드에게서 물려받은 기질이다. 진은 사사건건 사람들에게 이래라 저래라 명령을 내린다. 예전에 사귀던 남자 친구가 그 점을 지적하면 진은 속으로는 맞는 말이라는 걸 알면서도 무조건 방어적으로 굴면서 오히려 따지고 들었다. 진이 지금의 남편인 존과 사귀면서 처음 느낀 점 가운데 하나는 그가 그런 상황을 전혀 다르게 다룬다는 것이었다.

진은 존에게 처음 대장 노릇을 하려고 했던 때를 지금도 똑똑히 기억한다. 당시 존은 진이 요리하는 걸 도와 …… 당근 껍질을 까고 있었다. 그런데 진이 가만히 보니 존이 완전히 엉망으로 하고 있었다. 참다못한 그녀는 결국 하나부터 열까지 간섭하기 시작했다. 그러자 존이 진의 쪽으로 몸을 돌려 조리대에 몸을 기대고서 알겠다는 표정을 지으며 미소를 지었다. "예, 아버님." 존은 전혀 기분 나쁘지 않게 과장스럽고도 장난스러운 어투로 말했다. 그 모습이 웃겼던 진은 방어적으로 굴지 않고, 아버지의 말투를 따라하고 아버지가 늘 하는 것처럼 안경 위로 쳐다보는 식으로 오히려 더 아버지 흉내를 내기 시작했다.

그때부터 "예, 아버님"이라는 존의 말은 진이 대장 노릇을 하기 시작했다는 신호가 되었다. 그런데 오히려 그 뒤로 진의 그런 모습은 크게 줄어들었다. 존이 그것을 기분 나쁘지 않게 다루었기 때문이다.[1]

존처럼 갈등의 순간 상대방과의 연결을 유지하고 싶다는 신호를 보내는 능력을 "회복 시도"(repair attempt)라고도 부른다. 낡은 자동차처럼 관계는 수시로 패킹이 벗겨지고 오일이 샐 수밖에 없다. 작은 갈등이 정기적으로 발생하게 마련이다. 친밀함의 열쇠는 갈등을 피하는 것이 아니다. 서로를 화나게 만드는 문제들을 해결하는 것도 아니다. 친밀함을 유지하기 위한 열쇠는 '문제에 관해 이야기하는 방식'에 있다. 관계를 망친 사람들은 때로 이렇게 묻는다. "솔직하게 충돌한 이후에도 전처럼 연결 상태를 계속 유지할 수 있을까?"

관계가 틀어지는 이유

우리가 서로 다르다는 사실은 친구나 가족 간의 친밀함을 방해하는 요인이다. 그런데 아이러니하게도 우리의 다름은 친밀함을 가능하게 하는 요인으로도 작용한다. 사람마다 기질과 가치관이 천차만별이다. 취향과 관심사, 태도도 다 다르다. 배경이 다르고 성별이 다르며 인종이 다르다. 일 중심적이며 직접적인 커뮤니케이션과 개인주의를 중시하는 문화 속에서 자란 사람도 있고, 관계 중심적이며 간접적인 커뮤니케이션과 소속감을 중시하는 문화에서 자란 사람도 있다.

이렇게 다 다르다 보니 '조금만 더 나와 비슷하다면 저 사람을 더 좋아할 텐데'라는 생각을 하기 쉽다. 하지만 서로의 차이점은 서로에게 끌리는 요인으로 작용하기 때문에 친밀한 관계의 훌륭한 윤활유가 될 수 있다.

나와 친한 한 상담자는 관계 문제로 찾아온 부부들에게 이렇게 묻는다. "정치적 이념에서부터 종교와 돈, 양육, 성, 텔레비전 프로그램까지 생각이 다를 수 있는 모든 문제에서 두 분의 생각은 몇 퍼센트나 불일치합니까? 0퍼센트부터 백 퍼센트까지 점수를 매겨 보세요." 그러고 나서 각자 솔직하게 점수를 쓰게 한다. 이 상담자는 내게 지금까지 가장 심했던 대답은 80퍼센트 이상이었다고 귀띔했다. 사실, 그 부부는 오직 서로의 생각이 너무도 다르다는 사실에 대해서만 의견을 같이했다.

차이가 있으면 자연스레 갈등이 따라온다. 친구 사이든 부부 사이든 처음에는 상대적으로 갈등이 적다. 하지만 조만간에 현실이 고개를 쳐든다. 연애 시절의 남자에게는 지금의 아내를 섬기는 일이 특권이었다. 학생 때는 집까지 늘 그녀의 책을 들어 주고, 그녀의 기숙사까지 기꺼이 짐을 옮겨 주었다. 신혼여행지에서도 그녀의 짐을 모두 끌고 다녔다. 아파트로 이사했을 때는 그녀를 안고 문지방을 넘었다. 그러다 보니 허리에 디스크까지 왔다. 그러던 사람이 결혼한 지 여섯 달 후 아내가 "이 소파 좀 거실로 옮겨 줘"라고 부탁하자 "나중에. 지금 텔레비전 보잖아"라며 짜증스럽게 대답한다. 이것이 틀어짐이다.

틀어짐은 마치 전기가 끊기는 것처럼 서로 연결된 느낌이 끊어지는 것이다. 대부분의 사람이 틀어짐이 어떤 느낌인지를 잘 안다.

- 상대방에 대한 느낌이 부정적인 쪽에 가깝다.
- 상대방에게 냉랭하거나 독한 말이 나간다.
- 상대방을 잘 쳐다보지 않는다.
- 상대방을 섬기거나 돕고 싶은 마음보다 상대방에게 고통을 가하고 싶은 마음이 강하다.
- 상대방의 말이나 행동을 이해해 주려고 하지 않고 매사에 부정적으로 해석한다.

친밀함의 기술이 뛰어난 사람들은 지진학자가 지구 표면의 변화를 리히터 규모로 탐지하는 것만큼이나 민감하게 관계가 틀어진 신호를 포착해 낼 수 있다. 그런 신호를 감지하지 못하면 우리도 모르는 사이에 상대방은 우리에게서 멀어진다. 또한 문제를 인식하지 못하기 때문에 똑같은 실수를 되풀이하기 쉽다. 반대로, 너무 예민해서 상대방의 얼굴 표정과 목소리, 행동 하나하나에 신경을 쓰면 상대방은 숨이 막혀서 도리어 멀어진다.

친밀함이라고 해서 갈등이 전혀 없는 관계를 말하지는 않는다. 친밀함은 틀어짐이 전혀 없는 관계를 의미하는 것이 아니다. 어떤 관계든지 때때로 틀어짐을 경험한다. 친밀함 지속 여부를 결정하는 것은 틀어짐 다음에 일어나는 일이다.

얼마나 빨리 회복 모드로 돌입하는가

"회복 시도"는 "뭐든 부정적인 분위기가 걷잡을 수 없이 확산되는 것을 막는 말이나 행동"이다.[2] 꼭 극적이거나 비굴할 필요는 없다. 간단한 말이나 행동 하나도 큰 효과를 발휘할 수 있다. 한창 말다툼 도중에 아랫입술을 삐쭉 내밀고 삐친 표정을 하고서 상대방의 팔을 꼬집는다. 그렇게 해서 한바탕 웃고 나면 갑자기 분위기가 달라질 수 있다.

하루는 샐리가 자신이 진행하는 팀 모임에 늦게 온 상사와 실랑이를 벌이고 있었다. 샐리는 다른 사람들이 시간을 허비했다는 사실에 화가 났다. 그러자 상사는 자신이 올 때까지 자신 없이도 할 수 있는 이야기를 나누지 그랬냐며 은근히 타박을 주었다. 순간 샐리는 발끈했다. "그럼 제가 그때까지 뭘 했을 것 같아요?"

그 즉시 상사는 자신이 실수했다는 걸 깨달았다. 그는 알지도 못하면서 샐리의 지능을 무시하는 발언을 했다. 자칫 큰 다툼으로 번질 수 있는 상황이었다. 그때 상사는 장난스럽게 자기 머리에 꿀밤을 줬다. 그 행동은 "미안, 당연히 그랬을 텐데 내가 어리석은 말을 했군"이라는 의미였다. 두 사람은 한바탕 웃고 나서 문제 해결을 위해 함께 머리를 맞댔다.

관계의 건강 상태를 측정하는 방법 가운데 하나는 틀어짐이 발생했을 때 얼마나 빨리 회복 모드로 돌입하는지를 보는 것이다. 작가 찰리 쉐드는 한번은 부부싸움을 하고 나서 자신의 '아내가 다음 쪽지를 남기고 집을 나갔다고 말한다. 건강 상태 평가에서 최고 점수를 받아 마땅한 쪽지가 아닐까 싶다.

여보,
정말 미워요.
-사랑하는 아내가. [3]

구약에서 관계에 가장 유익한 명령 하나는 이것이다. "마음속으로 네 이웃을 미워하지 마라. 그에게 잘못이 있으면, 그것을 밝히 드러내라. 그렇지 않으면, 너도 그 잘못의 공범이 된다"(레 19:17, 메시지).

남모를 미움을 치료하는 유일한 해독제는 공개적인 회복 시도다. 어느 토요일, 내가 기나긴 하루를 마치고 집에 돌아와 소파에

털썩 주저앉자 아내가 말했다. "보고 싶은 영화 있으면 골라 봐요."

그런데 그날따라 나름대로 아내를 배려하고 싶었다. "좋아요. 대신 이번에는 당신의 의견도 말해 봐요. 둘 다 좋아하는 영화를 봅시다."

"아녜요, 당신이 알아서 골라요."

결국 우리는 내가 고른 영화를 함께 봤다. 고전 영화였는데 정말 재미있었다. 그런데 영화가 끝나고 나자 아내가 퉁명스럽게 말하는 게 아닌가. "몇 년 전에 본 영화예요. 그때나 지금이나 똑같이 지루하네."

순간, 기분이 확 나빠졌다. 이튿날 아침에 눈을 떴는데 여전히 기분이 풀리질 않았다. 그래서 아내에게 그 이야기를 꺼냈다. 문제를 발견하고 나서 대화하기까지, 즉 틀어짐에서 회복 시도까지 12시간이 흘렀다. 이제는 알겠지만 나는 놀라운 삐침의 은사를 가진 스칸디나비아 사람이다. 따라서 감정적으로 12시간이면 내게는 찰나나 다름없다.

나는 속 좁은 남자로 보일까 봐 그 이야기를 꺼내고 싶지 않았다. 1에서 10까지로 봤을 때 겨우 2단계 정도에 해당하는 사소한 문제일 뿐이지 않은가. 하지만 조심하지 않으면 2단계가 점점 상승해 9단계까지 치솟는 건 시간문제다.

결혼이 끝나는 것은 대개 마음속에서 남몰래 쌓인 미움 때문이다. 이혼하는 사람들은 "당신을 사랑하지 않아" 정도로 말하지 않는다. 대개 "당신을 한 번도 사랑한 적이 없어"라고 말한다. 나아가 그들은 둘 사이가 어쩌다 그 지경에 이르렀는지를 전혀 알지 못한다. 이혼은 우연히 이루어지지 않는다. 이혼은 회복되지 않은 수천 번의 틀어짐이 쌓이고 쌓여서 폭발한 결과다. 솔직한 대화를 할 기회를 수천 번 놓친 결과다. 1이나 2단계밖에 되지 않는 작은 순간들을 수천 번 그냥 넘어간 결과다.

"이런 일로 싸워 봐야 뭐해." "어차피 저 여자(남자)가 뭐라고 말할지 뻔해." "괜한 일에 헛심 쓰고 싶지 않아." 그렇게 방치하는 사이에 1, 2단계의 문제가 순식간에 4, 5단계를 거쳐 9, 10단계로 발전해 사랑이 식어 버린다. 사랑은 마법처럼 어느 날 갑자기 사라지지 않는다. 부부가 문제 해결을 위한 싸움을 회피하는 일이 반복되는 사이에 서서히 빠져나간다.

내가 경험해 보니 틀어짐에서 회복 시도로 나아갈 때 몇 가지 간단한 기호를 떠올리면 도움이 된다. 이런 기호를 잘 활용하면 더 깊은 손상을 막고 관계 회복으로 나아갈 수 있다.

멈추기

첫 번째 기호는 '멈춤' 신호다. 감정이 솟구치고 심장 박동수가 급증할 때마다 멈춰서 내 안의 기어를 바꿔야 할 때다. 주먹을 쥐면 간단하게 우리 뇌의 모양을 만들 수 있다. 주먹을 쥐었을 때 엄지를 제외한 나머지 네 손가락은 추론하고 수학 문제를 풀고 외국어를 배우고 인터넷 사이트에 접속하는 법을 알아내는 일을 담당하는 뇌의 부분인 대뇌피질에 해당한다.

검지는 응급 상황을 다루는 뇌의 본능적인 부분인 '반사적인' 뇌에 해당한다. 차분할 때는 대뇌피질이 대부분의 사고를 한다. 하지만 분노에 휩싸이면 반사적인 뇌로 기어가 바뀐다. 이 뇌를 속된 말로 '새대가리'로 부른다. 새의 뇌는 상대적으로 피질 부위가 적고 반사적인 뇌 부분은 크다. 그렇다 보니 실제로 새의 뇌는 생각을 많이 하지 않는다. 새의 뇌는 추론에 매우 약하다. 새의 뇌는 백 퍼센트 자기방어에 집중되어 있다. 날기 아니면 도망, 그 이상의 판단은 없다. 하나님은 응급 상황을 위해 인간에게도 뇌에 그런 부분을 주셨다. 하지만 아무리 똑똑해도 피질을 사용하지 않고 새대가리로만 반응하면 생산적인 대화를 나눌 수 없다.

새대가리로 말을 하면 해서는 안 될 말을 하고 만다. 마치 영화 〈어 퓨 굿 맨〉(A Few Good Men)에서 증인석에 앉아 화를 내는 제셉 대령(잭 니콜슨 분)처럼 된다. 그는 이성을 잃고 자신을 감옥에 보낼 말을 하고 만다. 그 순간, 그의 머릿속은 오로지 캐피 중위(톰 크루즈 분)가 당황해하는 꼴을 보려는 생각뿐이다. 화를 거세게 낼수록 우리는 점점 더 멍청해진다. 유일한 해답은 멈추는 것이다. 그러면 치솟던 아드레날린이 서서히 잦아든다.

화에 대한 최초의 과학적 연구 중 하나에서 한 23세 남성은 다음과 같은 말을 했다.

열세 살쯤 화가 나서 다시는 돌아오지 않겠다고 맹세하며 집을 나간 적이 있다. 눈부시게 아름다운 여름날이었다. 아기자기한 길을 걷다 보니 그 고요함과 아름다움에 점점 마음이 누그러졌다. 몇 시간 뒤 나는 화가 거의 가라앉아 회개하는 마음으로 집에 돌아갔다. 그때부터 화가 나면 이렇게 하는데 이보다 더 좋은 화 치료법이 없다.[4]

혼자 밖으로 나가서 화를 식히는 것은 화를 다스리는 최상의 방법 중 하나다. 단, 대니얼 골먼은 "많은 남성이 이것을 밖에 나가 운전하라는 뜻으로 해석한다. 운전할 때마다 한 번씩 생각해 봐야 할 사실이다"라고 지적한다.[5]

야고보서는 이렇게 말한다. "내 사랑하는 형제들아 너희가 알지니 사람마다 듣기는 속히 하고 말하기는 더디 하며 성내기도 더디 하라"(약 1:19).

묻기

두 번째 기호는 '물음표'다. 새대가리가 멈추고 대뇌피질이 작동할 때까지 충분히 정지했다면 이번에는 두 가지 질문을 던질 차례다. "내가 왜 화가 났는가?" "내가 무엇을 원하는가?"

내가 화를 내는 '이유'를 아는 것이 중요한 이유는 이렇다. 화는 주로 이전 경험에 뿌리를 둔 이차적인 감정이다. 대개는 상처나 좌절감, 두려움에서 비롯한다. 따라서 화를 건설적으로 다루고 싶다면 먼저 한 걸음 뒤로 물러나 표면 아래에 무엇이 있는지 살펴봐야 한다. 그렇지 않으면 표면적인 감정만 건드릴 뿐 뿌리를 뽑을 수 없다.

화의 뿌리는 어떤 모습일까? 끌리는 사람에게 데이트를 신청했는데 "당신에게 끌리지 않아서 정중히 거절합니다"라는 말을 듣는다면 그때 일어나는 화의 뿌리는 '상처'다. 꿈에 그리던 직장의 면접 장소나 애인과의 데이트 장소 등 절대 늦지 말아야 할 곳으로 바삐 가는 중에 교통 체증에 걸리고, 엎친 데 덮친 격으로 타이어가 펑크가 나고, 경찰관이 불시 검문으로 차를 세우기까지 하고, 그 와중에 엄마가 전화를 걸어 별로 중요하지도 당장 급하지도 않은 인터넷 사이트에 접속하는 법을 물어보면 순간적으로 화가 폭발한다. 그 화의 표면 아래에는 '좌절감'이 있다.

한밤중에 아래층에서 누군가가 몽둥이로 문을 부수고 집에 난입하는 소리가 들린다. 아내가 '남자답게' 내려가 보라고 하자 남편이 벌컥 화를 낸다. 그때 내는 화의 이면에는 '두려움'이 있다. 자신의 진짜 감정을 이해하는 것이 대응법을 알아내기 위한 열쇠다.

두 번째 질문은 "내가 무엇을 원하는가"다. 이 질문은 새대가리의 통제에서 벗어나 대뇌피질의 통제 아래로 돌아가는 데 도움이 된다. 감정이 지나치게 거세지면 오로지 말싸움에서 이기는 데만 정신이 팔린다. 심지어 어떻게 상대방에게 고통을 가할지에만 집중한다. "내 진짜 목표는 무엇이며, 어떻게 해야 친밀함을 파괴하는 것이 아니라 쌓는 방식으로 그 목표를 추구할 수 있을까?"라는 질문을 던지는 것을 잊어버린다.

팀 켈러는 뉴욕에서 리디머장로교회를 시작할 때 처음 3년 정
도는 야근을 밥 먹듯이 해야 할 것이라 예상했다. 대신 그 뒤에는
일을 확 줄이겠다고 아내 캐시에게 약속했다. 하지만 3년이 지나도
그는 일을 줄이지 않았다. 아내가 약속을 상기시켜 주었지만 여전
히 밤낮없이 일했다. "딱 두 달만 더요." 팀 켈러가 계속해서 미루자
결국 아내의 인내심은 한계에 이르렀다.

> 그날도 여느 때처럼 일을 마치고 집으로 올라왔다. …… 재킷
> 을 막 벗으려는데 아파트 발코니 쪽에서 와장창 깨지는 소리가
> 났다. 채 몇 초가 지나기도 전에 다시 한 번 무언가 깨지는 소
> 리가 들렸다. 나는 발코니로 달려갔다가 기겁을 했다. 아내가
> 망치를 들고 있었고 혼수로 사 온 사기그릇들이 곁에 쌓여 있
> 었다. 바닥에는 잔 받침 두 개의 파편들이 낭자했다. "여보, 지
> 금 뭐하는 거요?"
> 아내는 고개를 돌리며 말했다. "아무리 말을 해도 듣지를 않잖
> 아요. 지금처럼 계속 일만 하면 집이 콩가루가 될 판이란 걸 알
> 기나 해요? 나에게는 더는 당신을 정신 차리게 만들 방도가 없
> 어요. 사태가 얼마나 심각한지, 신경도 안 쓰죠? 이게 바로 당
> 신이 하고 있는 짓이라고요." 말을 마치기도 전에 망치를 집어
> 들더니 세 번째 잔 받침을 내리쳤다. 접시가 부서지며 사기 조
> 각이 사방으로 튀었다.[6]

구약의 선지자들은 정의의 메시지가 사람들의 닫힌 마음을 뚫고 들어가지 못할 때마다 그 메시지를 행동으로 보여 주었다. 예를 들어, 다림줄을 들고 매춘부와 결혼하고 속옷을 갈아입지 않는 식으로 일종의 행위 예술을 보여 주었다. 그런 의미에서 캐시 켈러는 선지자였다. 그녀의 파격적인 행동에 마침내 남편은 정신이 번쩍 들었다. 팀 켈러의 말을 들어 보자. "나는 떨면서 주저앉았다. 따귀라도 한 대 얻어맞은 기분이었다. '알았어요, 알았어, 다 들을게요!' 나는 그렇게 말했다."[7]

팀 켈러가 정신을 차리고 아내와 대화를 해 보니 "내용은 몇 달째 이어진 똑같은 주문이었다. 나는 내가 얼마나 착각에 빠져 있었는지 퍼뜩 깨달았다. 일을 줄일 수 있는 가까운 시점은 아예 없었다. …… 결단을 해야 했다."[8]

마침내 아내의 말에 진정으로 귀를 기울인 팀 켈러는 사과하고 회개했다. 그리고 거기서 그치지 않고 실제로 행동을 고쳤다. 상황이 좀 진정되자 팀 켈러는 어떻게 해서 그렇게 아끼던 그릇까지 깰 정도로 화가 났는지 아내에게 물었다.

"처음 집에 들어왔을 때 당신이 너무 화가 나서 제정신이 아닌 줄 알았어요. 어떻게 그렇게 금방 감정을 다스릴 수 있었죠?" 아내가 씩 웃으며 대답했다. "그런 적 없어요. 잔 받침 세 개가 으스러진 거 봤죠?" 캐시는 말을 이었다. "컵은 없었잖아요. 짝이 되는 잔들은 몇 년 전에 깨져서 내다 버리고 받침만 남았던 거예요. 멀쩡한 접시에 손을 대기 전에 당신이 말려 줘서 얼마나 기뻤는지 몰라요!"[9]

물론 도자기 깨기를 유용한 커뮤니케이션 기술로 사용하자는 건 아니다. 다만 이렇게 물을 필요성은 있다. 배우자나 친구, 가족과 꼭 해야 하지만 지금까지 미뤄 온 대화가 있는가? 그 관계에서 내가 정말로 원하는 것은 무엇인가? 또한 상대방은 어떤가? 상대방은 나와의 관계에서 무엇을 원하는가?

상대방에게서 좌절감을 감지했을 때 우리는 그것에 관한 질문을 회피할 때가 많다. 그러면서 시간이 해결해 주기를 기대한다. 하지만 좌절감에서 비롯한 분노는 저절로 사라지는 법이 없다. 직접 다뤄야만 해결이 가능하다. 제발, 도자기 깨지는 소리가 들릴 때까지 기다리지 말라!

조심해서 접근하기

세 번째 기호는 '주의' 신호다. 이것은 우리가 잠재적인 위험지대에 들어섰다는 신호다. 이 신호는 민감한 주제를 꺼낼 때 특히 중요하다. 강연 원고나 프레젠테이션을 작성할 때 사람들은 주로 메시지의 다른 어떤 부분보다도 도입부에 가장 많은 시간과 공을 들인다. 도입부가 메시지 전체의 색깔을 정하기 때문이다. 실제로 청중은 강연의 그 어떤 부분보다 도입부를 가장 오래 기억한다.

그런데 우리는 갈등을 빚을 때 대화를 어떤 식으로 시작할지 고민하는 데 '가장 적은' 시간을 들인다. 그래서 서로 머리에서 김이 날 때까지 기다렸다가 아무 생각 없이 말로 잽이나 어퍼컷을 날려 대화 전체를 삼천포로 빠뜨리는 경우가 허다하다. "왜 **항상** 늦게 오는 거야?" "**하루 종일** 텔레비전만 볼 작정이야?" "보고서에 새 표지를 붙이지 않았잖아. 메모 못 봤어?"[10] "너는 네 엄마랑 **완전히** 똑같아!"

마음을 최대한 가라앉히고 나서 어떤 말을 어떻게 해야 할지 충분히 고민한 뒤에 첫마디를 내뱉는 것이 매우 중요하다. 한 연구에 따르면, 대화의 처음 3분을 보면 나머지 15분 대화의 결과를 96퍼센트 이상 정확하게 예측할 수 있다고 한다.[11] 다시 말해, 갈등은 처음 분위기 그대로 끝나는 경향이 있다.

성경은 "유순한 대답은 분노를 쉽게 하여도"라고 말한다(잠 15:1). 여기서 "유순한"은 두루뭉술하다거나 상대방의 심기를 건드릴까 봐 핵심을 피한다는 뜻이 아니다. 약하다는 뜻도 아니다. 유순하게 대답한다는 건 대화의 문이 닫히지 않고 '열리도록' 내 자세와 얼굴 표정, 목소리를 조심한다는 뜻이다. 친밀함을 망치는 것이 아니라 '깊어지게' 만드는 것이 내 목표임을 상대방이 느낄 수 있도록 어조를 잘 정하고 그대로 유지시킨다는 뜻이다.

방어적인 태도나 비판, 비난으로 대화를 시작하면 그런 분위기로 끝날 수밖에 없다. 반대로 은혜와 용기, 솔직함으로 시작하면 그런 분위기로 끝날 가능성이 높다. 처음을 보면 끝을 알 수 있다.

양보하기

마지막 기호는 '양보' 신호다. 건강한 관계에서 양보란 상대방에게 동의하지 않으면서도 동의하는 척한다는 뜻이 아니다. 그냥 포기하고 상대방이 멋대로 하도록 놔둔다는 뜻도 아니다. 양보란 속도를 충분히 늦춰 상대방의 상황과 감정을 충분히 헤아리고 인정해 준다는 뜻이다.

한 부부가 부부관계로 인해 갈등을 빚고 있다. 서로 원하는 부부관계 횟수가 다르다. 아울러 어린 두 아들이 있어서 부부관계를 갖기가 여의치 않다. 어느 날 부인이 말한다. "내가 허락할 때까지 하루 종일 졸졸 쫓아다니니까 힘들어 죽겠어요." 그 즉시 남편이 폭발한다. "기회가 얼마나 없으면 그러겠어? 지난밤만 해도 그래. 내 요청을 당신이 거절했잖아."

"머리가 아프다고 했잖아요!" 부인도 덩달아 폭발한다.

"왜, 훌륭한 여자는 한 번에 여러 가지 일을 잘한다며? 두통 치료와 부부관계를 동시에 할 수는 없어?"

어떤 관계에서든 원하는 것이 적은 사람이 주도권을 쥔다. 부부관계든 사랑의 말이든 함께하는 시간이든 더 원하는 사람이 아쉬운 소리를 할 수밖에 없다. 그런 의미에서 사랑과 힘은 반비례 관계에 있다고 말할 수 있다.

이 남편은 결국 아내가 무척 힘든 상황이라는 사실을 깨닫는다. 아울러 그는 아내가 갈등 이면에 있는 자신의 비참함을 이해해 주기를 바란다. 이런 점을 충분히 돌아본 뒤 남편은 마음을 가라앉히고 나서 차분히 설명한다. "침대에서 내가 손을 뻗을 때 당신이 거부하면 외롭고 비참한 기분이 들어." 그 말에 아내의 마음이 누그러진다. 아내는 그런 생각을 해 본 적이 없었다. 남편이 전혀 말을 안 했기 때문이다. 남편이 자신의 상처를 솔직히 드러내 보이자 압박과 분노로는 도무지 열리지 않던 아내의 마음이 마침내 열린다.

멈추고, 묻고, 조심해서 접근하고, 양보하라. 이런 신호를 무시하면 관계가 망가진다.

'감사 거리' 조사 보고서

사도 바울은 이렇게 말했다. "내가 너희를 생각할 때마다 나의 하나님께 감사하며 간구할 때마다 너희 무리를 위하여 기쁨으로 항상 간구함은"(빌 1:3-4). 하지만 관계가 흔들릴 때 우리는 이와 전혀 다른 편지를 쓸 수 있다. "내가 너희를 생각할 때마다 나의 하나님께 불평하며 간구할 때마다 왜 너희를 바꿔 주시지 않는지, 왜 내 주변에는 정상적인 사람들이 한 명도 없는지 따짐은."

코미디언 조지 칼린은 세상에 두 종류의 운전자가 있다는 말을 자주 했다. 하나는 자신보다 빠르게 운전하는 '미친놈들'이며 다른 하나는 자신보다 느리게 운전하는 '멍청이들'이다. 건강하지 못한 관계에서는 조지 칼린과 같은 시각으로 상대방을 보기 쉽다.

하버드대학의 연구가 숀 아처는 매우 우울해 보이는 세무조사원과 이야기를 나눈 적이 있다. 왜 그렇게 우울한지 아처가 까닭을

묻자 세무조사원은 어느 날 쉬는 시간에 아내가 지난 6주간 저지른 모든 잘못을 일목요연하게 정리한 엑셀 파일을 작성해 봤다고 말했다.[12] 남편의 '실수 조사 보고서'를 봤을 때 그의 아내가 어떤 반응을 보였을지 생각만 해도 아찔하다. 실제로 우리 집 컴퓨터 안에 실수 조사 보고서가 저장되어 있지는 않다 해도 마음속에는 다들 하나쯤 저장해 두지 않았는가? '당신이 잘못을 할 때마다 똑똑히 기억해 두겠어. 그리고 기억날 때마다 하나님께 불평하겠어.'

바울은 고린도교회에 보낸 편지에서 놀라운 주장을 한다. "[사랑은] 악한 것을 생각하지 아니하며"(고전 13:5). 사랑은 남들의 잘못을 확대 해석하지도 않으며 곱씹지도 않는다. 바울은 그러기는커녕 오히려 '감사 조사'를 벌였다. 즉 그는 "무엇에든지 참되며 무엇에든지 경건하며 무엇에든지 옳으며 무엇에든지 정결하며 무엇에든지 사랑받을 만하며 무엇에든지 칭찬받을 만하며 무슨 덕이 있든지 무슨 기림이 있든지 이것들을 생각"했다(빌 4:8). 이런 감사 조사 보고서에 당신의 배우자가 어떤 반응을 보일지 상상해 보라!

회복할 수 있다

조셉 엘리스의 퓰리처 수상 작품 *Founding Brothers*(건국의 형제들)은 성격이 극과 극인 두 인물 사이에서 이루어진 미국 역사상 가장 위대한 우정 중 하나를 소개한다. 두 인물은 바로 토머스 제퍼슨과 존 애덤스다.

키가 작고 뚱뚱하고 우직한 뉴잉글랜드 출신의 애덤스. 키가 크고 호리호리하며 그 속을 알 수 없는 버지니아주 출신의 제퍼슨. 매우 다혈질이고 호전적이며 속사포처럼 말을 하는 애덤스. 그가 가장 좋아하는 대화 형태는 언쟁이었다. 항상 침착하고 절제하는 수수께끼 같은 인물 제퍼슨. 그는 논쟁과 언쟁을 자신의 머릿속에서 들리는 자연스러운 협화음을 깨뜨리는 소리로 여겼다. …… 두 사람은 미국독립혁명이 만들어 낸 기묘한 짝이었다.[13]

20년간 두 사람은 서로를 누구보다도 사랑했다. 애덤스의 아내 아비가일은 제퍼슨을 남편이 유일하게 모든 속내를 털어놓을 수 있는 사람이라고까지 말했다. 제퍼슨이 아내를 잃었을 때 애덤스가 위로해 주었다.

그러던 두 사람도 결국엔 정치적 차이와 라이벌 의식으로 갈라섰다. 제퍼슨은 대통령 선거에서 한 저널리스트를 고용해 애덤스의 평판을 신랄하게 깎아내렸고, 결국 애덤스를 이겨 그의 재임의 꿈을 물거품으로 만들었다. 아비가일은 남편을 대신해 제퍼슨에게 편지를 써서 그의 행동이 "너무도 시꺼먼 중상모략이자 더러운 거짓이어서 끔찍하게 혐오스럽다"라고 비난했다. 그렇게 십 년 넘게 제퍼슨과 애덤스 사이에 말 한마디 오가지 않았다. 그러나 늘그막에 두 사람은 서로의 친구를 통해 화해했고 다시금 아름다운 우정을 즐겼다. 그리고 미국 독립이 선언된 지 50년 뒤 7월 4일 나란히 생을 마감했다. 죽기 전 애덤스가 마지막으로 남긴 말은 "토머스 제퍼슨은 아직 살아 있건만……"이었다(애덤스가 죽기 몇 시간 전 제퍼슨이 먼저 사망했으나 애덤스는 죽는 순간에 이를 알지 못했다-편집자).[14]

세상에서 "미안해요. 용서해 주세요"보다 더 강력한 말은 별로 없다.

> 사랑하는 제퍼슨,
> 자네를 용서하네.
> -사랑을 담아 애덤스가.

화해하라, 막대한 대가가 따르더라도

루이스 스미디즈의 *Forgive and Forget*(용서하고 잊으라)이라는 책을 보면 다음 대목이 나온다.

> 기도를 마치고 회당에서 나오는 길에 한 랍비를 만난 재봉사에 관한 옛 이야기가 있다.
> "레브 아쉬람 씨, 회당에서 뭘 하셨나요?" 랍비가 물었다.
> "기도를 했습니다."
> "잘하셨군요. 그런데 죄는 고백하셨나요?"
> "물론이죠. 제 작은 죄들을 고백했습니다."
> "작은 죄라뇨?"

"네, 작은 죄들이요. 가끔 옷을 짧게 자르고 털의 길이를 몇 인치씩 속였다고 고백했습니다."

"하나님께 그걸 말씀드렸다고요?"

"네, 선생님. 그런데 거기서 끝이 아닙니다. 저는 계속해서 이렇게 기도했습니다. '하나님, 저는 옷 몇 벌을 속였지만 하나님은 작은 아기들을 죽게 하셨습니다. 그래서 말인데요, 저와 거래를 하시죠. 저의 작은 죄들을 용서해 주시면 하나님의 큰 죄들을 용서해 드리겠습니다.'"[15]

당연한 말이지만 하나님께 거래나 용서를 제안하는 일은 있을 수 없다. 성경 기자들은 "하나님은 빛이시라 그에게는 어둠이 조금도 없으시다"(요일 1:5)라고 누누이 강조한다(시 18:12; 104:2; 딤전 6:16 참조). 그런데도 우리는 필립 얀시가 말하는 "하나님에 대한 실망"을 안고 살아갈 때가 얼마나 많은가.[16] 이런 태도가 하나님과의 친밀함을 깨뜨린다.

실망을 다루는 법을 논한 강연과 책, 블로그는 언제나 인기가 많다. 성경에도 그런 구절이 가득하며, 우리는 솔직한 태도로 그런 구절을 읽어야만 한다. 심지어 하나님을 믿지 않는 사람들도 왜 삶이 이토록 고통스러운가 하는 질문과 씨름한다. C. S. 루이스는 무신론자로 살던 젊은 시절에 관해 이렇게 고백했다. "그 시절 [나는] 모순의 소용돌이 속에서 …… 살고 있었다. 나는 하나님이 존재하지 않는다고 주장하면서도 하나님께 왜 존재하지 않느냐며 불같이 화를 냈다."[17]

가끔 하나님의 침대 옆 탁자 위에 "사람들에 대한 실망"이라는 제목의 책이 놓여 있지 않을까 하는 생각을 해 본다. 가만히 보면 성경의 부제목으로도 어울려 보인다. 실제로 성경 곳곳에서 하나님의 실망감을 엿볼 수 있다.

> 여호와께서 사람의 죄악이 세상에 가득함과 그의 마음으로 생
> 각하는 모든 계획이 항상 악할 뿐임을 보시고 땅 위에 사람 지
> 으셨음을 한탄하사 마음에 근심하시고(창 6:5-6).

나아가 하나님의 서재에 "존 오트버그에 대한 실망"이라는 제목의 책이 있을지도 모른다고 생각하면 더더욱 슬퍼진다. 솔직히 내가 자녀에게 가혹하게 굴고 사역자들에게 거만하게 굴고 아내를 속이고 여성들을 비하하고 가난한 사람들에게 냉담하게 굴고 나와 다른 사람들을 외면할 때마다 하나님이 어찌 실망하시지 '않을' 수 있겠는가.

우리가 죄를 짓는 것은, 하나님을 실망시키는 차원을 넘어 거부하는 것이다. 하나님이 내 삶을 선하게 다스리시도록 맡기지 않는 것이다. 내 삶에서 하나님을 내보내고 내가 스스로 삶의 주인이 되는 것이다. 죄 하나하나가 우주적 샬롬을 뒤흔든다.

관계가 틀어질 때 두 사람은 떠나가거나 부딪치거나 다가가거나 이 세 가지 선택 앞에 놓인다. 다가가는 것은 막대한 대가가 따

르더라도 화해와 회복을 추구하는 것이다. 에덴동산에서 우리와의 관계가 틀어졌을 때 하나님은 오히려 인류 '쪽으로 다가와' 화해와 회복을 추구하셨다. 이렇게 다가오신 행위를 성육신이라 부른다. 마치 하나님이 새로운 책을 시작하신 것과도 같았다. "태초에 말씀이 계시니라."

이 새로운 책은 자신이 하나님께 더없이 실망스러운 존재라고 생각했던(하지만 예수님이 자신을 더없이 사랑하신다는 사실을 발견한) 많은 사람들과 하나님이 자신을 더없이 사랑하신다고 확신했던(하지만 예수님께 실망했던) 소수의 사람들에 관한 이야기로 꽉 차 있다.

이 책은 구유에서 시작되고 십자가 위에서 잠시 끝난 듯했다. 예수님은 하나님에 대한 우리의 실망감을 치유하기 위해 직접 그 실망감을 맛보셨다. "나의 하나님, 나의 하나님, 어찌하여 나를 버리셨나이까"(마 27:46; 막 15:34). 다음 장은 빈 무덤으로 시작되고, 나머지 이야기는 지금도 계속해서 써 내려가는 중이다. 하나님은 처음부터 줄곧 우리에게 다가오고 계셨다. 문제는 우리다. 우리는 어느 쪽으로 움직일 것인가?

▲

CHAPTER 13

친밀함의 목적

진정한 친밀함은
울타리 너머로 흘러넘친다

우리는 사랑의 빛을 견디는 법을 배우기 위해
이 땅에 잠시 머무른다.
- 윌리엄 블레이크, "꼬마 흑인 소년"(The Little Black Boy)

패트릭 몰리는 자신의 책에서, 그동안 잘못 살았다는 생각이 자꾸
만 들었다고 고백했다.[1] 그가 직장에서 성공하자 원래 그를 무시했
던 사람들이 그의 환심을 사려고 아부를 했다. 여러 조직과 강연회
에서 그를 서로 모셔 가려고 난리가 났고, 사회적으로 높은 지위에
있는 사람들에게서 만나자는 전화가 왔다. 이런 제안을 받을 때마
다 그는 돈과 시간을 어디에 할애할지 결정해야 했다. 그가 내놓을

것이 많아진 덕분에 많은 사람이 그의 시간을 원했다.

몰리는 수많은 사람이 자신을 원하기 때문에 자신이 수많은 사람에게 연결되었다고 생각했다. 하지만 생각할수록 그것들은 이용 가치에 따른 피상적인 관계일 뿐 진정한 친밀함에서 싹튼 우정이 아니었다. 아울러 그를 가장 필요로 하는 사람들, 특히 그의 자녀들을 자주 만날 수 없었다. 한동안 그는 인맥의 범위가 삶에서 맺는 관계의 질이라고 착각하며 살았다.

"드디어 고지를 밟았어!" 어느 날 그가 환호성을 질렀지만 아내의 표정은 시무룩했다. "그래요. 다만 엉뚱한 고지를 밟았다는 게 문제죠."[2]

문득 부부는 이런 생각이 들었다. "'우리 장례식에서 누가 울어 줄지를 기준으로 우리가 하는 모든 일의 우선순위를 정해 보면 어떨까?' …… 왜 우리를 사랑하는 사람들을 희생하면서까지 우리를 사랑하지 않는 사람들에게 우리 자신을 내주어야 하는 거지?"[3]

대런 하디는 *The Entrepreneur Roller Coaster*(기업가의 롤러코스터)라는 책에서 장례식장에서 우는 사람이 평균적으로 열 명 남짓에 불과하다는 〈뉴스위크〉(*Newsweek*)지의 기사를 소개하면서 이렇게 말한다. "기절하는 줄 알았다. …… 평생 좋은 일을 하고 다른 사람들의 눈에 들려고 애써 봐야 결국 나를 생각하며 울어 줄 사람은 열 명뿐이라니."[4]

같은 기사에 따르면 사람들이 우리의 장례식에 참여할지 결정하는 첫 번째 요소는 날씨라고 한다. 비가 오면 원래 오려고 했던 사람들 가운데 절반이 오지 않는다. 하디는 이런 깨달음이 "남들이 나를 어떻게 생각하는지 신경 쓰지 않기로 결정한 결정적인 계기였다"라고 말한다.[5]

헤롯왕은 누가 자신의 장례식에서 울지 고민했다. 그는 누구보다도 위대한 건축물들을 남겼으며 당시 팔레스타인 지방에서 가장 강력한 군주였다. 하지만 그는 친밀함에는 서툴렀다. 그는 열 명의 왕비를 두었는데, 그가 진정으로 사랑했던 왕비가 역모를 꾸민다고 의심한 나머지 죽이고 말았다. 뿐만 아니라 자신의 어머니는 물론이고 세 명의 자식까지도 죽였다. 그는 자신의 이름이 길이 기억되기를 바라서 자손들의 이름을 헤롯 안디바, 헤롯 빌립, 헤로디아와 같은 식으로 지었다. 조지 포먼이 자신의 아들들을 조지 주니어, 조지 3세, 조지 4세, 조지 5세, 조지 6세로 지은 것과 같은 식이다.

하지만 헤롯이 병상에 누워 죽음을 기다리면서 보니 아무리 생각해도 자신의 장례식에서 울어 줄 사람은 '아무도' 없었다. 옛 역사학자 요세푸스에 따르면, 헤롯은 "유대 전국의 높은 사람들을 빠짐없이 …… 부르라고 명령한" 뒤에 그들을 여리고의 경기장에 가두었다.[6] 그런 다음 자신의 누이와 그 남편에게 자신이 죽으면 그 날로 그들을 모두 처형하라는 명령을 내렸다. 그렇게 해서라도 자신의 장례식에 곡소리를 듣고 싶었던 것이다.

마음이 가까워지는 연습을 시작하라

누가 내 장례식에서 울지 않을까?

- ○ 나를 비판하는 사람들.
- ○ 아쉬울 때만 나를 찾고 평소에는 코빼기도 보이지 않는 사람들.
- ○ 내가 매번 인정받고 싶어하지만 늘 인정에 인색한 사람들.
- ○ 친해지면 콩고물이라도 떨어질까 싶어 자꾸만 그 근처를 기웃거리게 만드는 부자들.
- ○ 자주 어울리면 나도 조금은 더 성공할 것 같은 생각이 들게 만드는 성공한 기업가들.
- ○ 나를 자주 보면서도 내 이름을 기억하지 못하는 사람들.
- ○ 내게 눈길 한 번만 주기를 간절히 바라는 거물들.
- ○ 나보다 멋진 사람들.
- ○ 내가 실제로 만난 적이 없는 유명인들.
- ○ 인터넷에 사진이 떠돌지만 나란 사람이 살아 있는지조차 모르는 미남 미녀들.
- ○ 내가 두려워하는 사람들.
- ○ 나를 두려워하는 사람들.
- ○ 내 머릿속의 판사석에 앉아 있는 모든 사람들(그들이 나를 어떻게 생각하는지가 내게는 목숨만큼 중요하지만 그들은 다른 사람들이 자신을 어떻게 생각하는지에 신경 쓰느라 나에 관한 생각을 할 틈도 없다).

그렇다면 누가 내 장례식에서 울어 줄까?

- 내 자녀와 그 가족들.
- 아내(남편).
- 형제자매.
- 절친한 친구들.
- 내가 먼저 떠날 경우, 우리 부모님.
- 내가 온 힘을 다해 도움을 준 사람들.

이들은 나와 진정으로 친밀한 사람들이다. 문제는 내가 내 장례식에서 울어 줄 사람들에게 가장 많은 시간과 삶을 쏟고 있느냐하는 것이다. 마틴 셀리그만은 매일 혹은 매주 "시작, 재회, 애정 표현, 한 번의 주중 데이트, 칭찬"이라는 다섯 가지 의식을 지키라고 추천한다.[7] 이런 의식에 하루에 몇 분 정도만 투자하면 한없이 멀어졌던 관계도 더없이 가까워지는 경험을 할 수 있을 것이다. 원래는 부부를 겨냥해 마련한 의식들이지만 가족이나 친구, 룸메이트, 직장 동료와의 관계에도 충분히 적용할 수 있다.

시작 아침에 서로를 어떻게 반기는가? 어떤 식으로든 남들의 존재를 인정해 주어야 한다면 이왕이면 기쁨으로 인정하면 좋지 않을까? 아침에 나누는 첫 대화에서 상대방이 하루 중에 할 일 한 가지를 알아내라.

내 아내가 오늘 한 팀원과 힘든 대화를 해야 해서 걱정이라고 말한다고 해 보자. 그러면 나는 힘든 대화를 풀어 가는 아내의 능력을 상기시켜 준다. 그러고 나서 밤에 아내가 그 일을 잘 해결했는지 확인한다. 내 아들이 원반 던지기 시합에서 감독을 맡았다고 말한다고 해 보자. 그것을 기억했다가 나중에 시합 결과를 물어보면 그것이 별것 아닌 것처럼 보여도 아들에게는 큰 기쁨이다. 내 작은 행동이 누군가에게는 더없이 중요하다. 셀리그만은 하루에 2분, 일주일에 5일씩 이 의식을 실천하면 일주일에 겨우 10분으로 관계가 몰라보게 좋아질 수 있다고 자신한다.

하루 20분 재회   매일 하루를 마친 뒤에는 귀가해서 처음 20분을 "스트레스를 낮춰 주는 재회의 대화"에 할애하라. 아내와 나는 늘 서로의 말을 듣고 공감해 주며 서로를 격려하고 함께 웃으려고 노력한다. 예전에는 욕실에서 아이들이 들어오지 못하도록 문을 잠그고 그런 시간을 가졌다. 이를 위해 욕실을 개조하기까지 했는데, 그 돈은 지금 생각해도 아깝지 않은 투자였다. 이런 시간을 일주일에 1시간 40분(하루에 20분 × 일주일에 5일)만 들이면 막대한 배당금이 돌아온다.

하루 5분 애정 표현   애정 표현이 관계를 쌓고 유지하는 데 좋다는 건 굳이 설명할 필요도 없이 자명하다. 애정을 담아 만지고 안고 **뽀뽀**하면 친밀함과 안정감이 자란다(하루에 5분 × 일주일에 7일 = 35분).

일주일에 한 번, 두 시간 데이트 단둘이만 편안한 분위기에서 관계를 업데이트하라. 신혼 초에 우리는 돈이 없었기 때문에 햄버거 가게에서 데이트를 했다. 단, 저녁은 미리 먹고 음료만 주문해서 일주일에 2시간씩 둘만의 오붓한 시간을 가졌다.

하루 5분 칭찬 매일 진심 어린 감사를 표현하라. 나는 패션 감각이 엉망이어서 최근 한 친구가 나를 대신해서 신발을 골라 주었다. 내가 그 신발을 신자 친구가 잘 어울린다며 칭찬해 줬다. 갓난아기 때 엄마가 골라 준 새들 슈즈를 신은 이래로 신발이 잘 어울린다는 칭찬을 처음 들었다. 그 칭찬에 나는 기분이 좋아졌고, 그 답례로 신발을 골라 준 친구를 칭찬하자 그의 입가에 미소가 번졌다. 작은 칭찬 한 번으로 누군가의 마음을 금세 기쁘게 해 줄 수 있다(하루에 5분 × 일주일에 7일 = 35분).

오늘 당신은 싫든 좋든 배우자와 친구, 가족들과 커뮤니케이션을 해야 한다. 그런데 이왕이면 커뮤니케이션을 잘해서 그들이 당신의 장례식에서 당신과의 헤어짐에 눈물을 흘리는 그런 친밀한 관계를 쌓으면 어떨까? 이는 사랑하는 사람들에게 연결되어 있다는 신호를 보내고, 연결이 끊어질 때를 재빨리 알아채는 것을 의미한다.

최근 아내와 함께 친구들을 만나 저녁 식사를 하던 중에 아내에게 상처가 되는 말을 하고 나서 곧바로 깨달았던 적이 있다. 내가 상처를 주었다는 사실을 나와 당사자만 아는 순간이 있지 않은가. 얼마 뒤 테이블 아래서 아무도 몰래 작은 발 하나가 내 발을 찌르기 시작했다. 몇 초간 그런 장난이 이루어졌는데, 나는 그것이 아내의 발이라고 확신했다. 그 작은 발이 노심초사하는 내게 이런 메시지를 전하는 듯했다. '나는 괜찮아요. 그러니 걱정하지 말아요. 친구들과 있는 자리에서 당신을 긴장하거나 외롭게 만들지 않을게요. 그러니 신경 쓰지 말아요.' 나는 그 발이 내 장례식에서 울어 줄 거라 확신한다.

호칭의 힘

윌리엄 베처 박사는 친밀함을 쌓는 열쇠로 사적인 문화를 꼽는다. 가족이나 친구, 부부끼리만 소중히 여기는 문화를 만들어 내는 것이다. 그 문화는 자신들만의 의식과 언어, 그중에서도 특히 "애칭"으로 이루어진다.[8] 언어는 친밀함을 표현한다.

우리는 가족이나 친구, 동료들에게 친밀감과 애정을 표현하기 위해 별명을 사용한다. 베처는 별명 관련 조사를 철저히 해 주된 범주 세 가지를 찾아냈다. 음식과 몸의 기관, 동물이 그것이다. 때로 우리는 꿀돼지처럼 두 범주 이상을 조합해서 사용하기도 한다. 그런가 하면 불가해한 별명도 있다. 예를 들어, 안톤 체호프는 아내 올가를 위한 새로운 별명을 계속해서 만들어 냈다. 한번은 그가 쪽지에 "내 작은 바퀴벌레를 꼭 안아 백만 번 키스를 하겠소"라고 썼다.[9] 윈스턴 처칠 부부는 서로를 "고양이"(아내)와 "돼지"(남편)로 불렀다.[10]

우리는 왜 이렇게 별칭을 좋아할까? 사랑하는 사람에게 오직 둘만 아는 별칭을 붙이면 그 사람과의 관계가 여타 관계와 구별된다. 이는 "당신을 다른 누구와도 나누고 싶지 않아요"라며 상대방에 대한 소유권을 주장하는 것이다. 커플끼리는 진짜 이름을 아예 쓰지 않는 경우도 많다. 내가 아내를 부르는 별칭도 있다. 단둘이 있을 때 내가 아내 이름을 부르면 마치 "오트버그 박사님"이라고 부르는 것만큼이나 딱딱한 느낌이 든다.

둘만 아는 별칭이 마법을 부리는 것은 그 이름이 예뻐서도 아니요 심지어 칭찬이기 때문도 아니다. 그것이 친밀함을 전달하고 서로 경험을 나누는 의미가 있기 때문이다. 부부가 늙어 갈수록 이런 친근함과 친밀함이 더욱 중요해진다.

베처는 바람이 거세게 불던 어느 날 한 영국인 노부부와 함께 모닥불 앞에 앉아 차를 마시며 인터뷰를 했던 경험을 이야기한다. 이 부부는 수많은 갈등을 겪으면서도 50년간 서로의 손을 꼭 잡고 함께 살아왔다. 인터뷰 도중 부인이 남편 쪽을 바라보며 말했다. "땔감 좀 더 넣지 그래요, 오래된 신발 한 짝 씨?"[11]

아는지 모르겠지만 사랑하는 사람들끼리는 C. S. 루이스가 말하는 "아기 말"(baby talk)을 자주 사용한다. C. S. 루이스는 《네 가지 사랑》(*The Four Loves*, 홍성사 역간)이란 책에서 "'작은 언어' 혹은 '아기 말'을 사용하는 것이 …… 대부분의 현대인들에게는 쑥스러운 일이다'라고 말했다. 루이스의 말을 계속해서 들어 보자. "이것은 비단 인류에게만 국한된 현상이 아니다. 로렌츠 박사는 교미 철이 오면 '주로 갈까마귀들의 울음은 갈까마귀 성체들이 이 시기에만 사용하는 새끼 소리들로 이루어진다'라고 말했다. 우리나 새나 똑같은 이유를 갖고 있다."[12] 사랑은 애틋함을 갈망하는데, 아기의 언어야말로 가장 애틋한 언어다.

스윙의 순간, 샬롬의 순간

The Boys in the Boat(배를 탄 소년들)라는 책은 대공황이 한창일 당시 아홉 명의 노동자 계층 소년들이 명문대 출신 엘리트 조정팀을 꺾고, 나아가 1936년 베를린 올림픽에서 아돌프 히틀러의 조정팀을 꺾어 금메달을 차지한 감동적인 실화를 그린 소설이다. 그런데 이 소년들의 목표는 단순히 상대팀들을 꺾는 것이 아니었다. 그들은 거의 초월적인 수준의 조화와 협력, 연합을 꿈꾸었다.

때로 조정 경기에서는 달성하기도 어렵고 정의하기도 어려운 한 가지 현상이 벌어지곤 한다. …… 바로 '스윙'(swing)이라고 하는 현상이다. 이 현상은 여덟 명의 노잡이들이 거의 완벽한 조화를 이루어 노를 저어 단 한 사람의 단 하나의 동작도 다른 모든 사람의 동작과 어긋나지 않을 때만 일어난다. …… 열여섯 개의 팔이 노를 잡아당기고, 열여섯 개의 무릎이 굽혀졌다가 펴지며, 여덟 개의 몸이 앞으로 기울어졌다가 다시 뒤로 기울어지고, 여덟 개의 등이 구부러졌다가 펴지는 모든 동작이 완벽히 동시에 이루어져야만 한다. 배의 한쪽 끝에서 다른 쪽 끝까지 모든 노잡이들이 손목을 살짝 돌리는 것과 같은 아주 사소한 행동 하나하나도 완벽히 일치시켜야 한다. 오직 그럴 때만이 배는 노를 당기는 동작 사이마다 물이 흐르듯이 부드럽고도 우아하게 전진한다. 그럴 때만이 배가 몸의 일부가 되어 저절로 가는 것처럼 느껴진다. 그럴 때만이 고통이 완전히 사라지고 환희만 가득해진다. 그때 조정은 일종의 완벽한 언어로 승화된다. 시(Poetry). 좋은 스윙의 느낌은 바로 시와 같다.[13]

이 팀의 멘토 조지 포콕은 팀원들에게 "자신이 팀 전체의 협력적인 노력에 완전히 녹아 들어가는 것"이 "조정의 정신적 가치"라고 설명했다.[14] 그는 자신을 남들에게 완전히 내어 주는 순간이야말로 가장 자기답게 되는 순간이라고 말했다.

'스윙'은 친구 사이에서도 일어날 수 있다. 두 사람이 서로를 더없이 깊이 사랑하고 격려하고 즐기고 알며 서로에게 선의의 채찍질을 하면 혼자보다 둘이 더 나은 상황이 벌어진다. '스윙'은 부부 사이에서도 일어날 수 있다. 남편이나 아내가 배우자의 성장을 위해 자신의 직업적 성공을 희생하고, 기업의 사다리를 몇 계단 더 오르는 것보다 그런 희생에서 더 큰 기쁨을 찾을 때 바로 스윙 현상이 일어난다.

'스윙'은 가족 안에서도 일어날 수 있다. 가족들이 서로를 아끼고 서로에게 진실을 말하며 서로에게서 최선의 모습을 이끌어 내고 서로에게 관심을 집중하며, 나아가 가족의 울타리를 넘어 남들까지 섬기는 공동체가 되는 것이 바로 스윙이다. '스윙'은 직장이나 지역사회에서도 일어날 수 있다. 단, 스윙은 우리가 완벽히 통제할 수 있는 현상이 아니다. 그래서 스윙은 선물로 찾아온다. 그런 의미에서 조지 포콕은 이렇게 말했다. "노를 잘 저을 때 …… 완벽에 가까워지지. 그렇게 완벽에 가까워질 때 너희는 신을 만지게 될 거야."[15]

'스윙'에 해당하는 성경 용어는 '샬롬'이다. 닐 플랜팅가는 샬롬을 "하나님과 인류, 모든 피조물이 정의와 조화, 만족, 기쁨 안에서 엮인 상태"로 표현했다.[16] 샬롬 상태에서는 사람들이 평화롭게 일해서 좋은 결과를 거둔다. 어린양이 사자와 나란히 누워서 안전하게 잠을 청하고, 칼들이 부수어져 땅을 일구는 농기구로 다시 탄생한다. 샬롬 상태에서는 인터넷의 바다에 온통 훈훈한 미담만 떠다닌다.

샬롬 상태에서는 인류가 완벽한 화목을 이루어 비밀번호라는 것이 전혀 필요 없어지고 집집마다 문이 활짝 열리며 일터에 시기와 암투는커녕 칭찬만 가득해진다. 남편들과 아내들은 서로 상대방을 더 섬겨 주기 위한 진정한 선의의 경쟁을 한다. 달라스 윌라드는 "모든 팀원이 상상할 수 없이 훌륭한 리더십 아래 상상할 수 없이 방대한 활동에 대한 더없이 창조적인 협력에 푹 빠져들어 그보다 더 포괄적인 생산성과 즐거움의 순환을 거두는 것"이라는 표현을 사용했다.[17]

룻이 시어머니 나오미를 위해 자신의 고향을 포기하고, 나오미는 룻의 행복을 위해 자신을 포기한 것. 요나단이 친구 다윗과 조국 이스라엘을 위해 자신의 목숨과 왕위를 걸었던 것. 한 소년이 소박한 도시락을 예수님께 바치자 예수님이 그것을 수천 명이 배불리 먹는 잔치상으로 바꿔 주신 것. 바로 이것이 샬롬이다. 바로 이것이 스윙이다.

우리만의 행복을 넘어

친밀함은 두 사람만을 위해 존재하지 않는다. 남자가 여자를 사랑하면 둘이 함께 사랑을 쏟아부을 수 있는 아기라는 결실이 생긴다. 그리고 그 아기가 또 다른 사람을 만나 아기를 낳는 식으로, 이 과정은 끝없이 되풀이된다. 이것이 인류의 삶을 형성하는 거대한 사슬이다. 이처럼 친밀함은 두 사람의 울타리 밖으로 흘러넘쳐 다른 누군가를 향한 사랑으로 연결되어야 한다.

쉘던 베너컨은 《잔인한 자비》(A Severe Mercy, 복있는사람 역간)에서 자신과 아내 데이비가 오직 둘만의 친밀함을 추구했던 이야기를 전해 준다. 두 사람은 친구부터 취미와 일까지 모든 것을 함께하기로 약속했다. 심지어 쉘던은 아기를 낳을 수 없으므로 데이비 혼자서 아기를 낳는 것이 싫어 이 부부는 아기도 낳지 않기로 결심했다. 그들은 자기들끼리만 친밀함을 누리기 위해 두 사람의 주위에 '빛나는 장벽'이라는 것을 세웠다.

그런데 두 사람은 영국에서 공부하던 중에 하나님을 믿게 되었다. 데이비가 먼저 믿었고, 쉘던은 억지로 따라갔다. 쉘던은 아내의 마음과 삶을 온통 빼앗아 버린 하나님을 질투했다. "우리가 하나님께 온통 빠져드는 것이 싫었다. 그리스도의 학교에서 방학을 얻고 싶었다."[18]

하지만 나중에는 둘 다 친밀함을 새로운 시각으로 보기에 이르렀다. 이제 더 높은 목적을 추구하게 된 그들은, 친밀함이 서로 관계를 맺고 있는 사람들만을 위한 것이 아니라는 사실을 깨달았다. 데이비가 겨우 마흔의 나이에 죽어 가는 '잔인한 자비' 속에서 그들은 당사자들만을 위한 사랑은 죽어야 한다는 사실을 깨달았다. 처음에는 친밀함을 보호해 주는 것처럼 보이는 '빛나는 장벽'은 결국 친밀함을 파괴하는 킬러로 변한다.

헨리 나우웬이 수년 동안 기거했던 라르쉬 공동체의 설립자 장 바니에는 이 점을 다음과 같이 설명했다.

> 공동체[친밀함]를 위협하는 두 가지 큰 위험은 '친구들'과 '적들'이다. 사람들은 비슷한 사람들끼리 정말 빨리 모인다. 우리 모

두는 듣기 좋은 소리를 하고 생각과 인생관, 유머감각이 비슷한 사람들과 어울리기를 좋아한다. 우리는 "너는 정말 대단해", "너도 그래", "우리는 지적이고 똑똑하기 때문에 대단해"라며 서로를 치켜세운다. 그렇다 보니 인간들의 우정은 서로 자신의 내적 빈곤과 상처를 보지 못하도록 방해하는 아첨과 인정 속에 갇힌 평범한 사람들의 동호회로 변질되기가 너무도 쉽다. 그렇게 되면 우정은 더 이상 자라고, 더 나아가고, 더 큰 섬김을 실천하기 위한 발판이 되지 못한다.[19]

친밀한 친구들과 가족들은 그들만의 행복을 넘어 더 숭고한 목적을 추구해야만 한다. 2015년 〈포브스〉(Forbes)지 기사에서 작가 리즈 라이언은 기업 입장에서 직원들만의 행복은 "조직의 에너지와 지력(brainpower)을 집중시킬 만한 가치가 있는 목표가 못 된다"라고 말했다.[20] 라이언의 말을 계속해서 들어 보자.

자신의 일에 혼신의 힘을 다하는 사람을 생각해 보라. 예를 들어, 세상에서 가장 위대한 바이올린 제작자를 생각해 보라. 나는 누가 세상에서 가장 위대한 바이올린 제작자인지 모른다. 그래서 그냥 프랑코라는 이탈리아인이 있고, 그가 15-20명의 수습공 및 직인들과 함께 세상에서 가장 훌륭한 바이올린을 만들고 있다고 하자. 프랑코가 행복할까? 그는 황홀경과 좌절, 무아지경과 회의 사이를 끊임없이 오락가락한다. 그와 그의 일은 서로 뗄 수 없다. 누구도 프랑코나 그의 직원들이 행복하다고 말하지 않는다. 대신 프랑코의 마을 사람들은 이렇게 말한다. "저 사람들은 바이올린과 함께 살고 숨을 쉰다. 덕분에 온 세상 사람들이 기뻐한다."[21]

그 옛날 "저 사람들은 예수님과 함께 살고 숨을 쉰다. 덕분에 온 세상 사람들이 기뻐한다"라는 말을 듣던 사람들의 공동체가 있었다. 이런 공동체를 추구하는 것이 "너는 대단해"라며 서로를 치켜세우는 평범한 사람들의 공동체에서 벗어나는 길이다.

신약에는 헤롯왕의 반대편 극단에 서 있는 인물이 있다. 도르가라는 여인이다. 이 여인에 관해서 우리가 아는 것은 "선행과 구제하는 일이 심히 많더니"라는 사실뿐이다(행 9:36). 구제를 많이 할 정도면 도르가는 상당한 재력가였을 것이다. 아울러 그녀는 주변 사람들과 친밀한 관계를 맺고 있었다. 즉 그녀는 돈과 시간이 있었으며 공동체의 일원이었다. 그리고 그런 재물과 친밀함에서 자신의 공동체 밖에 있는 사람들에 대한 선행과 구제가 흘러나왔다.

옷을 살 여력이 없는 사람들이 그녀 덕분에 벗고 다니지 않았다. 음식을 살 여력이 없는 사람들이 그녀 덕분에 굶지 않았다. 외면당할 수밖에 없는 사람들이 그녀 덕분에 진정한 사랑과 우정을 경험했다. 그런데 안타깝게도 도르가는 병에 걸려 죽고 말았다. 성경은 그녀의 시신이 씻겨서 다락방에 놓였다고 말한다. 그녀의 재력으로 보아 아마도 그녀의 집 다락방이었을 것이다.

옛사람들은 자신이 죽은 뒤에 자기 육신이 어떻게 될지에 무척 신경을 썼다. 그래서 로마에는 돈을 내면 사후에 시신을 잘 처리해 주는 상조가 성행했다. 당시 로마인들의 눈에 기독교는 좀 이상한 집단이었다. 하나의 신만 섬기고 제사도 지내지 않으니 도무지 종교로 보이지 않았다. 로마인들은 기독교를 마치 하나의 상조인 것처럼 취급했다. 그들이 죽은 자들을 워낙 지극정성으로 돌보았기 때문이다.[22]

성경을 보면 도르가의 시신은 유대 장례 문화에 따라 씻겼지만 향품을 발랐다는 말은 없다. 향품을 바르는 것도 당시 장례 문화의 일부였는데 말이다. 가난한 여인들이 사랑의 행위로써 도르가의 장례를 치렀으므로 향품을 살 돈이 없었을 가능성이 있다. 그러나 도르가의 장례식에는 우는 사람들이 있었다. "모든 과부가 베드로 곁에 서서 울며 도르가가 그들과 함께 있을 때에 지은 속옷과 겉옷을 다 내보이거늘"(행 9:39).

이것이 2천 년이 지난 지금 우리가 도르가에게서 배울 수 있는 교훈이다. '친밀함의 역설'이라고나 할까. 사랑을 받으려고 하면 주지도 받지도 못하지만, 사랑을 주려고 하면 얼마든지 줄 수 있을 뿐 아니라 받을 수도 있다. 사랑에 관해서는 주는 것이 받는 것보다 더 복되며, 더불어 주는 것만이 받을 수 있는 유일한 길이다.

교회란 무엇인가

부부나 가족, 친구, 교회 같은 친밀함의 공동체는 자기들끼리만 친밀함을 즐기기 위해서가 아니라 울타리 밖에 있는 사람들의 삶도 풍요롭게 해야 한다.

"어느 교회에 다니나요?" 성경 어디에도 이런 말을 찾을 수 없다. 아니, 성경에는 교회에 '가야만' 한다는 구절도 없다. 여기에는 중요한 이유가 있다. 신약이 쓰일 당시에는 누구도 '건물'을 교회로 부를 생각을 하지 않았다. 심지어 당시 교회는 건물이 없었다. 그냥 '사람들'만 있었다. 그러다 몇 세기 지나서 이상한 현상이 벌어졌다. 사람들의 집단을 지칭하던 것이 건물 이름이 되어 버렸다.

요즘 우리는 사람들이 모여 예배를 드리는 건물을 보며 "정말 아름다운 교회네"라고 말한다. 하지만 초대 교인들에게 그것은 아기 침대를 보며 "정말 아름다운 아기네"라고 말하는 것만큼이나 어리석은 말이었다. 아기는 사람이다. 아기 침대는 아기를 '누이는' 곳일 뿐이며, 아기를 하루 종일 그곳에 두지는 않는다. 아기를 아기 침대에 누이는 것은 아기가 충분히 쉬었다가 밖으로 나갈 수 있도록 하기 위해서다. '세상'이야말로 아기가 살아야 할 곳이다.

부모라면 자녀가 24시간 내내 침대 안에만 누워 있기를 바랄까? 친밀함의 장소는 안전하고 즐거운 곳이지만 그곳이 우리가 있어야 할 유일한 곳은 아니다. 우리는 우리끼리만 행복해하기 위해서 교회로 모이는 것이 아니다. 우리는 충분히 쉬고 재충전하고 영양분을 공급받아 '세상 속으로' 나가 교회가 '되기' 위해 교회로 모이는 것이다. 교회는 하루 종일 "너는 대단해"라는 말만 주고받는 평범한 사람들의 배타적인 집단이 아니다. 교회는 우리가 '들어가야' 할 장소가 아니다. 교회는 울타리 밖의 '우리 자신'이다.

초대 교회의 교제는 식탁을 중심으로 이루어졌다. 그곳에서 신자들은 성찬을 나누었다. 성찬 테이블은 더없는 친밀함의 장소였다. 그런데 그 공동체의 위대함을 결정하는 척도는 친밀함 자체가 아니었다. 하나님과, 그리고 서로의 친밀함이 그 테이블에 없는 사람들에게까지 얼마나 흘러넘치는지가 중요했다.

2천 년간 예수님의 제자들은 테이블 주위에서 교제했다 (communed). 서로 친밀하게 이야기했다(communicated intimately).[23] 친밀한 교제에 해당하는 헬라어는 '코이노니아'다. 그런데 교회는 자칫 '코이노니투스', 즉 자기들끼리만 좋아하는 집단으로 전락할 수 있다. 자기들끼리만 똘똘 뭉쳐 도무지 들어갈 틈이 없는 배타적인 파벌이 탄생할 수 있다. 생명을 주는 갈릴리 바다와 몸이 저절로 뜰 만큼 소금기가 많은 사해의 차이점은, 사해는 생명이 흘러나갈 출구가 없다는 것이다. 출구가 없는 친밀함은 정체와 죽음으로 이어진다.

서문에서 한 테이블에 둘러앉은 모습을 친밀함의 이미지로 제시하면서 이 책을 시작했다. 나는 '사랑' 하면 언제나 '테이블'이 떠오른다. 하지만 영원히 테이블 앞에만 앉아 있는 것은 전혀 건강한 모습이 아니다. 시카고에 그 도시의 자유분방한 태도를 그대로 보여 주는 에드 드베빅이라는 식당이 있었다. 그 식당 종업원들은 카운터 위에 올라가 댄스 음악에 맞춰 춤을 추고 손님들을 익살스럽게 놀리기도 했다. 그리고 식당의 독특한 슬로건이 벽을 온통 도배하고 있었다. 그 슬로건은 바로 "어서 먹고 나가라"였다. 바로 이것이 예수님의 제자로서 우리가 보여야 할 모습이다. 어서 먹고 세상으로 나가라!

당신 잘못이 아니지만

성경에 도르가에 관한 정보는 몇 가지만 등장하는데 그중 하나는 그녀의 헬라어 이름이 '다비다'라는 것이다. 그렇다면 십중팔구 그녀는 이방인이었을 것이다. 그렇다면 그녀가 본을 보인 나눔과 섬김의 전통은 자신의 문화권에서 저절로 얻은 것이 아니라 애써 배운 것일 가능성이 높다. 그렇다면 그녀 역시 처음에 '왜 내가 남들을 위해 내 집과 재물, 시간을 내줘야 하지?'라는 생각을 하지 않았을까? 가난이나 헐벗음, 노숙이 만연한 것은 그녀의 잘못이 아니었다. 그녀의 친밀함이 남들의 곤궁과 무슨 상관이란 말인가.

인종주의와의 싸움에서 온 세상에 누구보다도 예수님을 분명히 보여 주었던 여인 바바라 윌리엄스 스키너에 따르면, 때로 하나님은 그분의 백성에게 "네 잘못이 아닐지 모르지만 네 시간인 건 분명하다"라고 말씀하신다.[24]

오늘 밤 머리 누일 곳이 없는 사람들이 있는 것은 당신 잘못이 아니다. 오늘 밤 수많은 아이들이 굶주린 배를 움켜잡고 바퀴벌레가 기어 다니는 바닥에 누워 자는 것은 당신 잘못이 아니다. 집이 없어 추위에 벌벌 떠는 고아들과 약이 없어 죽어 가는 환자들은 당신 잘못이 아니다. 당신 잘못은 아니지만 당신이 뭔가를 할 수는 있다. 당신에게는 돈이 있다. 특권도 있고, 재능도 있고, 무엇보다 당신에게는 세상을 변화시킬 기회가 있다. 당신이 지금 이 순간을 위해서 현재 자리에 있는지 누가 아는가!(에 4:14 참조) 당신 잘못은 아닐지 모르지만 당신의 시간인 건 분명하다.

이것이 지금 많은 사람에게 주시는 예수님의 말씀이라고 믿는다. 온 세상이 가난과 불평등, 불의, 고통으로 몸살을 앓는 건 당신 잘못이 아니다. 하지만 당신은 그 고통을 줄이기 위해 뭔가를 할 수 있다. 기부할 돈이 있을지 모른다. 선한 일에 내놓을 시간이나 체력, 기술이 있을지 모른다. 당신 잘못은 아닐지 모르지만 당신의 시간인 건 분명하다.

인종주의가 미국에 들어온 건 당신 잘못이 아니다. 250년을 이어 온 노예제도로 수백만 명에 달하는 하나님의 자녀가 사슬에 묶여 비참하게 살다 간 건 당신 잘못이 아니다. 짐 크로우 법이 또다시 한 세기 동안 그들을 비천과 가난의 굴레에 가둬 놓은 건 당신 잘못이 아니다. 2013년 (대학에 들어간 흑인이 140만 명이긴 하지만) 미국의 교도소에 84만 명의 흑인이 갇혀 있었던 건 당신 잘못이 아니다.[25]

하지만 이 암담한 현실을 바꾸기 위해 당신이 뭔가 할 일이 있을 수도 있다. 한 아이에게 공부를 가르쳐 줄 수도 있다. 한 학교를 도울 수도 있다. 당신이 가진 작은 지식을 세상과 나누면 어떨까?

당신 잘못은 아닐지 모르지만 당신의 시간인 건 분명하다.

이민자들이 현대의 헤롯들에게 추격을 당하는 현실은 당신 잘못이 아니다. 부모들이 자식들을 배에 너무 많이 태우는 바람에 배가 가라앉는 현실은 당신 잘못이 아니다. 사람들이 조국에서 가만히 앉아 죽음을 기다리느니 탈출하다가 죽는 편을 선택하는 현실은 당신 잘못이 아니다. 젊은이들은 삶의 무게에 치여 자살하고 노인들은 지독한 외로움에 자살하는 현실은 당신 잘못이 아니다. 당신 잘못은 아닐지 모르지만 당신의 시간인 건 분명하다.

잊지 말라. 밖으로 흘러넘치지 않는 친밀함은 정체와 죽음으로 이어질 뿐이다. 한번 진정한 친밀함을 경험한 사람은 그 친밀함을 남들과 나누기 위해 발 벗고 나서게 되어 있다. 남들도 자신처럼 사랑과 기쁨, 환영, 소속감을 경험하도록 돕는 일을 평생의 목적으로 삼게 되어 있다.

도르가에 관한 정보가 하나 더 있다. 이것이야말로 사도행전이 그녀의 이야기를 전한 이유가 아닐까 싶다. 그 정보는 바로, 그녀가 계속 죽어 있지 않았다는 것이다.

> 베드로가 사람을 다 내보내고 무릎을 꿇고 기도하고 돌이켜 시체를 향하여 이르되 다비다야 일어나라 하니 그가 눈을 떠 베드로를 보고 일어나 앉는지라 베드로가 손을 내밀어 일으키고 성도들과 과부들을 불러 들여 그가 살아난 것을 보이니 (행 9:40-41).

바로 여기에 죽음에 관한 진실이 있다. 우리는 계속 죽어 있지 않을 것이다. 예수님은 그분을 믿고 그분께 삶을 맡기는 자들에게 죽음이 끝이 아니라고 약속하셨다. 때가 되면 그분이 "일어나라"라고 말씀하시며 우리에게 손을 내밀어 일으키실 것이다. 그때 우리는 기쁨의 눈물을 보리라. 하나님이 기뻐 흘리시는 눈물을 보리라. 그때 나는 테이블에서 당신을 마주하리라. 하지만 지금은 어서 먹고 나가라!

▲

CHAPTER 14

친밀함의 연결 고리

예수 안에 너와 나,
마침내 진정한 하나가 되다

그때 이상한 일이 벌어졌다.
- 마저리 윌리엄스, 《벨벳 토끼 인형》(*The Velveteen Rabbit*)

최고의 이야기는 단연 러브 스토리다. 그리고 최고의 러브 스토리
는 언제나 뜻밖의 사랑에 관한 이야기다. 내가 어릴 적에 다니던 교
회에서는 성경을 일종의 인생 지침서처럼 대할 때가 많았다(그리고
나는 지침서라면 질색하는 어린이였다). 하지만 만약 성경이 지침서가 아니
라 사실은 러브 스토리라면? '우리는 친밀함을 갈망하지만 친밀함
은 늘 손에 잡힐 듯 잡히지 않는다'는 미스터리를 풀 열쇠가 성경

이야기의 핵심이라면?

필립 얀시는 로맨틱한 사랑이 세상에서 경험할 수 있는 가장 순전한 은혜라는 말을 했다. "마침내 누군가가 나를 지구상에서 가장 호감이 가고 가장 매력적이며 가장 함께하고 싶은 생명체로 여긴다. 누군가가 한밤중에 깨어서 '나'를 생각한다."[1] 가끔 내가 꼭 껴안으면 아내는 "가까울수록 좋지"라고 속삭인다. 정말로 그렇다. 육체들은 서로 가까이 붙도록 창조되었다. 육체는 말랑하고 부드러우면서도 복잡하다. 친밀함이 바로 그와 같다.

하지만 우리는 하나님과의 관계를 좀처럼 그런 식으로 보지 않는다. 우리 대부분에게 하나님은 멀고도 불가사의한 분이시다. 하나님은 그저 멀리서 지켜보며 판단하실 뿐이다. 감히 범접할 수 없는 위엄과 차원을 지니신 분이다. 예부터 사람들은 하나님을 두려워했다. 그래서 멀찍이 떨어져서 제사만 드렸다.

그런데 성경은 하나님이 친밀함을 원하신다는 내용으로 시작한다. 하나님이 바람이 부는 날 동산에 거닐러 오셨다. 이는 이 땅에 살았던 모든 인간이 사용했던 가장 단순한 친밀함 가득한 초대였다. "함께 좀 걷지 않을래요?" 하지만 첫 남자와 여자는 원치 않았다. 둘은 숨었다. 초대가 거부당한 최초의 사건이다. 옛 이스라엘의 역사는 수없이 거부를 당하고도 사랑하는 백성을 끝까지 포기하시지 않은 하나님의 역사다. 하나님은 어떻게든 다가갈 방법을 찾으셨다.

경험을 공유하는 것이 친밀함의 열쇠라면 성육신은 지고한 형태의 경험 공유요 가장 큰 희생이다. 성육신을 통해 하나님은 외로움, 피곤함, 두려움, 죄책감, 육체를 갖는 기쁨, 육체가 다치는 고통, 육체가 안겨질 때의 안도감, 하나님께 버림받았다는 절망감 같은 우리의 경험을 나누셨다.

브렌 브라운은 짧은 만화영화를 사용하여 '공감'과 '동정'의 차이를 설명했다. 티셔츠를 입은 작은 여우가 깊은 구덩이에 빠진다. "저런, 빠졌어. 너무 캄캄해서 무서워."

그러자 위에서 사슴 한 마리가 구덩이 속으로 머리를 집어넣고 동정의 눈빛을 보낸다. "어, 저런, 정말 무섭겠다. …… 샌드위치라도 줄까?"

잠시 후 야구 모자를 쓴 곰 한 마리가 나타난다. 곰은 그냥 쳐다만 보지 않고 끙끙대며 사다리를 가져와 구덩이 아래로 내려와 여우 옆에 서서 말한다. "여기 밑은 이런 곳이구나. 어쨌든 이제 너는 혼자가 아니야."[2]

사람들은 하나님이 사슴과 같다고 생각한다. 하지만 틀렸다. 여기서 하나님은 곰이다. 하나님은 이 땅으로 사다리를 내려 우리 옆에 서서 말씀하신다. "여기 밑은 이런 곳이구나. 어쨌든 이제 너는 혼자가 아니야."

전부를 걸고 가까이 오시다

몇 십 년 전, 두 명의 정신과 의사가 새로운 질병을 발견했다.

그들은 자신들이 치료하던 환자들에게서 한 가지 비슷한 패턴을 반복해서 발견했다. 그것은 자신의 위선이 드러날지 모른다는 끊임없는 두려움이었다. 조사 결과 그 어떤 성공으로도 이 질병을 치유할 수 없었다. 아니, 성공한 사람일수록 오히려 자신을 훌륭한 사람으로 보지 못하는 경우가 많았다. 그들은 열심히 일하고 생각하고 고민하고 숨기는 식으로 남들에게 잘 보이기 위해 최선을 다해 온 사람들이었다. 그래서 남들이 우러러보지만 정작 그들 안에는 근심과 걱정, 스트레스, 수치심, 자기 의심, 혼란이 가득했다.

이런 상태를 "가면 현상"(Imposter Phenomenon)이라 이름 붙였다.[3] 이것은 정신병이 아니라 유행병이다. 이것은 '내가 사실은 남들이 생각하는 것만큼 똑똑하거나 친절하거나 강인하거나 선하거나 성공적이거나 행복하지 않다'는 남모를 믿음이다. 남들에게 보이기 위해 공들여 꾸민 자아는 '진짜' 내가 아니다. 아이러니하게도 이 거짓 자아를 잘 꾸며서 더 많은 갈채와 인정을 받을수록 내가 꽁꽁 숨겨 둔 진짜 자아는 사랑받지 못한 채 점점 더 고립된다.

하나님은 사람들에게 어디 있느냐고 물으셨다. "아담아, 어디 있느냐? 내가 만든 '진짜' 너는 어디에 있느냐? 두려움과 수치심에 빠져 자신의 진짜 모습을 아무도 보지도 알지도 못하기를 바라는 이 생명체는 무엇이냐? 아무런 문제가 없는 척하며 진정한 사랑을 마다하는 이 생명체는 도대체 무엇이냐?"

이 현상을 잘 안다. 주일 아침마다 나는 수많은 교인 앞에 서서 하나님을 대언한다. 그런데 내가 뭐라고 이런 고귀한 일을 한단 말인가. 가끔 설교할 때면 내가 주중에 저지른 잘못이 떠올라 얼굴이 화끈거린다. 사람들에게 믿으라고 촉구하다가 퍼뜩 내 안에는 의심의 구름이 가득한 걸 느끼고 화들짝 놀라곤 한다. 나는 나 자신을 적당히만 드러내려고 노력한다. 사람들이 친근하게 느낄 정도만 드러낼 뿐 사람들이 놀라고 심지어 나를 교회에서 쫓아낼 정도까지 드러내지는 못한다. 그래서 나를 드러내려고 노력하는 와중에도 일부는 드러내지 않으려고 극도로 신경을 쓴다.

하지만 내가 바라는 것은 이와 정반대 삶이다. 나는 이렇게 살고 싶다.

- 척하거나 숨기고 싶지 않다.
- 사적인 자리에서나 공적인 자리에서나 한결같은 사람이고 싶다.
- 내 잘못을 솔직히 인정하고 책임을 지고 싶다.
- 내 가치를 알고 싶다.
- 늘 '인상 관리'를 하는 피곤한 삶에서 벗어나고 싶다.
- 다른 사람들의 생각과 시선에 연연하지 않고 싶다.
- 탐욕과 정욕, 정죄의식, 기만, 옹졸함, 시기를 비롯해서 숨기고 싶은 모든 것들로부터 치유되고 싶다.
- 내 감정을 부인하지 않고 진정으로 느끼고 싶다.
- 내 본모습이 다른 사람이 보는 그대로일 수 있도록 '진짜 나'로 살아가고 싶다.

'진짜'가 되고 싶지만, 쉽지 않다. 아무리 노력해도 자꾸만 나 자신을 진짜로 '만들지' 못하겠다. 이 유행병을 발견한 사람들은 가면 현상의 유일한 치료법은 하기 싫은 바로 그것을 하는 것이라고 말한다. 다시 말해, 자신을 드러내라. 다른 사람들이 '진짜' 당신을 보고 사랑할 수 있도록 당신의 두려움과 열등감, 수치심을 과감히 드러내라.

그런데 문제가 하나 있다. 다른 모든 사람도 자신의 진짜 모습을 숨기고 있다는 것이다. 진정으로 치유를 받으려면 완벽히 진짜이며 진정으로 안전한 누군가가 우리처럼 되어야 한다. 우리가 진정으로 사랑받을 수 있도록 그가 우리 세상으로 들어와야 한다. 그런데 바로 그런 일이 실제로 일어났다. 쇠렌 키에르케고르는 이 이야기를 비유로 각색했다.

한 평민 처녀를 사랑하는 왕이 있었다고 해 보자. 이 왕은 여느 왕과 달랐다. 모든 세도가가 그의 권세 앞에서 벌벌 떨었다. 그의 앞에서는 누구도 감히 말 한마디 내뱉지 못했다. 그에게는 모든 적을 박살낼 힘이 있었기 때문이다.

그런데 그렇게 강한 왕이 자기 나라의 가난한 마을에 사는 한 평민 처녀를 연모해 사랑앓이를 했다. 그 사랑을 어떻게 표현해야 할까? 아이러니하게도 왕이라는 신분이 그를 속수무책으로 만들었다. 그 처녀를 왕궁으로 데려와 온갖 보석이 박힌 왕관을 씌우고 왕실의 옷을 입히면 거절하지는 않을 것이다. 누구도 감히 왕을 거절할 수는 없었다. 하지만 그렇게 하면 그 처녀가 왕을 사랑할까?

물론 사랑한다고 말할 것이다. 하지만 과연 진정으로 사랑할까? 아니면 두고 온 삶을 남몰래 그리워하며 슬픔과 두려움 속에서 왕과 같이 살까? 왕의 곁에서 행복할까? 그것을 어떻게 알 수 있을까? 왕이 왕의 마차를 타고 무장한 호위대가 빛나는 깃발을 흔들며 처녀의 숲속 오두막집에 가도 처녀는 위압감을 느낄 것이다.

왕은 두려움으로 인한 복종을 원치 않았다. 왕은 동등한 입장에서 자신을 사랑해 줄 사람을 원했다. 왕은 처녀가 그가 왕이고 자신이 천한 평민이라는 사실을 잊기를 원했다. 왕은 둘이 서로 사랑해서 그 사랑으로 둘 사이의 거대한 바다를 넘기를 원했다. 왜냐하면 사랑만이 동등하지 않은 두 사람을 동등하게 만들 수 있기에.

그 처녀를 높이면 그녀의 자유를 짓밟을 수밖에 없다고 판단한 왕은 그녀에게로 내려가기로 결심했다. 그리하여 왕은 헤어져서 너덜거리는 옷을 입고 처녀의 오두막집으로 걸어갔다. 단순한 변장이 아니었다. 왕은 완전히 새로운 정체성을 입었다. 왕은 자신의 사랑을 고백하고 그녀의 사랑을 얻기 위해 왕위를 완전히 포기했던 것이다.[4]

왕이 자신의 사랑을 고백하기 위해 왕위를 포기했다. 어디서 많이 본 이야기 같지 않은가?

> 태초에 말씀이 계시니라 이 말씀이 하나님과 함께 계셨으니 이
> 말씀은 곧 하나님이시니라 …… 말씀이 육신이 되어 우리 가운
> 데 거하시매(요 1:1, 14).

교회 역사 초기, 위대한 사상가 오리게네스는 이렇게 말했다.
"그분에 관한 놀랍고도 빛나는 모든 것 중에서 인간 지식의 한계를
완전히 초월하는 것은 …… 전능하고도 위엄 있는 하나님이 ……
한 여인의 자궁 속으로 들어와 작은 아기로 태어나, 우는 아기들처
럼 시끄러운 소리들을 내셨다는 사실이다."[5]

예수님을 통해 하나님은 거추장스럽고 불편한 육체를 입으셨
다. 하나님이 우리가 만질 수 있고, 우리가 포옹할 수 있는 분이 되
셨다. 예수님 안에서 하나님은 "가까울수록 좋지"라고 선포하셨다.
하나님은 왜 그러셨을까? 그냥 멀리서도 얼마든지 우리를 사랑하
실 수 있지 않은가. 얼마든지 우리가 잘되게 해 주실 수 있지 않은
가. 하지만 하나님은 우리를 사랑하는 것 이상을 원하셨다. 우리와
친밀해지길 원하신 것이다.

친밀함의 열쇠는 경험을 나누는 것이다. 하나님은 인간의 경
험을 나누기 위해 인간이 되셨다. 하나님은 우리의 경험을 온전히
경험하기 위해 온전한 인간이 되셨다. 친밀해지려면 위험을 무릅
쓰고 가까이 다가가야 한다. 그래서 하나님은 육신을 입으셨다. 그

야말로 친밀함에 전부를 거셨다. "그리스도인들이 성육신한 하나님이라고 주장하는 나사렛 예수는 우리 모두와 똑같이 피를 흘릴 수 있고 거추장스럽고 연약한 육체를 입고 이 땅에 오셨다."[6]

마리아는 하나님을 품에 안고 그 얼굴에 뽀뽀하고 그 입에 밥을 먹이고 그 작은 머리를 쓰다듬었다. 예수님 안에서 하나님은 수없이 넘어지면서 걸음마를 배우셔야 했다. "빛이 있으라"는 말씀만으로 그 자리에서 빛을 만드셨던 하나님이 말하는 법을 배우셔야 했다. 예수님 안에서 하나님은 외롭고 피곤한 경험을 하셨고 피를 흘리고 사춘기를 겪으셨다. 망치로 못을 박다가 자신의 손가락을 때리는 아픔도 경험하셨다. 예수님 안에서 하나님은 사랑하고 웃고 상처를 입고 소망하고 살고 죽으셨다. 감히 다가갈 수 없을 만큼 우리에게 멀기만 했던 하나님이 예수님 안에서 '진짜'가 되셨다.

'진짜'가 된다는 것

1922년, 마저리 윌리엄스는 동화책 《벨벳 토끼 인형》을 썼다. 그 이야기에서 한 소년은 토끼 인형을 크리스마스 선물로 받지만 별로 기뻐하지 않는다. 결국 몇 시간 만에 소년은 토끼를 한쪽 구석에 던져 버리고 태엽으로 움직이는 최신식 장난감들에 푹 빠져들었다. 그때부터 오랫동안 토끼는 선반 위에 놓여 있었다. 아무도 건드리지 않은 채, 그 존재조차 잊힌 채.

선반 위에 있는 동안 토끼는 낡아 누더기가 된 조랑말 인형과 이야기를 나눈다. 조랑말은 토끼에게 진짜가 되는 것이 무슨 의미인지 말해 준다.

"뭐가 진짠데?" 하루는 둘이 나란히 누워 있다가 토끼가 물었다. …… "속에 버튼하고 삐쭉 나온 손잡이를 갖는 걸 말하는 거야?"

그러자 조랑말이 말했다. "진짜는 처음 만들어진 상태를 말하는 게 아냐. 조금씩 이루어지는 거지. 아이가 널 아주아주 오랫동안 사랑해 주면 그때 진짜가 되는 거야. 아이가 널 갖고 놀기만 하는 게 아니라 오랫동안 진짜로 사랑해 주어야 해."

"아프지 않아?"

"가끔은 아프기도 하지." 조랑말은 항상 진실만을 말했다. "하지만 진짜가 되면 아픈 건 아무것도 아니야."

"상처가 나는 것처럼 한 번에 일어나는 거야? 아니면 조금씩?"

"한 번에 일어나는 게 아냐. 점점 이루어지는 거야. 시간이 아주 많이 걸려. 그래서 쉽게 부러져서 조심스럽게 다뤄야 하거나 날카로운 날을 가진 장난감은 진짜가 되기 힘들어. 진짜가 될 즈음 네 털은 거의 닳아서 없어지고 네 눈은 빠져나오고 관절은 헐렁거려서 너는 완전히 누더기가 될 거야. 하지만 아무런 상관없어. 진짜가 되면 이해하지 못하는 사람들이 아니고선 절대 너를 추하게 보지 않거든."[7]

나는 이 이야기가 그토록 오랫동안 독자들의 사랑을 받는 이유가 인간 마음의 가장 깊은 갈망을 건드리기 때문이라고 생각한다. 그 갈망은 바로 '진짜 내가 되고자 하는 것'이다. 자신의 모든 흠과 약점을 훤히 드러내 보이고도 상관없이 사랑을 받는 것. 무조건적으로 사랑을 받는 것. 이 기적 중에 기적을 우리 모두는 절실히 원하고 있다.

벨벳 토끼 인형은 "진짜가 되기를 원했다. 진짜의 느낌을 알고 싶었다. 하지만 누더기가 되고 눈과 수염을 다 잃는다는 건 좀 슬펐다. 토끼는 그런 불편한 일을 겪지 않고도 진짜가 될 수 있으면 좋겠다고 생각했다."[8]

하지만 진짜가 되려면 언제나 대가가 따른다. 이를테면, 거부당할 위험을 무릅써야 한다. 관계에 필요한 시간을 내기 위해 자유를 꽤 포기해야 한다. "미안해, 거짓말을 했어. 미안해, 배신을 했어. 미안해, 너를 얕잡아보았어." 이렇게 고백하는 굴욕을 끝없이 감수해야 한다. 상대방을 통제하려는 욕구를 내려놓아야 한다. 오로지 상대방이 잘되기만을 바라야 한다. 아파하는 자식을 보면서 해결해 주지 못하는 자신을 탓하며 가슴 아파할 각오를 해야 한다. 60년을 변함없이 동행해 온 남편의 임종 자리에 앉아 한때 딴딴한 근육질이었지만 이제는 비쩍 말라 뼈만 앙상한 팔을 잡고 괜찮다고 말하며 속으로는 피눈물을 흘릴 각오를 해야 한다.

가까이 다가가는 것은 곧 상처를 받는 것이다. 하지만 누구도 가까이 다가가지 않고서는, 사랑받지 않고서는 진짜가 될 수 없다.

은혜와 마찬가지로 사랑도 전혀 예상치 못한 순간에 불쑥 눈앞에 나타난다.

> 몇 주가 지나갔고, 작은 토끼는 더없이 낡고 꾀죄죄해졌다. 하지만 소년은 변함없이 토끼를 사랑했다. 소년이 얼마나 사랑해 주었던지 토끼의 수염이 모두 닳아 버리고 귀의 분홍 천이 회색으로 바래지고 갈색 점들이 사라졌다. 심지어 모양도 망가져서 더 이상 토끼처럼 보이지도 않을 정도였다. 이제는 오직 그 소년에게만 토끼로 보였다. 소년에게 토끼는 여전히 아름다웠다. 토끼에게는 오직 그것만이 중요했다.[9]

내게 설교하는 법을 가르쳐 준 이안 핏 왓슨은 우리에게 소년 대신 자신의 딸을 주인공으로 넣어 이 이야기를 해 주었다. 실제로 이 이야기는 모든 아이의 삶에서 되풀이된다. 왓슨은 장난감이나 인형, 담요를 닳아서 누더기가 될 때까지 사랑하는 아이들의 모습에서 사랑에 관한 중요한 교훈 하나를 얻는다고 말했다.

왓슨은 가치를 따지는 사랑이 있다고 말했다. 대상이 반짝이거나 예쁘거나 비싸거나 유용해서 끌리는 사랑, 대상에게서 가치를 찾는 사랑. 하지만 대상 안에 가치를 '창출하는' 사랑도 있다. "사랑은 여기 있으니 우리가 하나님을 사랑한 것이 아니요 하나님이 우리를 사랑하사 우리 죄를 속하기 위하여 화목 제물로 그 아들을 보내셨음이라"(요일 4:10).

그러던 어느 날 소년이 아팠다. 얼굴이 새빨개지고 작은 몸이 너무 뜨거워서 꼭 껴안자 토끼가 탈 것 같을 정도였다. 그렇게 앓다가 열이 떨어지고 몸이 좋아졌다. 이제 의사의 처방만 따르면 되었다. 방 안은 살균 처리를 해야 했고, 소년이 침대에서 갖고 놀던 책과 장난감을 모두 불태워야 했다. 바로 그때 나나가 [토끼를] 발견했다. "이 낡은 토끼는 어떻게 해요?"

"그거? 그건 성홍열 세균 덩어리야. 태워 버려야 해." 그리하여 작은 토끼는 낡은 그림책과 쓰레기가 가득한 자루에 담겨 닭장 뒤 정원 끝으로 옮겨졌다.

토끼는 지독히 외로웠다. 늘 좋은 침대에서 잤던 생각을 하며 몸을 부르르 떨었다. 소년이 하도 품에 안는 바람에 이제 토끼의 털은 너무 얇게 헤어져서 더 이상 아무런 보호막이 되지 못했다. 토끼는 정원에서 오래도록 햇볕을 쐬던 시절을 생각했다. 얼마나 행복했던가. 생각할수록 극심한 슬픔이 밀려왔다. 토끼는 더없이 지혜롭고 상냥했던 조랑말과 그가 했던 모든 말을 생각했다. 이런 식으로 끝난다면 사랑을 받고 아름다움을 잃어 진짜가 되는 것이 무슨 소용인가.[10]

마저리 윌리엄스가 이 글을 쓰기 오래전, 누군가가 진짜가 되셨다. 그분은 너무도 평범한 삶을 살았던 한 유대인 선생이다. 노동자 계층. 아마도 누더기가 된 토끼 인형처럼 꾀죄죄한 모습이었을 것이다. 너무도 크고 깊은 사랑에 그분의 마음은 찢어지고 눈물이 흘러나왔다. 결국 온 인류의 치명적인 상태를 그 어깨에 홀로 짊어지셨다. "그는 실로 우리의 질고를 지고 우리의 슬픔을 당하였거늘"(사 53:4). 그분은 당시 로마인들이 눈엣가시들을 처리하는 방법으로 십자가 위에서 버림을 받으셨다. 그 순간, 그분의 절규는 궁극적인 고통의 소리였다. 그분의 제자들은 허탈감에 휩싸였다. 이런 식으로 끝난다면 사랑을 받고 아름다움을 잃어 진짜가 되는 것이 무슨 소용인가.

> 그때 이상한 일이 벌어졌다. 온 세상에서 가장 아름다운 요정이 …… 작은 토끼에게 다가와 일으켜 세우고, 울어서 축축해진 벨벳 코에 입을 맞추었다. "작은 토끼야, 내가 누군지 모르겠니?"
>
> "나는 장난감방 마법의 요정이란다. 아이들이 사랑하는 모든 장난감을 돌보지. 장난감들이 낡고 헤어져서 아이들이 더 이상 갖고 놀지 않으면 내가 가져가서 진짜로 만들지."
>
> "저는 진짜가 아니었나요?"
>
> "너는 그 소년에게는 진짜였어. 그건 소년이 너를 사랑했기 때문이란다. 이제 너는 모두에게 진짜가 될 거야."[11]

윌리엄스는 이것을 "진짜가 되는 것"으로 불렀다. 하지만 그보다는 '부활'이라는 표현이 더 어울리지 않을까? 하나님이 오셨다. 그리고 셋째 날 그분은 진짜가 되셨다. 그리고 그분의 친구들이 그분을 보았고, 그들은 무슨 일이 일어났는지 비로소 알았다. 그 일이 그분께만이 아니라 우리 모두에게도 똑같이 일어날 것이라고 그분은 약속해 주셨다.

여기 사랑이 있다, 그 사랑을 받으라!

진정한 친밀함에서 우러나온 사랑은 우리를 진짜로 만든다. 샤우나 니퀴스트는 자신의 네 살배기 아들 맥에 관해 이런 글을 썼다. "녀석은 포옹이나 뽀뽀를 원하면 두 팔을 쭉 뻗고 마치 라디오 디제이처럼 깊은 목소리로 '사랑을 받으세요!'라고 포효한다. 내가 번쩍 들어올리면 아이는 그 작은 손으로 내 등을 계속해서 두드리며 '여기 있어. 여기 사랑이 있어. 사랑이 있어요'라고 말한다."[12]

사랑이 있다. 부부 사이와 부모 자식 사이에 사랑이 있다. 가족과 친구들 사이에 사랑이 있다. 내가 어릴 적 자동차 뒷좌석에서 아무 걱정 없이 졸고 있을 때 내 귓가에 은은하게 들려오던 부모님의 목소리에 사랑이 있다. 이제 막 할아버지가 되어, 갓난아이인 손주 시간표에 맞춰서 삶의 속도가 느려질 수밖에 없다고 말하는 내 친구 릭의 설레는 목소리에 사랑이 있다.

사랑이 있다. "좋다, 애들아! 아이스크림 먹으러 나가자!" 아버지의 목소리를 회상할 때마다 사랑이 느껴진다. 우리 할머니가 옛말을 섞어 가며 하셨던 조용한 기도 속에 사랑이 있다. 오래전 젊은 나이에 세상을 떠난 누이의 장례식에서 부르고선 수십 년 동안 부르지 않다가 이제 90대가 되어 누나를 천국에서 다시 만날 날을 기다리며 맥스가 부르는 〈죄 짐 맡은 우리 구주〉 찬송에 사랑이 있다. 내 머릿속에서 절대 지워지지 않는 그 시절 브렌덴우드 테라스의 작은 주방 테이블 주위에 사랑이 있다. 내 딸이 사는 오클랜드의 한 동네에 사랑이 있다. 그곳에 사는 사람들은 유머와 미소가 넘친다. 서로를 보면 늘 발걸음을 멈추고 서로의 안부를 묻고 웃으며 이야기를 나눈다.

하나님은 우리가 다른 사람들을 사랑하도록 창조하셨다. 그것은 누구도 그분과의 친밀한 관계를 놓치지 않기를 바라시기 때문이다. 최악의 인간들을 향한 하나님의 사랑은 세상에서 가장 선한 사람들을 향한 우리의 사랑보다도 크다. 하나님은 한 사람을 향한 우리의 일편단심보다도 더 큰 사랑으로 세상 모든 사람을 일일이 사랑하신다.

사랑이 있다. 말씀이 육신이 되셨다. 곰이 사다리를 타고 내려왔다. 어린아이들은 하나같이 예쁘고 귀여운 행동을 하니까 예수님도 서너 살 때 마리아와 요셉을 한없이 기쁘게 만들지 않았을까 하는 생각을 해 본다. 혹시 어린 예수님이 "네 작은 머리를 쓰다듬어 줄게"나 "우리 아가, 우리 아가, 알아, 알아"라고 하시지는 않았을까? 예수님이 태어나셨을 때 마리아가 "괜찮아"라고 말하지 않았을까? 그리고 예수님이 돌아가실 때 마리아에게 "괜찮습니다"라고 말씀하시지는 않았을까?

누가 가장 큰 자인지를 놓고 말다툼을 벌이는 제자들에게, 간음하다가 잡힌 여인에게 돌을 던지려고 모여 있던 군중에게, 안식일에 나병 환자를 고치는 꼴을 봐줄 수 없었던 종교 지도자들에게, 예수님이 "사랑을 받으라!"라고 포효하시지 않았을까? 유다가 몰래 빠져나가기 직전 마지막 식사 테이블에서도 예수님이 그렇게 속삭이시지 않았을까?

혹시 예수님이 지금도 그렇게 속삭이고 계시지 않을까? "지금 당장 모든 것을 멈추라. 가만히 있어 알라. 누구든 들을 귀 있는 자는 들으라. 사랑을 받으라!"

한번 진짜가 되면 영원히 진짜다

스스로 강인하다고 자부하는 사람들은 친밀함과 믿음 같은 것을 현실도피쯤으로 치부하는 경향이 있다. "현실을 직시해." 그들은 그렇게 말한다. 그런 말 이면에는 현실이 눈에 보이고 귀에 들리는 것들과 우리가 실제로 경험하는 가혹한 것들로만 이루어져 있다는 가정이 있다. 현실은 직장 내 암투와 실망스러운 일, 감기, 숙취, 빈곤, 고역이다. 공짜 점심은 없고 각자 알아서 살아가야 하는 세상이다. 모든 사람은 무엇을 현실로 여길지 결정해야 한다. 달라스 윌라드의 말을 빌리자면, "현실은 확실한 것이다. 고통은 현실을 오해했을 때 경험하는 것이다."[13]

예수님이 인간이 되셨을 때 사실 진짜가 되신 것이 아니다. 다만 이 거짓과 착각의 세상에 한 줄기 현실의 빛을 비추셨을 뿐이다.

원래부터 진짜셨던 예수님이 '우리에게' 진짜가 되신 것이다. 그렇게 예수님은 진짜 인간 삶이 어떤 것인지를 우리에게 보여 주셨다. 덕분에 우리도 진짜가 될 수 있다.

예수님과 끊임없이 경험을 나누면서 그분과 친밀해질수록 우리도 진짜가 되어 간다. 성경의 마지막 책은 하나님의 자녀에게 한 가지 약속을 제시한다. 이것을 믿는다면 감동의 눈물을 흘릴 수밖에 없다. "이기는 그에게는 내가 …… 흰 돌을 줄 터인데 그 돌 위에 새 이름을 기록한 것이 있나니 받는 자밖에는 그 이름을 알 사람이 없느니라"(계 2:17).

이름은 곧 정체성이요 인격이며 가능성이다. 이름을 받는다는 것은 누군가가 그를 알고 사랑한다는 뜻이다. 소속되고 치유된다는 뜻이다. 사랑이 있다. 당신은 아직 당신의 이름을 모른다. 하지만 언젠가 알게 될 것이다. 그때 당신은 그분의 것이 될 것이다. 그때 당신은 진짜가 될 것이다. 가장 좋은 것은 이 부분이다. "한번 진짜가 되면 다시는 가짜가 될 수 없다. 영원히 진짜다."[14]

주

서문.

1. Victor Hugo, *Les Misérables*, vol. IV (London: George Routledge and Sons, 1887), p. 307. 빅토르 위고, 《레 미제라블》.

Part 1.

1. 한 공간에 있다고 같이 있는 게 아니다

1. Malcolm Gladwell, *Outliers* (New York: Little, Brown, 2008). 특히 2장을 보라. 이 책은 주로 스웨덴 심리학자 앤더스 에릭슨(Anders Ericsson)의 연구를 바탕으로 하는데 다소 논란의 소지가 있다. 말콤 글래드웰, 《아웃라이어》(김영사 역간).

2. Anthony de Mello, *Seek God Everywhere: Reflections on the Spiritual Exercises of St. Ignatius* (New York: Image/Doubleday, 2010), p. 169.

3. Frank C. Laubach, *The Game with Minutes* (1953년 pamphlet); http://hockleys.org/wp-content/uploads/Game_with_Minutes.pdf.

4. Joseph de Beaufort, "The Life of Brother Lawrence", *The Brother Lawrence Collection*, Kindle edition (Radford, VA: Wilder Publications, 2008), loc. 1521.

2. 나의 친밀함 지수는?

1. www.mtfca.com/discus/messages/257047/304942.html?1346263614를 보라.

2. Nora Ephron, *Heartburn* (New York: Vintage, 1996), p. 158.

3. Nora Ephron, "What I Wish I'd Known", *I Feel Bad about My Neck* (New York: Vintage, 2008), p. 125.

4. Thomas Aquinas, *Summa Theologica*, in *Great Books of the Western World*, vol. 20 (New York: Encyclopedia Britannica, 1952), p. 483.

5. Cliff Penner, 저자와의 대화, 날짜는 미상.

6. Gary Chapman, *The Five Love Languages* (Chicago: Northfield, 1995), p. 126. 게리 채프먼, 《5가지 사랑의 언어》(생명의말씀사 역간).

7. Samuel L. Clemens, 1906년 3월 2일 거트루드 나킨(Gertrude Natkin)에게 보낸 편지, *Mark Twain's Aquarium: The Samuel Clemens Angelfish Correspondence, 1905-1910*, John Cooley 편집, paperback edition (Athens, GA: University of Georgia Press, 2009) p. 16.

8. Dietrich Bonhoeffer, *Life Together* (New York: Harper & Row, 1954), p. 38. 디트리히 본회퍼, 《말씀 아래 더불어 사는 삶》(빌리브 역간).

9. Carol Tavris, *Anger: The Misunderstood Emotion*, rev. ed. (New York: Touchstone, 1989), p. 129.

10. Deborah Tannen, *You Just Don't Understand: Women and Men in Conversation* (New York: Quill, 2001), pp. 47, 298. 데보라 태넌, 《그래도 당신을 이해하고 싶다》(한언 역간).

11. 상동, p. 24.

12. 상동.

13. 상동, pp. 11-114.

14. Jessie Jones, Nicholas Hope, and Jamie Wooten, *Always a Bridesmaid* (New York: Dramatists Play Service, Inc., 2013), p. 29.

15. John M. Gottman and Julie Gottman, "Love Maps," www.gottman.com/wp-content/uploads/2016/09/Love-Maps-White-Paper.pdf.

16. John Steinbeck, *The Grapes of Wrath*, Centennial edition (New York: Penguin, 2002), p. 419. 존 스타인벡, 《분노의 포도》.

17. Charles Taylor, *A Secular Age* (Cambridge, MA: Belknap Press, 2007), p. 25.

18. Lewis B. Smedes, *Union with Christ: A Biblical View of the New Life in Jesus Christ*, rev. ed. (Grand Rapids, MI: Eerdmans, 1983), p. 58. 루이스 B. 스미디즈, 《바울과 그리스도와의 연합 사상》(여수룬 역간).

19. Cornelius Plantinga Jr., "Pray the Lord My Mind to Keep," *Christianity Today*, 1998년 8월 10일, 2, www.christianitytoday.com/ct/1998/august10/8t9050.html?start=2.

3. 사랑받고 사랑하기 위해 태어났다

1. Cornelius Plantinga Jr., *Not the Way It's Supposed to Be: A Breviary of Sin* (Grand Rapids, MI: Eerdmans, 1995), p. 29.

2. 상동, p. 197.

3. James Randerson, "How Many Neurons Make a Human Brain? Billions Fewer than We Thought," *Guardian*, 2012년 2월 28일, www.theguardian.com/science/blog/2012/feb/28/how-many-neurons-human-brain.

4. Daniel J. Siegel, *The Developing Mind: How Relationships and the Brain Interact to Shape Who We Are*, 2nd ed. (New York: Guilford Press, 2012), p. 13.

5. 상동, pp. 9-10.

6. 상동, pp. 48-49. 시겔에 따르면, "함께 활성화되는 세포들은 함께 묶인다"라는 표현은, "1949년 도널드 헤브(Donald Hebb)가 정립한 '한번 함께 활성화된 신경세포들은 나중에 함께 활성화되는 경향이 있다'는 원리"를 신경생리학자 칼라 샤츠(Carla Shatz)가 다른 말로 바꾸어 표현한 것이다. 샤츠의 표현이 훨씬 기억하기 쉽다.

7. 상동, p. 10.

8. 상동, p. 155.

9. John M. Gottman and Joan DeClaire, *The Relationship Cure* (New York: Three Rivers Press, 2001), pp. 25-26.

10. Siegel, *The Developing Mind*, pp. 100, 117, 155.

11. Rankin Wilbourne, *Union with Christ: The Way to Know and Enjoy God* (Colorado Springs: David C. Cook, 2016), p. 245.

12. Dallas Willard, *Renovation of the Heart: Putting on the Character of Christ* (Colorado Springs: NavPress, 2001), p. 179. 달라스 윌라드, 《젊은 그리스도인을 위한 마음의 혁신》 (복있는사람 역간).

13. Julian of Norwich (1373), *Revelations of Divine Love, Devotional Classics*, Richard Foster, James Bryan Smith 편집 (San Francisco: HarperSanFrancisco, 1990), pp. 68-69.

14. Julian of Norwich, *Revelations of Divine Love* (Brewster, MA: Paraclete Press, 2011), ix, 서문.

4. 무수한 '초대의 신호'들이 당신을 기다리고 있다

1. Rachel Feltman, "Stephen Hawking Announces $100 Million Hunt for Alien Life," *Washington Post*, 2015년 7월 20일, www.washingtonpost.com/news/speaking-of-

science/wp/2015/07/20/stephen-hawking-announces-100-million-hunt-for-alien-life/?utm_term=.b9251f88ab60.

2. Charlie Cooper, "Stephen Hawking: There Is 'No Bigger Question' in Science than the Search for Extraterrestrial Life," *Independent,* 2015년 7월 20일, www.independent.co.uk/news/science/stephen-hawking-there-is-no-bigger-question-in-science-than-the-search-for-extraterrestrial-life-10402432.html.

3. John M. Gottman and John DeClaire, *The Relationship Cure* (New York: Three Rivers Press, 2001), p. 4.

4. 상동.

5. 상동.

6. 상동.

7. Cornelius Plantinga Jr., *Not the Way It's Supposed to Be: A Breviary of Sin* (Grand Rapids, MI: Eerdmans, 1995), p. 11.

8. Elizabeth Barrett Browning, "Aurora Leigh" (1856), *Aurora Leigh and Other Poems* (New York: Penguin, 1995), p. 232.

Part 2.

5. '나'에 관한 진실부터 마주해야 한다

1. Daniel Goleman, *Emotional Intelligence* (New York: Bantam, 1995), p. 46. 대니얼 골먼, 《EQ 감성지능》(웅진지식하우스 역간).

2. St. Augustine, *The Soliloquies of St. Augustine,* book II, I, Rose Elizabeth Cleveland 번역 (Boston: Little, Brown, 1910), p. 51.

3. John Calvin, *Institutes of the Christian Religion,* ch. 1, sec. 3, *Christian Classics Ethereal Library,* www.ccel.org/ccel/calvin/institutes.iii.ii.html. 장 칼뱅, 《기독교 강요》.

4. St. Bernard of Clairvaux, "Sermon 37: Knowledge and Ignorance of God and of Self," in *Commentary on the Song of Songs,* Matthew Henry 번역 (Altenmunster, Germany: Jurgen Beck), p. 209.

5. Joseph Butler, "Upon Self-Deceit," *The Works of the Right Reverend Father in God Joseph Butler,* D. C. L. (London: J. F. Dove, 1828), p. 103.

6. Frederick Buechner, *Peculiar Treasures: A Biblical Who's Who* (New York: HarperCollins, 1979), pp. 128-130.

7. C. S. Lewis, *The Four Loves* (New York: Harcourt, Brace, 1960), p. 61. C. S. 루이스, 《네 가지 사랑》(홍성사 역간).

8. Fyodor Dostoyevsky, *Notes from Underground*, University of Adelaide web edition, chapter XI, paragraph 7, Constance Garnett 번역, https://ebooks.adelaide.edu.au/d/dostoyevsky/d72n/chapter12.html.

9. Daniel Richardson, *Social Psychology for Dummies* (Chichester, West Sussex: John Wiley & Sons, 2014), p. 125.

10. Mark R. McMinn, *Why Sin Matters: The Surprising Relationship between Our Sin and God's Grace* (Carol Stream, IL: Tyndale House, 2004), p. 70.

11. 자기 위주 편향과 근본 귀인 오류를 다룬 이 논의는 McMinn, *Why Sin Matters*, pp. 69-75의 내용을 정리했다.

12. David Brooks, *The Road to Character* (New York: Random House, 2015), p. 6. 데이비드 브룩스, 《인간의 품격》(부키 역간).

13. 상동, pp. 6-7

14. Peter F. Drucker, *Managing Oneself* (Boston: Harvard Business School, 2008), p. 4.

15. Richard Rohr, *Breathing Under Water: Spirituality and the Twelve Steps* (Cincinnati: St. Anthony Messenger Press, 2011), xxi. 리처드 로어, 《물 밑에서 숨 쉬기》(한국기독교연구소 역간).

16. Brené Brown, *Daring Greatly: How the Courage to Be Vulnerable Transforms the Way We Live, Love, Parent, and Lead* (2012; repr. New York: Avery, 2015), p. 11. 브렌 브라운, 《마음 가면》(더퀘스트 역간).

17. Henri J. M. Nouwen, *In the Name of Jesus: Reflections on Christian Leadership* (Chestnut Ridge, NY: Crossroad, 1989), pp. 27-28. 헨리 나우웬, 《예수님의 이름으로》(두란노 역간).

18. C. S. Lewis, *The Voyage of the "Dawn Treader"* (New York: HarperCollins, 1952), p. 109. C. S. 루이스, 《새벽 출정호의 항해》(시공주니어 역간).

6. 함께 즐거워하고 함께 울라

1. Daniel Goleman, *Social Intelligence: The New Science of Human Relationships* (New York: Bantam, 2006), p. 86. 대니얼 골먼, 《SQ 사회지능》(웅진지식하우스 역간).

2. Anne Lamott, *Bird by Bird: Some Instructions on Writing and Life* (New York: Anchor, 1994), p. 122. 앤 라모트, 《글쓰기 수업》(웅진윙스 역간).

3. Emma M. Seppälä, "The Science behind the Joy of Sharing Joy," *Psychology Today*, 2013년 7월 15일, www.psychologytoday.com/blog/feeling-it/201307/the-science-behind-the-joy-sharing-joy.

4. Nicholas Wolterstorff, *Lament for a Son* (Grand Rapids, MI: Eerdmans, 1987), p. 86.

5. Mandy Oaklander, "The Science of Crying," *Time*, 2016년 3월 16일, http://time.com/4254089/science-crying.

6. Robert Herrick, "Tears Are Tongues," *Hesperides, or Works Both Human and Divine* (London: George Routledge, 1887), p. 47.

7. Ad Vingerhoets, *Why Only Humans Weep: Unravelling the Mysteries of Tears* (옥스퍼드: 옥스퍼드대학교 출판부, 2013).

8. Ad Vingerhoets, Niels van de Ven, and Yvonne van der Velden, "The Social Impact of Emotional Tears," *Motivation and Emotion* 40 (2016): pp. 455-463, www.ncbi.nlm.nih.gov/pmc/articles/PMC4882350.

9. Oaklander, "The Science of Crying."

10. Dinah Maria Mulock Craik, *A Life for a Life* (Leipzig: Bernhard Tauchnitz, 1859), pp. 270-271.

11. Paul Ekman, "Basic Emotions," *Handbook of Cognition and Emotion*, Tim Dagleish, Mick Power 편집 (Sussex, UK: John Wiley & Sons, 1999), pp. 45-60. Paul Ekman, *Emotions Revealed* (New York: Holt, 2004)도 보라. 폴 에크먼, 《얼굴의 심리학》(바다출판사 역간).

12. Paul Coleman, *The Complete Idiot's Guide to Intimacy* (New York: Alpha, 2005), pp. 146-148.

13. Daniel Goleman, *Emotional Intelligence* (New York: Bantam, 1995), pp. 124-126의 내용을 정리했다. 대니얼 골먼, 《EQ 감성지능》(웅진지식하우스 역간).

7. '약속'을 하고, 믿고, 지키는 연습을 하라

1. Lewis B. Smedes, *Caring and Commitment* (New York: Harper and Row, 1988), p. 7.

2. 서커스 센터에 관해 더 알고 싶다면 http://circuscenter.org를 방문해 보라.

3. Henri Nouwen, *Our Greatest Gift: A Meditation on Dying and Caring*, first paperback edition (New York: HarperCollins, 1995), pp. 63-64.

4. Andy Stanley, "It's Only Physical" (설교, North Point Community Church, Alpharetta, GA, 2009년 9월 18일), www.sermoncentral.com/sermons/its-only-physical-andy-stanley-sermon-on-sexuality-139279?page=2.

5. Robert J. Sternberg, "Triangular Theory of Love," www.robertjsternberg.com/love.

6. Smedes, *Caring and Commitment*, p. 11.

7. G. K. Chesterton, "A Defence of Rash Vows" (1902), *The Defendant* (Mineola, NY: Dover, 2012), p. 9.

8. 상동, p. 13.

9. 실제로는 배를 "태우라"라고는 말하지 않고 그냥 침몰시켰다고 한다. 어쩌면 보물을 스페인으로 실어 가기 위해 한 척은 남겨 두었을 가능성도 있다(그리고 일이 실패로 돌아간다 해도 몇몇 리더는 데려갔을지 모른다).

10. Aaron T. Beck, *Love Is Never Enough: How Couples Can Overcome Misunderstandings, Resolve Conflicts, and Solve Relationship Problems through Cognitive Therapy* (New York: HarperPerennial, 1989), pp. 217ff의 내용을 정리했다. 아론 벡, 《사랑만으로는 살 수 없다》(학지사 역간).

11. Urie Bronfenbrenner, Anne B. Smith, *Understanding Children's Development*, 4th ed. (Wellington, NZ: Bridget Williams Books, 1998), p. 268에 인용된 글이다.

12. William Law, *A Serious Call to a Devout and Holy Life*, 4th ed. (London: W. Innis and R. Manby, 1739), p. 15.

13. Cicero, *Laelius de Amicitia*, 13.47, Aelred of Rievaulx, *Spiritual Friendship*, book 2, Lawrence C. Braceland 번역, Marsha L. Dutton 편집 (Collegeville, MN: Liturgical Press, 2010), p. 81에 인용된 글이다.

14. Samuel Taylor Coleridge, "Youth and Age."

15. Aristotle, Kent Dunnington, *Addiction and Virtue: Beyond the Models of Disease and Choice* (Downers Grove, IL: InterVarsity Press, 2011), p. 187에 인용된 글이다.

16. Aelred of Rievaulx, *Spiritual Friendship*, pp. 103-105.

17. Hannah Arendt, *The Human Condition*, 2nd ed. (Chicago: University of Chicago Press, 1958), p. 237. 한나 아렌트, 《인간의 조건》(한길사 역간).

18. Dallas Willard, 저자와의 대화, Catalyst West Roadtrip 2010, Catalyst Podcast, episode p. 124, http://catalyst.libsyn.com/episode-124-dallas-willard-and-John-ortberg. 대화의 이 부분은 33분 30초에서 시작된다.

19. Dallas Willard, *The Great Omission: Reclaiming Jesus's Essential Teachings on Discipleship* (New York: HarperOne, 2006), p. 151의 내용을 정리했다. 달라스 윌라드, 《잊혀진 제자도》(복있는사람 역간).

20. Chesterton, "A Defence of Rash Vows," p. 13.

8. 제일 허물기 힘든 담은 '마음의 담'이다

1. Atul Gawande, *Being Mortal: Medicine and What Matters in the End* (New York: Metropolitan Books, 2014), p. 119의 내용을 정리했다. 아툴 가완디, 《어떻게 죽을 것인가》 (부키 역간).

2. 상동, p. 122.

3. 상동, p. 123의 내용을 정리했다.

4. 상동, p. 21.

5. 상동, p. 18.

6. 상동, p. 127, http://www.edenalt.org/도 보라.

7. John Milton, *Paradise Lost*, book IV, line 143. 존 밀턴, 《실낙원》.

8. "Great Wall of China," History.com, 2010, www.history.com/topics/great-wall-of-china.

9. Immanuel Kant, *Fundamental Principles of the Metaphysic of Morals* (1785), Thomas Kingsmill Abbott 번역 (Mineola, NY: Dover, 2005), p. 24.

10. G. J. Mattey, Kant의 *Grounding for the Metaphysics of Morals*에 관한 강의 노트, Philosophy 1, University of California-Davis, Spring 2002, http://hume.ucdavis.edu/mattey/phi001/grounding.html.

11. Robert Frost, "Mending Wall," in *North of Boston* (New York: H. Holt, 1915), pp. 11-12.

12. Brené Brown, *Daring Greatly* (2012; repr. New York: Avery, 2015), p. 150. 브렌 브라운, 《마음 가면》(더퀘스트 역간).

13. Olivia B. Waxman, "Church Pastor Starts a 'Tip-Shaming' Website," *Time*, 2014년 3월 11일, http://time.com/18977/church-pastor-starts-a-tip-shaming-website.

14. Steve Corbett and Brian Fikkert, *When Helping Hurts: How to Alleviate Poverty without Hurting the Poor...and Yourself* (Chicago: Moody, 2012), pp. 127-128.

15. Yalda T. Uhls et al., "Five Days at Outdoor Education Camp without Screens Improves Preteen Skills with Nonverbal Emotion Cues," *Computers in Human Behavior* 39 (2014년 10월), www.sciencedirect.com/science/article/pii/S0747563214003227.

16. Nicholas Kardaras, "Generation Z: Online and at Risk?" *Scientific American*, 2016년 9월 1일에 인용된 글이다. www.scientificamerican.com/article/generation-z-online-and-at-risk.

17. Larry Rosen, "Phantom Pocket Vibration Syndrome," *Psychology Today*, 2013년 5월 7일, www.psychologytoday.com/blog/rewired-the-psychology-technology/201305/phantom-pocket-vibration-syndrome.

18. 브랜디 존슨(Brandie Johnson)의 페이스북 페이지, 2015년 11월 2일, Angel Chang, "This

Mom's 28 Tallies Beg Us to Put Down Our Phones"에 인용된 글이다. Little Things website, www.littlethings.com/parents-put-down-the-phone.

19. Sherry Turkle, "Connected, but Alone?" TED Subtitles and Transcript, 2012년 4월 게재, www.ted.com/talks/sherry_turkle_alone_together/transcript?language=en, starting at 12:41.

20. John M. Gottman and Nan Silver, *The Seven Principles for Making Marriage Work* (1999; repr. New York: Harmony Books, 2015), p. 2.

21. 특별한 언급이 없는 한, 관계와 관련해서 "네 기수"에 관한 이 논의는 Gottman, *The Seven Principles for Making Marriage Work*, pp. 30-33의 내용을 정리한 것이다.

22. D. P. Rakel et al., "Practitioner Empathy and the Duration of the Common Cold," *Family Medicine* 41, no. 7 (2009년 7월/8월): pp. 494-501, www.ncbi.nlm.nih.gov/pubmed/19582635.

23. Frederick Buechner, *Wishful Thinking: A Seeker's ABC* (New York: Harper and Row, 1973). 프레드릭 비크너, 《통쾌한 희망사전》(복있는사람 역간).

24. F. 머레이 에이브러햄(F. Murray Abraham)이 연기한 안토니오 살리에리(Antonio Salieri) 대사 중, *Amadeus* (1984), 피터 셰퍼(Peter Shaffer) 시나리오, www.youtube.com/watch?v=yencLfqOh5A. 영화 〈아마데우스〉.

25. F. Murray Abraham, *Amadeus*, www.youtube.com/watch?v=-2ulXbpKaTg. 인용 대사는 1분에 시작. 영화 〈아마데우스〉.

26. 상동. 인용 대사는 1분 20초에 시작.

27. M. Scott Peck, *The Different Drum: Community Making and Peace* (New York: Touchstone, 1988), p. 88. 스캇 펙, 《스캇 펙 박사의 평화 만들기》(열음사 역간).

28. 이에 관한 보다 광범위한 논의는 Peck, *The Different Drum*, pp. 90-94를 보라. 스캇 펙, 《스캇 펙 박사의 평화 만들기》(열음사 역간).

29. Anne Lamott, *Bird by Bird: Some Instructions on Writing and Life* (New York: Anchor, 1995), p. 19. 앤 라모트, 《글쓰기 수업》(웅진윙스 역간).

30. Matthew Hutson, "People Prefer Electric Shocks to Being Alone with Their Thoughts," *Atlantic*, 2014년 7월 3일, www.theatlantic.com/health/archive/2014/07/people-prefer-electric-shocks-to-being-alone-with-their-thoughts/373936.

9. '약함'과 '권위'가 건강하게 어우러질 때 관계가 깊어진다

1. 이 표는 Andy Crouch, *Strong and Weak: Embracing a Life of Love, Risk, and True Flourishing* (Downers Grove, IL: InterVarsity Press, 2016), pp. 13-14의 내용을 정리했다.

2. Crouch, *Strong and Weak*, p. 35.

3. 상동, pp. 43-44.

4. 상동, p. 40.

5. Wallace Stegner, *Crossing to Safety* (New York: Modern Library, 1987), p. 4.

6. Walter Brueggemann, "Of the Same Flesh and Bone," *Catholic Biblical Quarterly 32* (1970): p. 533.

7. 상동, p. 534.

8. Andy Crouch, *Strong and Weak*, p. 95의 내용을 정리했다.

9. Brené Brown, *Daring Greatly* (2012; repr. New York: Avery, 2015), p. 232. 브렌 브라운, 《마음 가면》(더퀘스트 역간).

10. 상동, pp. 5-6.

11. 상동, p. 6.

12. Henry Cloud, 저자와의 대화, 2016년 5월.

13. Madeleine L'Engle, *Walking on Water: Reflections on Faith and Art*, paperback edition (New York: North Point Press, 1995), pp. 190, 193.

14. Harold Holzer, "If I Had Another Face, Do You Think I'd Wear This One?" *American Heritage* 34, no. 2 (1983년 2월/3월)에 인용된 글이다. www.americanheritage.com/content/%E2%80%9Cif-i-had-another-face-do-you-think-id-wear-one%E2%80%9D.

15. Wendy Farley, *The Wounding and Healing of Desire: Weaving Heaven and Earth* (Louisville: Westminster John Knox Press, 2005), p. 151.

16. Elizabeth O'Donnell Gandolfo, *The Power and Vulnerability of Love: A Theological Anthropology* (Minneapolis: Fortress Press, 2015), p. 208.

17. R. Kent Hughes, *Genesis: Beginning and Blessing* (Wheaton, IL: Crossway, 2004), pp. 373-380.

18. Sarah Griffiths, "Babies DO Fake Cry: Infants Pretend to Be Distressed to Get Attention," *Daily Mail*, 2014년 1월 16일, http://www.dailymail.co.uk/sciencetech/article-2540677/Babies-DO-fake-cry-Infants-pretend-distressed-attention.html.

19. Kent Dunnington, *Addiction and Virtue: Beyond the Models of Disease and Choice* (Downers Grove, IL: InterVarsity Press, 2011), p. 187.

20. Gandolfo, *The Power and Vulnerability of Love*, p. 229.

Part 3.

10. 고난의 경험, 공감을 배우다

1. 이 부분은 Hector Tobar, *Deep Down Dark: The Untold Stories of 33 Men Buried in a Chilean Mine, and the Miracle That Set Them Free* (New York: Picador, 2014), pp. 94-104, 121의 내용을 정리했다.

2. David Brooks, *The Road to Character* (New York: Random House, 2015), p. 93. 데이비드 브룩스, 《인간의 품격》(부키 역간).

3. 상동, pp. 94-96.

4. David Von Drehle, Jay Newton-Small, Maya Rhodan, "How Do You Forgive a Murder?" *Time* 186, no. 21 (2015년 11월 23일), http://time.com/time-magazine-charleston-shooting-cover-story.

5. Daniel J. Siegel, *The Developing Mind: How Relationships and the Brain Interact to Shape Who We Are*, 2nd ed. (New York: Guilford Press, 2012), p. 219.

6. 상동, p. 176.

7. Deborah Tannen, *You Just Don't Understand: Women and Men in Conversation* (New York: Quill, 2001), pp. 49-73. 데보라 태넌, 《그래도 당신을 이해하고 싶다》(한언 역간).

8. Brooks, *The Road to Character*, p. 100. 데이비드 브룩스, 《인간의 품격》(부키 역간).

9. Lewis B. Smedes, *How Can It Be All Right When Everything Is All Wrong?* (San Francisco: HarperSanFrancisco, 1992), p. 85. 루이스 B. 스미디즈, 《어떻게 행복할 수 있을까?》(사랑플러스 역간).

10. Dan B. Allender, "Leading Character," Bill Hybels, John Ortberg, and Dan B. Allender, *The Call to Lead: Following Jesus and Living Out Your Mission* (Grand Rapids, MI: Zondervan, 2008), pp. 70-77의 내용을 정리했다.

11. Nicholas Wolterstorff, *Lament for a Son* (Grand Rapids, MI: Eerdmans, 1987), p. 90.

12. 사도신경에서, Christian Classics Ethereal Library, www.ccel.org/creeds/apostles.creed.html.

11. '은혜' 안에서 '깊은 수치심'을 치료받다

1. 지아 장(Jia Jiang)의 거부 치료법의 실제를 보고 싶다면 http://rejectiontherapy. com/100-days-of- rejection-therapy에서 "100 Days of Rejection" 페이지를 보라.

2. Jia Jiang, *Rejection Proof: How I Beat Fear and Became Invincible through 100 Days of Rejection* (New York: Harmony Books, 2015), pp. 42-43. 지아 장, 《거절당하기 연습》(한빛비 즈 역간).

3. Douglas Stone, Sheila Heen, *Thanks for the Feedback: The Science and Art of Receiving Feedback Well* (New York: Viking, 2014), p. 1의 내용을 정리했다. 더글러스 스톤, 쉴라 힌, 《하버드 피드백의 기술》(21세기북스 역간).

4. Lewis B. Smedes, *Shame and Grace: Healing the Shame We Don't Deserve* (San Francisco: HarperSanFrancisco, 1993), p. 5.

5. Dallas Willard, *The Divine Conspiracy: Rediscovering Our Hidden Life in God* (San Francisco: HarperSanFrancisco, 1998), p. 218. 달라스 윌라드, 《하나님의 모략》(복있는사람 역 간).

6. Gershen Kaufman, *Shame: The Power of Caring* (Rochester, VT: Schenkman Books, 1992), pp. 12, 30.

7. Niddah 4:1, *A History of the Mishnaic Law of Purities*, ed. Jacob Nausner, part 15, Niddah commentary (Leiden, Netherlands: E. J. Brill, 1976), p. 63.

8. Ethan Kross et al., "Social Rejection Shares Somatosensory Representations with Physical Pain," *Proceedings of the National Academy of Sciences USA* 108, no. 15 (2011년 4월 12일), www.ncbi.nlm.nih.gov/pmc/articles/PMC3076808.

9. Ephrem the Syrian (c. 306-373), J. A. Findlay, *The Fourth Gospel: An Expository Commentary* (London: Epworth, 1956), p. 61에 인용된 글이다.

10. Lewis B. Smedes, *Shame and Grace*, pp. 105-107의 내용을 정리했다.

12. 틀어진 관계도 회복될 수 있다

1. William Betcher, *Intimate Play: Creating Romance in Everyday Life* (New York: Viking, 1987), pp. 2-3.

2. John M. Gottman and Nan Silver, *The Seven Principles for Making Marriage Work* (New York: Three Rivers Books, 1999), p. 23.

3. Charlie W. Shedd, *Remember I Love You: Martha's Story* (New York: HarperCollins, 1992).

4. G. Stanley Hall, "A Study of Anger," *American Journal of Psychology* 10 (1899년 7월 1일): p. 537, https://archive.org/details/jstor-1412662.

5. Daniel Goleman, *Emotional Intelligence* (New York: Bantam, 1995), p. 63. 대니얼 골먼, 《EQ 감성지능》(웅진지식하우스 역간).

6. Timothy Keller, Kathy Keller, *The Meaning of Marriage: Facing the Complexities of Commitment with the Wisdom of God* (2011; repr., New York: Penguin, 2013), pp. 160-161. 팀 켈러, 캐시 켈러, 《팀 켈러, 결혼을 말하다》(두란노 역간).

7. 상동, p. 161.

8. 상동.

9. 상동.

10. 영화 *Office Space* (Mike Judge 각본 및 감독, Twentieth Century Fox, 1999년)를 보지 않았다면 다음 동영상을 보면 배경을 알 수 있다. http://mentalfloss.com/article/57338/what-tps-report. 영화 〈뛰는 백수 나는 건달〉.

11. Gottman and Silver, *The Seven Principles for Making Marriage Work*, p. 27.

12. Shawn Achor, *The Happiness Advantage: The Seven Principles of Positive Psychology That Fuel Success and Performance at Work* (New York: Crown, 2010), p. 92. 숀 아처, 《행복의 특권》(청림출판 역간).

13. Joseph J. Ellis, *Founding Brothers: The Revolutionary Generation* (New York: Vintage, 2002), p. 163.

14. 상동, p. 248.

15. Lewis B. Smedes, *Forgive and Forget: Healing the Hurts We Don't Deserve* (New York: HarperCollins, 1984), p. 82.

16. Philip Yancey, *Disappointment with God: Three Questions No One Asks Aloud* (Grand Rapids, MI: Zondervan, 1988). 필립 얀시, 《하나님, 당신께 실망했습니다》(IVP 역간).

17. C. S. Lewis, *Surprised by Joy: The Shape of My Early Life* (New York: Harcourt, 1966), p. 115. C. S. 루이스, 《예기치 못한 기쁨》(홍성사 역간).

13. 진정한 친밀함은 울타리 너머로 흘러넘친다

1. Patrick M. Morley, *The Man in the Mirror: Solving the 24 Problems Men Face* (Grand Rapids, MI: Zondervan, 1997), pp. 99-100의 내용을 정리했다. 패트릭 몰리, 《남자를 그리스도의 제자로 이끄는 영성 훈련》(국제제자훈련원 역간).

2. 상동, p. 100.

3. 상동.

4. Darren Hardy, *The Entrepreneur Roller Coaster* (Dallas: Success, 2015), chapter 2, section 4.

5. 상동.

6. Flavius Josephus, *Antiquities of the Jews*, vol. XVII, chap. 6, para. 5, William Whiston 번역.

7. Martin E. P. Seligman, *Authentic Happiness: Using the New Positive Psychology to Realize Your Potential for Lasting Fulfillment* (New York: Simon & Schuster, 2002), p. 249의 내용을 정리했다. 마틴 셀리그만, 《긍정 심리학》(물푸레 역간).

8. William Betcher, *Intimate Play: Creating Romance in Everyday Life* (New York: Viking, 1987), pp. 219ff.

9. 상동, p. 236.

10. Thomas Mallon, "Dear Cat, Dear Pig," Books section of *New York Times on the Web*, 1999년 5월 9일, http://www.nytimes.com/books/99/05/09/reviews/990509.09mallont.html.

11. Betcher, *Intimate Play*.

12. C. S. Lewis, *The Four Loves* (New York: Harcourt, Brace, 1960), p. 35. C. S. 루이스, 《네 가지 사랑》(홍성사 역간).

13. Daniel James Brown, *The Boys in the Boat: Nine Americans and Their Epic Quest for Gold at the 1936 Berlin Olympics* (New York: Penguin, 2013), p. 161.

14. 상동, p. 353.

15. 상동, 전문(前文).

16. Cornelius Plantinga Jr., *Not the Way It's Supposed to Be: A Breviary of Sin* (Grand Rapids, MI: Eerdmans, 1995), p. 10.

17. Dallas Willard, *The Divine Conspiracy: Rediscovering Our Hidden Life in God* (San Francisco: HarperSanFrancisco, 1998), p. 399. 달라스 윌라드, 《하나님의 모략》(복있는사람 역간).

18. Sheldon Vanauken, *A Severe Mercy: A Story of Faith, Tragedy, and Triumph* (New York: Bantam, 1977), p. 134. 쉘던 베너컨, 《잔인한 자비》(복있는사람 역간).

19. Jean Vanier, *Community and Growth*, rev. ed. (New York: Paulist Press, 1989), p. 31.

20. Liz Ryan, "Why Employee Happiness Is the Wrong Goal," *Forbes*, 2015년 3월 22일, www.forbes.com/sites/lizryan/2015/03/22/why-employee-happiness-is-the-wrong-goal/#3aa39f2028c5.

21. 상동.

22. 이 부분의 일부 정보는 Ben Witherington III, *The Acts of the Apostles: A Socio-Rhetorical Commentary* (Grand Rapids, MI: Eerdmans, 1998), pp. 331-333의 내용에서 정리했다.

23. 'commune'에 대한 이 정의를 뒷받침해 준 Merriam-Webster's *11th Collegiate Dictionary*에 감사한다.

24. Barbara Williams-Skinner, 저자와의 대화, 2016.

25. Ivory Toldson, *Tell Me More*에 관한 미셸 마틴(Michel Martin)과의 인터뷰, NPR, 2013년 4월 23일, www.npr.org/2013/04/23/178601467/are-there-really-more-black-men-in-prison-than-college. 흑인 남자아이가 대학보다 감옥에 갈 확률이 높다는 일반적인 가정을 뒤집는 결과다.

14. 예수 안에 너와 나, 마침내 진정한 하나가 되다

1. Philip Yancey, *What's So Amazing about Grace?* (Grand Rapids, MI: Zondervan, 1996), p. 39. 필립 얀시, 《놀라운 하나님의 은혜》(IVP 역간).

2. "Brené Brown on Empathy," YouTube, 2013년 12월 10일 게재, www.youtube.com/watch?v=1Evwgu369Jw.

3. Pauline Rose Clance, Suzanne Imes, "The Imposter Phenomenon in High Achieving Women: Dynamics and Therapeutic Intervention," *Psychotherapy Theory, Research and Practice* 15, no. 3 (1978년 가을), www.paulineroseclance.com/pdf/ip_high_achieving_women.pdf.

4. 닉 와츠(Nick Watts)가 쇠렌 키에르케고르(Søren Kierkegaard)의 글 "The King and the Maiden"을 정리하여 2011 8월 18일 자신의 블로그 *Reading Theology*에 올린 것이다. www.readingtheology.com/?s=king+and+the+maiden. 전문은 Søren Kierkegaard, *Parables of Kierkegaard*, Thomas C. Oden 편집 (Princeton, NJ: Princeton University Press, 1978), pp. 40-45에 실려 있다.

5. Origen, *On First Principles*, G. W. Butterworth 번역 (Notre Dame, IN: Ave Maria Press, 2013), pp. 136-137.

6. Elizabeth O'Donnell Gandolfo, *The Power and Vulnerability of Love: A Theological Anthropology* (Minneapolis: Fortress Press, 2015), p. 231.

7. Margery Williams, *The Velveteen Rabbit: Or How Toys Become Real* (Garden City, NY: Doubleday, 1922), http://digital.library.upenn.edu/women/williams/rabbit/rabbit.html. 마저리 윌리엄스, 《벨벳 토끼 인형》.

8. 상동.

9. 상동.

10. 상동.

11. 상동.

12. Shauna Niequist, *Present over Perfect: Leaving Behind Frantic for a Simpler, More Soulful Way of Living* (Grand Rapids, MI: Zondervan, 2016), p. 231.

13. Dallas Willard, 저자와의 대화.

14. Williams, *The Velveteen Rabbit*. 마저리 윌리엄스, 《벨벳 토끼 인형》.